My Life and Taekwondo, My Country and Germany

나의 삶과 태권도,
My Life and Taekwondo,

나의 조국과 독일
My Country and Germany

김태현 저

人生
太拳道
祖國
獨逸

도서출판 위

목차 CONTENTS

들어가며

삶의 시간은 도도히 흘러간다. 날마다 무심코 길으며 보이는 거리와 건물, 나무들도 자신들의 생애를 지나고 있다. 시간의 흔적은 역사로, 그 역사는 다시 나의 후손들의 길을 밝히는 등불이다. 지나온 과거를 돌아보면 마음 깊은 속에서 회한이 밀려온다. 불우한 가정의 장남으로 태어나 파란의 터널을 지나며, 이제 노년의 언덕에 서 있다. 코흘리개 유년시절이 바로 엊그제 같은데 이제 팔십의 성상을 넘어섰다. 내 인생의 강물은 격한 파도와 같아서 이내 삼킬 듯 하다가 어느새 고요의 길을 되찾곤 했다. 폭풍 같은 인생 속에서 나는 결국 이겨내고 살아내었다.

인생의 황혼에 '나는 누구인가'를 생각한다. 생각의 가지를 뻗으며 내 자신을 조명하다, 내가 걸어온 시간을 자손들에게 알려주고 싶은 심정에서 지나온 발자취를 더듬어보았다.

나는 일생의 대부분을 태권도 사범이라는 직업으로 살아왔다. 태권도와 함께 걸어왔던 시간들은 나에게 충만한 자부심을 안겨주었다. 눈을 감으면 다양한 에피소드 가운데 희로애락의 장면들이 떠오른다. 학생들을 가르칠 때 짧은 휴식시간 동안 라면을 끓여먹으며 태권도를 가르쳤던 기억, 일본 가라데 측으로부터 모함과 위협을 받았던 시간, 디스코텍(Diskothek)에서 일하며 이마로 맥주병을 깼던 힘든 젊은 날의 기억도 이젠 추억의 필름이 되어 다가온다. 때론 고통이라 여겼던 사건들이 오히려 그리움으로 다가오는 것은 필시 내가 나이가 들었기 때문일 것이다.

파란만장한 삶을 이어오며 선진국 독일에 정착해 살아온 시간이 나에게는 모험이자 행운이었으며, 또 정신적 스승이자 삶의 즐거움이었다. 개개인의 운명은 팔자소관이 아니라 자신의 집념과 의지로 이루어진다는 사실을 터득했다. 고통이 엄습해도, 그것을 피하는 것이 아니라 뛰어넘을 수 있는 용기는 이방인으로서 살아내야 한다는 숙명을 받아들이는 것에서부터 시작한다. 고국의 삶보다 독일 땅에서 산 세월이 많은 나는 촌음을 아껴가며 정착을 위해 노력했다. 그럼에도 이방인으로서 비천함이나 비굴함에 나를 내버려두지 않았다. 나에게 독일은 가난에 대한 뼈아픈 고통을 극복하기 위한 새로운 동력의 땅이었다. 인간 김태현은 비루했던 어린 시절을 발판삼아 성공을 염원하고 지금껏 달려왔다. 이제 더 이상 허기진 인생은 존재하지 않았고, 용기로 얻어낸 삶의 열매들이 나를 기다렸다.

이곳에 살면서 느낀 것은, 독일인들은 자기 직업에 대한 귀천의식이 없고 떳떳하다는 것이다. 또한 다른 사람들의 직업에 대해서도 편견이 없다. 외형의 화려한 모습이나 헐벗음으로 쉽게 판단하지 않는다. 설사 내면에 그런 생각이 있다 할지라도 쉬이 드러내지 않는다. 한편으로 존경심이 우러나온다.

반 세기 이상을 독일에서 살면서, 일흔 번 이상 고국을 방문했다. 그때마다 느낀 것은 모든 인간상은 여전히 변하지 않고 도로아미타불이다. 여전히 한국사회의 병폐가 눈에 보인다.

왜 우리 민족성은 변하지 않는가? 그것은 새로운 사회를 구현하고자 하는 시민정신이 실종되었기 때문이다. 썩은 주머니에 새로운 것을 담아봐야 소용없고 여전히 과거 청산의 의지가 보이지 않는다. 이는 새로운 시대정신을 받아들이지 않은, 의식의 나태함에서 비롯되었다. 우리 민족은 변해야 하고, 바뀌어야 하고, 고쳐야 한다. 다시 말해 인간 개조가 되어야 한다. 이것이야말로 나의 조국이 이 지구상에서 영원히 살아갈 수 있는 방법이다.

나는 이 책을 통해 고국과 독일 삶을 개인적 서사로 써내려가고자 한다. 지극히 개인적인 소견들을 기억의 편린들과 버무렸기에 시대적 상상력으로 읽어주길 바란다.

비록 개인의 기록을 써내려가지만, 그것은 공동체의 기록으로 확장되고 역사의 소중한 한 페이지로 남겨질 거라 믿는다.

이 책을 쓰기까지 독서의 삶으로 이끌어준 철학자 도올 김용옥 선생, 작곡가 윤이상 선생 그리고 무엇보다 지금까지 내 삶의 후미진 그늘에서 열렬한 응원을 아끼지 않는 사랑하는 아내, 삶의 의미가 된 아들, 딸, 사위, 귀여운 손주들에게 사랑의 인사를 전한다.

2024년 6월

독일 베를린에서 김 태 현

1

가족과 내 삶의 기억

1957년 가족사진

나는 이제 세월이 흘러 그때의 아버지와 어머니보다
훨씬 많은 나이가 되었다. 인생은 쏜 화살처럼 금방 흘러간다.
더듬어보니 사랑도 잠깐이고 인생도 잠깐이다.
다시 기억 속의 어린 날로 돌아간다면, 또다른 꿈을 꾸었을까?
여전히 다른 형태로든 지금의 나로 존재할 것 같다.
그것이 인생이기에.

'장남'이라는 이름의 무게

세계적인 패션 디자이너 가브리엘 샤넬(Gabrielle Chanel)은 말했다.

"나는 내 삶을 창조했다. 이전의 내 삶이 싫었기 때문에."

그녀는 보육원에서 자랐지만 타고난 환경과 시대의 가치관에 함몰되지 않고 스스로 인생을 개척한 자기애와 열정을 가진 여성이다. 꼬리표처럼 따라오는 슬픈 과거를 외면하기 보다 창조의 도구로 활용했다. 미국지폐 5달러의 주인공 아브라함 링컨(Abraham Lincoln)도 극빈 가정에서 태어나 정규교육은 18개월 밖에 받지 못했지만 법조인이 되었다. 이후 노예제도 철폐 공약으로 1860년 제16대 대통령의 자리에 올랐다.

나또한 이 세상을 향해 지치지 않고 새로운 삶을 만들고 싶었다. 가난이라는 결핍은 박탈감으로 연결되는 지름길이 아닌, 결핍을 밟고 올라가 결국엔 번영이라는 꿈을 이루는 도구였다.

누구나 유년에는 미래의 꿈을 꾼다. 나의 어릴 적 꿈이 무엇이었는지 묻는다면 어떤 대답을 할 수 있을까? 물론 마땅한 답을 찾지 못한다. 생각나는 것이 있다면, 어릴 때부터 제법 유창한 말주변으로 주변 어른들이 변호사나 판사가 될 것이라고 했다. 나의 아내는, 사회 불의에 대해 맞서며 정의의 방아쇠를 당기는 정치가가 되었다면 어울렸을 거라고 이야기한다. 하지만 유년의 기억을 확대경으로 들여다보아도 그것은 한낱 허황된 꿈에 지나지 않음을 느낀다. 나에겐 거창한 꿈보다는 그저 처자식 고생 시키지 않고 살겠다는 지극히 단순한 일념뿐이었다. 그것만이 나를 구원하는 인생의 신념이고 의미였다. 살아남기 위한 투쟁은 지독한 고독과 불안을 낳았고, 그것은 나의 유년시절을 관통하는 지배적인 정서였다.

나는 가정적인 남자다. 작은 예로는, 밖에서 지인들과 맛좋은 음식을 먹으면 가족이 눈앞에 항상 아른거린다. 가족들 생각에 음식이 목구멍으로 잘 넘어가지 않는다. 식구들에게 작은 어려움이라도 닥치면 당사자가 처리할 수 있는 일임에도 내가 나서서 해결해주고자 노력한다. 특히 여성이라는 존재가 아무리 똑똑하다 해도 나에겐 그저 보호해야 할 연약한 인간이다. 그러기에 아내를 향한 애정의 과열이 때론 그녀에겐 지나친 관심으로 내비칠 수도 있다. 이러한 생각은 어릴 적 가난에 찌든 불쌍한 어머니에 대한 기억 때문인지 모른다.

이제 내 나이 여든을 넘어섰다. 지나온 삶이 주마등처럼 스쳐 지나간다. 순간순간 힘든 시간이었지만, 지나고보면 한 줄 기 바람처럼 짧고 서글프다. 윤심덕의 〈사의 찬미〉를 좋아하고 자주 부르는 이유도 인생무상을 적나라하게 표현했기 때문이다.

광막한 광야에 달리는 인생아
너의 가는 곳 그 어데이냐
쓸쓸한 세상 험악한 고해에
너는 무엇을 찾으러 가느냐

나의 어린 시절은 가난으로 점철된 시간이었다. 매달 학교에 낼 월사금이 없었다. 처절했던 삶의 고통은 부모님에 대한 연민으로 진화되어 나를 부추겼다. 가난은 '억울함'이라는 감정을 낳았지만 또다른 동기부여가 되었다. '장남'이라는 무게는 머리에 철근을 이고 있는 것처럼 무거웠다. 어린 나이에도 부모의 살가운 보살핌을 받기보다는 집안을 일으켜야 한다는 책임감과 의무감이 컸다. 인생의 가장 어둡고 구석진 곳에 숨겨진 씨앗 같은 희망은 나를 단련시키고 삶과 정면으로 대면하게 했다. 슬픔을 이기는 방법은 인내뿐이었다.

아버지는 그 당시 주판을 잘 놓고 글씨를 잘 썼다. 매사에 성실한 직장인이었지만 박봉의 인생이었다. 표창장을 받았지만 관운은 따르지 않았다. 아버지는 처자식 입에 풀칠을 해야 한다는 생각에, 내가 어렸을 때 서울로 이사를 감행했다. 기억이 잘 나진 않지만 셋째 동생이 서울 서대문구에서 태어난 것을 보면, 1948년 경에는 서울에서 살았던 것 같다. 아버지는 구두장사를 했는데 벌이가 시원치 않았다. 그즈음, 할아버지가 돌아가시기 전 큰손자인 나를 보고싶어해 바쁜 아버지 대신 아버지의 친구를 따라 전주에 내려간 기억이 난다. 할아버지 장례식 때는 인력거를 타고 꽃상여를 따라갔었다. 사실 이러한 기억의 조각들도 나중에 어머니를 통해 들은 이야기와 나의 회상이 조합된 것이다.

어머니는 돌아가시기 전 4년 동안 베를린에서 함께 했다. 그때 어머니를 통해 우리 집안에 대한 자잘한 역사를 들을 수 있었다. 당시 아내는 간호사로 새벽근무를 위해 일찍 잠든 때가 많았다. 나는 저녁에 일을 마친 후 집에 돌아와 어머니와 도란도란 대화를 나눴다. 어머니는 홀로 거실에서 텔레비전을 보다, 내가 오면 무척 반기며 이야기 보따리를 풀어놓았다. 그때 처음으로 어머니에게서 구 소련에 산다는 작은아버지 이야기도 들었던 것 같다. 고향을 떠나면 꿈에서라도 찾아오는 향수까지 가슴이 저미거늘, 동토의 땅 벽촌에서 세월을 보낸 작은 아버지는 오죽했을까 싶었다. 어머니가 들려준 과거 한 구절은 짧게나마 지나온 내 고국의 시간이기에 더욱 소중하고 애절했다.

아버지는 1918년, 7남매의 장남으로 태어났다. 어머니는 한 해 뒤인 1919년생으로 8남매의 장녀였다. 일제 강점기 혹독했던 시절에 장남과 장녀로 태어난 이들은, 말살당한 역사의 서슬 앞에서 희망이 아닌 절망을 먼저 알았다. 부모님 세대는 식민지 수탈의 정점에서 불운의 유년과 청춘을 보낸 이들이다.

나는 해방되기 2년 전 1943년 8월 23일 6남매의 장남으로 태어났다. 내가 태어난 곳은 전북 전주시 고사동 151번지다. 고사동은 유명한 영화의 거리다. 1950년대 중

반, 전주에 영화인들이 몰리면서 자생적으로 지금의 거리가 생성되어 발전해 왔다. 한·미 합동 제작 영화 〈아리랑〉에 이어 한국 영화사에 한 획을 그은 이강천 감독의 〈피아골〉, 한국 최초의 16mm 컬러 영화 〈선화공주〉가 만들어진 곳이다. 나는 천년의 비상을 문화예술에 담은, 전북의 심장에서 자랐다.

아버지는 당시 전매청(현 한국담배인삼공사) 말단 공무원으로 일했고 어머니는 평범한 가정주부였다. 어머니는 말이 주부였지, 사실 이것저것 허드렛일들을 하러 다녔다. 아버지는 대가족의 가장이었지만, 딸린 처자식들을 건사하기에는 무능력했다. 어머니는 그런 아버지에게 핀잔을 놓기 일쑤였다.

"당신이 재정문제에 조금만 요령을 피우면 우리 생활이 좀 나아질텐데, 아주 융통성이 없어요!"

어머니 입장에서는 옆집 사는 전매청 직원의 집은 생활이 풍족했기에 비교가 되었을 것이다. 어머니는 아버지의 고지식하고 올곧은 성품에 대해 늘 볼멘 소리를 했다. 아버지는 섬세하고 온순한 대신, 어머니는 성격이 괄괄한 대장부였다. 그래도 나는 아버지가 좋았다. 나 역시 아버지를 닮아 고지식한 편이다. 아버지는 큰 소리를 낸 적이 없었다. 어머니가 늦은 밤 호롱불 아래서 양말을 깁고 있으면 아버지는 인자한 어조로 말했다.

"여보, 호롱불 닳소. 그만 잡시다!"

그 소리가 아직도 내 귀에 쟁쟁한 것을 보면 유년의 기억은 쉬 사라지지 않나 보다.

6.25 전쟁을 겪으면서 1950년, 전주에 있는 전매청에 폭격으로 불이 났다. 겨우 일곱 살이었던 나는 거리를 돌아다니며 북한 군가를 불렀던 기억이 난다. 가사는 잘 생각이 나지 않지만 몇 단어만 기억이 난다.

'양양의 악기를 바라볼 때 한 손에 총을 들고 한 손에 사랑'

이념이 무엇인지도 모르는, 어린 아이의 입에서 흘러나오는 노래에 무슨 의미가 있겠는가? 당시는 누가 인민군인지 국군인지 알 수 없는 아수라장 전쟁 통이었다. 나에게 있어 인생은 파노라마가 아닌 장면 하나하나가 되어 선명하게 다가온다. 파란만장한 전쟁의 포화 속에서 사람들은 태어났고, 또 죽었다.

어릴 적, 부모님의 형제들은 우리 집과는 달리 부유하게 살았다. 그게 나로서는 이해가 되지 않는 부분이었다. 왜 우리만 이렇게 가난하게 사는지 울분이 터졌다.

중학교에 재학 중일 때였다. 어느 날 아버지가 쪽지 하나를 삼촌에게 갖다주라고 건넸다. 쪽지를 받아든 삼촌은 잠시 읽더니 점점 얼굴색이 변했다.

"너희 아버지는 돈을 빌려주면 갚질 않아 문제야! 쯧쯧!"

혼잣말처럼 이야기했지만, 그건 아버지를 대신한 나를 향해서도 비난의 소리나 마찬가지였다. 학교에 낼 월사금을 빌리러 갔는데 삼촌의 반응은 서늘했고, 어린 나의 마음에 큰 생채기를 냈다. 어머니는 어머니대로 이모 집에 가서 김치나 젓갈을 담아주며 소일거리로 생계를 꾸려갔다. 그나마 우리 형제들이 살 수 있었던 것은 어머니의 생활력 때문이었을 것이다. 아버지의 월급은 쌀과 연탄을 겨우 살 정도였다.

나는 지금도 새벽 중간에 눈을 비비며 일어나 연탄을 갈러 갔던 기억이 난다. 장남이었기 때문에 하기 싫은 일들은 도맡아했다. 추운 겨울날 연탄불이 꺼질세라 밤잠을 설치며 시간에 맞춰 연탄을 가는 일은 나름의 고초가 따랐다. 밑의 연탄과 새로 넣을 연탄의 구멍을 맞추는 일도 어린 나에게 쉽지 않았다. 연탄 사용은 질식사고가 심심찮게 일어났지만, 그 당시 나무로 불을 지피던 삶에 획기적인 변화였다.

어머니가 불쏘시개가 필요하면 수업을 마친 후 산 중턱으로 올라가 떨어진 나무들을 주웠다. 바지 아랫단을 칡넝쿨로 묶었고 솔나무를 긁어 바지에 넣어서 목에 걸치고 집에 돌아왔다. 솔나무의 검불을 긁어담아, 팬티만 입고 바지는 주머니를 만들어 목에 메고 왔다. 어머니는 순종적인 나를 많이 의지했다. 가끔 하기 싫은 일을 시키곤 했지만, 나는 순순히 따랐다. 지금도 이모 집에서 김치를 얻어오라고 양동이를 건네던 기억이 생생하다.

다른 사촌들은 대학을 다녔지만 나는 갈 형편이 안 되었다. 그것은 가장 큰 피해의식이었다. 슬픔과 절망, 분노의 감정이 솟았지만 어머니를 위해서라면 뭐라도 해야겠다고 생각했다. 유년의 풋풋함과 조숙함의 특성을 한 몸에 지닌 당시의 나는 몸은 애송이지만 머릿속은 생각으로 복잡한 몽상가였다.

언젠가 일본 주름치마가 유행했을 때다. 당시 일본산 주름치마를 입지 않으면 여자가 아니었다. 이모들은 모두 그 옷을 사 입었지만, 어머니는 돈이 없었다. 내 눈에 어머니가 내심 이모들을 부러워하는 것이 느껴졌다. 그 모습이 가슴에 남아 전주 남문시장으로 내달렸다. 주름치마를 파는 가게에서 치마를 몰래 훔쳐 어머니에게 드렸다. 나일론이라 접으면 손 안에 들어갈 정도였다. 도둑질에 대한 죄책감보다는 어머니의 자존심을 세워주었다는 뿌듯함이 컸다. 가난이라는 말뚝을 넘어뜨리고 받은 전리품 같았다. 다행히 어머니는 출처는 묻지도 않고 그저 좋아했다.

1966년 8월 8일 가족사진

한국 가족의 센터

나는 기질적으로는 어머니 성격을 닮았다. 어머니는 아무리 남의 밑에서 일을 한다 해도 구차한 모습이 아닌 늘 당당했다. 중학교를 다닐 때 형편이 어려워 어떻게 학교를 다녔고 졸업했는지 기억이 나지 않았다.

내 삶의 시작에는 항상 벼랑이 있었고, 엉겅퀴 가지를 붙잡고서라도 살아남았다. 독일에 와서도 난 여전히 어머니의 자궁에 들어있는 태아처럼 혈육의 끈에 강하게 연결되었다. 돈을 벌면 부모님에게 무조건 송금했다. 결혼 후 생활비를 보내면서 세금 공제를 위해 아이들을 한국으로 보냈다. 당시 부양가족증명서가 필요했다. 아내가 아들을 임신한 후 전주 집에서 낳도록 했다. 1년 반 동안 아이들만 전주 집에 맡겨두고 부모님께 생활비를 꼬박꼬박 송금했다. 사실 부모님께 생활비를 보내기 위해 우리 아이들을 담보로 맡긴 셈이다. 그렇게 해서라도 나는 부모님의 경제적 힘이 되어주고 싶었다. 부모님의 내면 가운데 궁핍으로 인한 피해의식이, 장남인 나를 통해 치료되길 원했다. 가난이라는 사슬에서 풀려나 우리 가

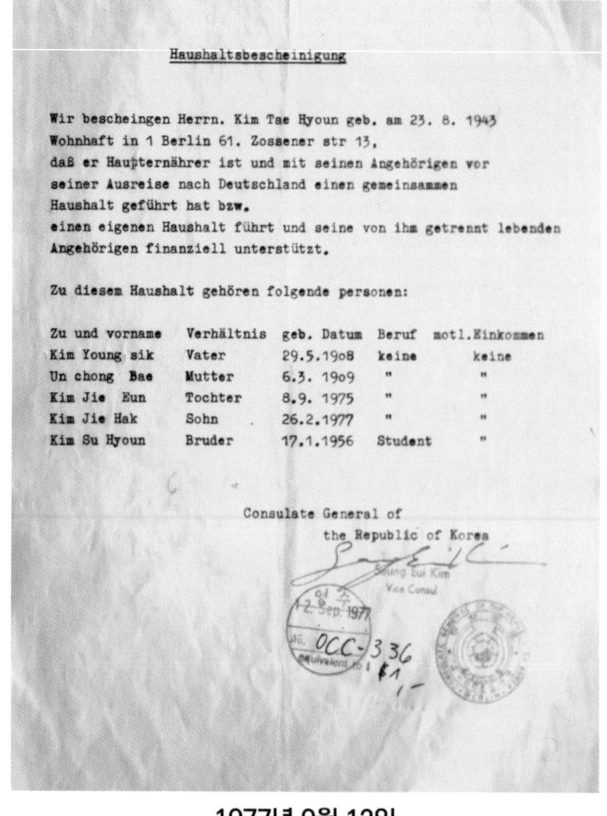

Haushaltsbescheinigung

Wir bescheingen Herrn. Kim Tae Hyoun geb. am 23. 8. 1943
Wohnhaft in 1 Berlin 61. Zossener str 13,
daß er Haupternährer ist und mit seinen Angehörigen vor
seiner Ausreise nach Deutschland einen gemeinsammen
Haushalt geführt hat bzw.
einen eigenen Haushalt führt und seine von ihm getrennt lebenden
Angehörigen finanziell unterstützt.

Zu diesem Haushalt gehören folgende personen:

Zu und vorname	Verhältnis	geb. Datum	Beruf	motl.Einkommen
Kim Young sik	Vater	29.5.1908	keine	keine
Un chong Bae	Mutter	6.3. 1909	"	"
Kim Jie Eun	Tochter	8.9. 1975	"	"
Kim Jie Hak	Sohn	26.2.1977	"	"
Kim Su Hyoun	Bruder	17.1.1956	Student	"

Consulate General of
the Republic of Korea
Seung Eui Kim
Vice Consul

12. Sep. 1977
OCC-336

1977년 9월 12일
베를린 총영사관에서 발행한 부양가족증명서

문의 총아가 되고 싶은 마음이 간절했다. 나중에 어머니는 나에게 '손주들을 키우며 생활비를 받고 살 았던 때가 가장 좋았다'고 털어놓았다. 귀여운 손자들과 함께 있게 했으니 그것 또한 효도였다.

생활력이 강한 나는 1961년, 고등학교를 졸업한 후 서울에서 청과물을 팔았다. 아직 군대 영장을 받지 않았을 때였다. 어느 날, 아버지에게 서울에 가서 일을 하고 싶다고 했다. 당시 고모의 아들이 서울 성동구 행당동에서 식당에 고기 배달 일을 했다. 초기 사업자금으로 그에게 12,000원을 빌렸다. 과일을 팔기 위해 서울 전역을 돌아다녔다. 돈을 벌기 위해 마음의 고삐를 바투 쥐었다. 하지만 그것 또한 장사가 잘 안 되어 6개월 만에 그만두었다.

그때 서울을 휘돌아다녀서인지 시내 지리를 파악하는 데 도움이 되었다. 나중에 독일에 온 후, 그 유명한 청담동에 집을 사게 된 계기도 그때 서울 지리를 파악했기 때문이다. 어쩌면 부동산에 대한 나름 선견지명이 있었거나 부에 대한 나의 강한 열망이 부를 끌어당겼는지 모른다. 강남은 불과 50여 년 전만 해도 논과 밭, 과수원이 있는 시골일 뿐이었다. 지금처럼 부유함의 상징으로 거듭날 줄은 그땐 꿈에도 몰랐다. 독일에 사는 동안 악착같이 돈을 모아 먼저 전주에 집을 샀다. 그리고 서울로 이사를 해야 하는데 전주 집을 팔아도 서울로 올 수가 없었다. 1960년대 중반만 해도 서울은 종로와 중구 일대에 밀집되어 인구가 과도하게 몰려 있고 수도방위 측면에서도 미사일 하나를 종로에 던지면 나라가 마비될 위험이었다.

정부는 1972년부터 73년까지 압구정동, 논현동. 학동, 청담동 등지에 시영주택 8개 단지 1350동을 지어 분양에 나섰다. 나는 독일 베를린에서 태권도장을 운영하면서 한국으로 돈을 송금해, 드디어 서울에 집을 구입했다. 청담동 집은 처음엔 어머니가 살다가 이후 여동생이, 마지막엔 삼촌도 살았을 정도로 몇 가족이 거쳐갔다. 그야말로 우리 집안의 센터 역할을 했다. 당시 강남이 개발되기 시작하면서 집의 가치가 올라갔다. 구입할 때는 4천 8백만 원이었는데 12년 만에 4억이 넘었다. 원래는 집을 팔아 시세차익으로 독일에 집을 사려고 했다. 하지만 거래하던 한국의 부동산 사무실에서 1억을 더 투자해 다른 집을 구입하라고 권유했다. 당시 30만 마르크(DM)까지 연금을 넣었는데 그것을 해약하고 결국 고국에 꿈을 실었다. 부동산 투기의 목적이 아닌, 고국으로 돌아가 살고자 작은 건물을 매입한 것이다. 결국 건물을 소유하고 있었기에 겸사겸사 한국을 여러 번 방문했다.

1980년 6월 당시, 일시 귀국해 집을 매입하면서 서울시 강남구청과 법률사무소에 사정을 이야기했다. '외국에서 힘들게 일하며 외화를 획득해 집을 마련하는데, 금리상의 혜택이나 도움이 없느냐'고 물었다. 사실 독일에서 절약하며, 내 피와 땀과 눈물로 모은 돈이었기 때문이다. 처음에 집을 구입할 때 매입할 돈이 충분하지 않았기에 시영주택을 3년간 상환금을 안고 구입했다. 매월 한화 13820원을 납부했다.

그러던 차, 1983년에 노모로부터 '상환금이 끝났고 서울시로부터 토지 분할이 있는데 소유자가 있어야 한다'는 연락을 받고도 귀국할 수가 없었다. 하지만 그해 10월 어머니가 중풍으로 수족을 움직일 수가 없어 누워있다는 소식에 급하게 한국을 방문했다.

이후 서울시로부터 시영주택 토지분할을 끝내고 돌아왔다. 그런데 1984년 5월, 노모로부터 청천벽력의 서신을 받았다. 집이 1983년 10월 27일로 매입이 되어 있고 취득가격이 94,481,956원으로 나왔다는 것이다. 그리고 증여금에 대한 자금출처와 원천징수 영수증을 보내라는 연락이었다. 행정상의 착오가 있지 않나 생각했다. 이후 무엇에 기준한 것인지 재차 편지를 보내기도 했다. 그때 가슴을 졸이며 행정처리를 위해 여러 번 편지를 보냈는데, 지금도 고달픈 기억으로 떠오른다. 우여곡절 끝에 이후 답변은 '모든 게 잘 되었으니 신경 쓰지 않아도 된다'고 해 가슴을 쓸어내렸다.

집을 구입한 것도 내면 깊숙이 잘 살아야겠다는 의지에서 비롯되었다. 친척들은 잘

사는데 우리가 못 산다는 것이 삶의 모순처럼 여겨졌고, 억울한 감정이 들었다. 그 감정이 어쩌면 내가 평생을 열심히 살아오게 된 또다른 동력이 된지 모른다.

고마운 사람은 막동이 이모이다. 청담동 집을 구입할 때 돈이 부족하자, 돈을 빌려준 분으로 평생 고맙게 생각한다. 나중에 이자까지 포함해 갚았지만 돈으로 환산할 수 없을 정도로 감사하다.

아버지는 내가 독일 사는 동안 편지를 종종 보내왔다. 아버지는 내가 이국땅에서 끈질기게 삶을 살아가야 할 이유들을 문득문득 상기시키는 분이었다. 장남으로서의 무게감과 고국에 대한 애절함을 부추기는 글귀들이었다.

그간 몸 건강하고 지은 모나 진현이도 잘 있는지.

이 편지를 쓰는 곳은 서울 봉현이 집이다. 아버지의 몸이 아파 헤매다 못해 이곳 서울에 와서 의학박사인 조관현 내과병원에 입원을 했는데 6월 2일 퇴원을 했다. 몸 아픈 것이 가시여서 퇴원한 것이다. 돈이 들어서 그렇지 몸 아픈 사람을 다루는 방식과 모든 치료법이 전주와는 완전히 다르고 원장 선생도 60세 정도인데 의술이 좋더라. 돈이 있었으면 진즉 서울로 왔었으면 수개월이란 시일을 고통을 안 당했을 것을 하고, 없는 푸념을 했다. 금번에 봉현이가 대단히 욕을 봤다, 일후 치사편지라도 해라. 그간 먼 곳에 있는 너희들에게 아픈 것을 알려 염려하고 기도한 은덕으로 건강히 퇴원한 것을 감사히 생각한다. 모든 것이 인간 김태현의 음덕임을 뼈저리게 느낀다. 아버지는 내일 전주로 내려갈 예정이다. 이곳에 있으면서 수시로 전화로 연락하여 지은 남매의 동태를 살피고 있었다. 충실히 별거 없이 있다는 소식을 듣고 있다. 집에 가서 다시 편지 내기로 하고 사람조심 몸조심 그리고 매사에 주도면밀한 행동을 하기를

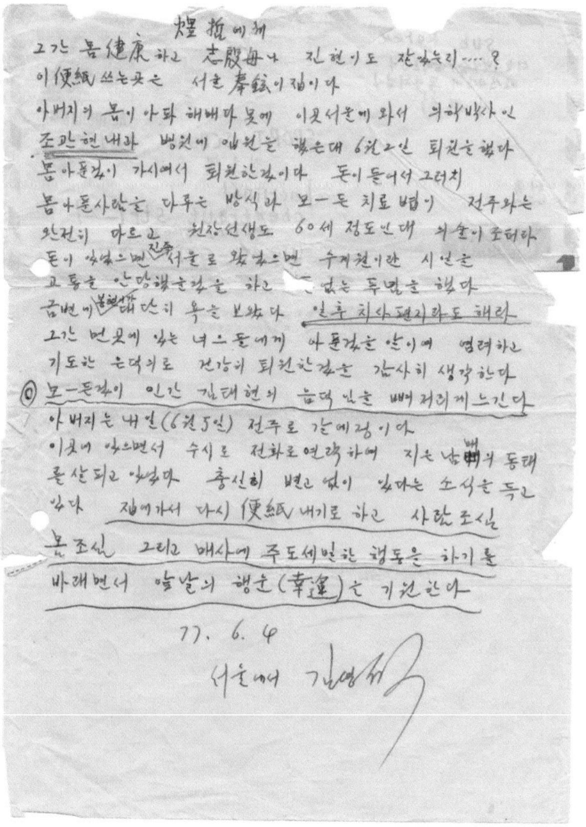

1977년 6월 4일 아버지 서신

바라면서 앞날의 행운을 기원한다.

1977년 6월 4일 서울에서

그간 몸 건강하고 별고 없는지, 지은 모나 진현이도 잘 있는지?

나는 몸이 아파 서울에 가서 심장병을 잘 본다는 병원을 찾아 봉현이 집에서 5일간 머무르며 주사와 약을 먹고 다니다가 6일 되는 날 갑자기 정신이 없고 아파, 병원에 입원했는데 완전히 나아서 퇴원한 것이 아니라 통증과 숨찬 기가 계여서 전주에도 심장병을 잘 본다는 사람이 있다기에 그 병원을 퇴원한 것이다. 내가 입원하고 보니 정애가 같이 있게 되

고 또 돈 들고 불편한 점이 많아서 퇴원한 것이다. 어제 어머니하고 이곳 전주에서 개업한 병원에서 진찰을 받았다. 이 원장은 과거 전주 도립병원장을 지낸 사람인데 심장병을 잘 본다는 것이다. 진찰을 한 결과 심장과 기관지가 나빠서 이중으로 병을 가지고 있어 연세도 많고 하니 약을 장기 복용하라는 것이다. 병원을 다니려 해도 문제는 돈 타령이구나.

6월 5일이 지학이 100일인데 공주에서 지학이 할머니가 금반지와 찹쌀 한 말을 보내왔고 서울에 사는 지학이 큰 이모가 금반지 한 개 가지고 왔다. 그리고 유 양이 금반지 하나, 지은이 옷 한 벌 그리고 진현이 친구인 김 양이 금반지 하나, 지은이 옷 한 벌 그리고 순창 집에서 옷 한 벌, 인정이 고모가 옷 한 벌을 가지고 왔었다. 서울에서 봉현이 내외도 왔다가 5일 오후에 공주 손님과 서울사람이 다 떠났다. 이곳 이층집은 비어 있는데 이층 다다미방을 우리가 쓰고 방 둘은 사방복덕방에다 내놓았다. 그리고 그곳에서 돈을 송금한 지가 13일나 된다기에 바로 우체국에 가서 알아보았는데 돈이 도착이 안되었고 돈이 오려면 20일이 걸린다. 기막힌 일이로구나. 돈이 안 와서 그간 이곳 어머니가 열 받아 애를 타고 생활을 끓이는지 상상하면 잘 알 것이다. 돈도 융통할 곳도 없으니 애타는 심정 상상을 해라. 그러하니 아무쪼록 돈을 서울로 보내라. 정애한테 보내라 꼭 부탁한다. 비용이 나도 서울로 송금하여라. 꼭 부탁한다. 정신이 흐려서 더 편지를 못 쓰겠다. 인간 김태현의 부모에 대한 효심 지극히 감사하고 또 감사한다. 인명은 재천이거늘 아버지는 남은 여생이 길지는 못할 것 같다. 부디 몸조심 사람조심 너의 소망이 이루어지길 기원한다. 너의 효심 다시 한 번 감사한다.

1977년 6월 9일

1977년 6월 9일 아버지 서신

무소식이 희소식이라 하나 너의 처 되는 지은 모가 좋지 못한 병으로 만리타국에서 그간의 경과와 대책, 현재의 병세는 어떠한지 병상에서 밤낮으로 걱정이 되고 염려가 되니 모든 일이 지은이 모의 걱정으로 한 시도 마음이 편치 못해 이 편지를 내는 것이니 편지를 받는 즉시 그간의 경과를 곧 알려라. 부모된 사람의 심정을 이해해 주기 바란다. 그곳 병원에서 물리치료를 해서 희망이 있는지 그리고 몸이 중요한 곳이니 경솔한 수술을 하지 않도록 각별히 유념하기를 바라며 너의 소식을 목 타게 고대할 것이니 과히 상심치 말고 모든 것을 자중하길 바란다. 아버지

의 생각은 너의 고민하고 있는 모습이 마음이 편치 못하니 자세한 소식을 알고 싶으니 소식을 고대하였다. 지은, 지학이 남매는 아무 사고 없이 크는지 보고싶고 안고 싶다는 심사는 미친 듯 하나 그곳의 소식을 곧 나는 그만 정신이 흐려 편지를 못했는데 편지를 하니 틀린 문자가 있더라도 이해해주기 바란다. 이곳은 너의 상상과 같이 별고 없다. 너의 건강과 너의 다복을 주님에게 기도드린다.

1978년 6월 9일

이후 나는 아버지에 대한 소식을 외삼촌의 편지를 통해 다시 전해들었다.

태현 즉전

이국만리 타향사회에서 온갖 고난과 시련을 겪고 있는 군을 때때로 머리 속에 그려볼 때 기필 성공하여 금의환향 할 것이라고 믿고 있는 고국의 외숙은 무사히 주어진 환경 속에서 하루하루의 세월을 보내고 있으며 대소가 두루 무고하니 다행이나 항시 염려되는 것은 부친의 병환이 점차 악화되어가는 것뿐이다. 현재 상태로는 도저히 회생할 길이 없고 신의 부르심만 기다릴 수밖에 없고보니 새삼 인생의 무상함을 깨닫게 되는구나. 엊그제 갑자기 병세가 위독하시다 하여 가보았더니 모든 세상일랑 체념하시고 오직 태현이나 생전에 한 번 더 보고싶다는 말씀뿐이었으니 참으로 딱하기 그지없구나. 한 번 귀국하려면 물심양면에 커다란 희생이 따를 것이고 그런다고 운명 전에 부친의 소원을 저버릴 수 없는 일 극히 진퇴양난한 일이다. 그러나 이 외숙은 돌아가신 후에 귀국하는 것보다는 운명 전에 한 번 귀국하여 부친의 소원을 풀어드리는 것이 효도가 아닐까 생각되어 그곳의 사정을 살필 사이 없이 소식을 전하

니 변치 않는 너의 내외 효도를 끝까지 바치도록 바랄 뿐이다. 그동안 너의 어린 아이들은 많이 자랐겠지. 그리고 모두 무사하며 진현이도 건강한 모습으로 가정생활에 충실하겠지. 부디 짧은 인생 허송세월 하지 말고 보람있는 생활을 하도록 간곡히 부탁한다고 전하여라. 할 말은 태산 같으나 이만 줄이고 지난 어버이날에 네가 외숙모에게 보낸 서신 잘 받았다고 잊지 않고 고맙다고 전하란다. 부디 젊음의 기상으로 뛰고 뛰어 소기의 목적을 달성하여 그리운 고국 산천에서 다시 한 번 빛내자구나.

1979년 5월 18일

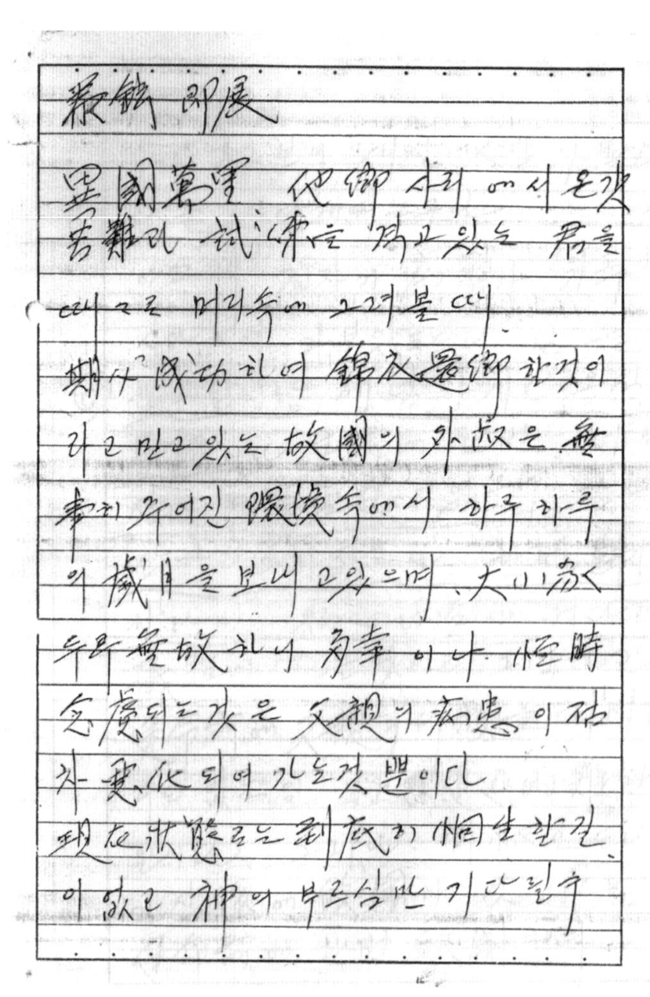

殷鉉 郎長

異國萬里 他鄕 사리에서 온갖
苦難의 試鍊을 겪고 있는 君을
때로 머리속에 그려볼 때
期必 成功하여 錦衣還鄕 할것이
라고 믿고 있는 故國의 外叔은 無
事히 주어진 環境속에서 하루 하루
의 歲月을 보내고 있으며, 大小家
두루 無故하니 多幸이나 恒時
念慮되는 것은 父親의 疾患이 점
차 惡化되어 가는것 뿐이다
現在 狀態로는 到底히 回生할 길
이 없고 神의 부르심만 기다릴 수

1979년 5월 18일 외숙부 서신

지금도 아버지에 대한 애틋한 기억이 있다. 1975년 결혼을 하고, 아버지가 중풍에 걸렸을 때 한국을 방문한 적 있다. 그때 대중목욕탕에서 때밀이에게 맡겨 등을 밀어 드렸다. 아버지는 처음으로 경험했는지 아주 시원하다며 좋아했다. 진즉에 아버지에게 해드리지 못한 것을 후회했다. 효도의 시간은 짧고 후회는 길다.

아버지가 위독하다는 소식을 듣고 다시 아내와 함께 김포공항에 도착했을 때 이미 돌아가셨다는 소식을 접했다. 1979년 5월 24일, 아버지 연세 겨우 육십이었다. 나는 할머니, 할아버지, 아버지와 어머니의 유골을 전북에 안치했다. 할머니와 할아버지는 2004년 화장해, 전북 전주시 효자동 기독교 안식 효자추모관에 앉혔고, 2009년에는 아버지와 어머니를 모셨다. 비용은 10년에 한 번씩 지불하고 있다.

부모님이 돌아가신 후, 아이들 교육 차원에서 제사를 지냈다. 하지만 독일에서 나고 자란 아이들은 돌아가신 조상에 대한 마음이 내 생각 같지 않았다. 그래서 지금은 그저 홀로 마음 속으로만 부모님을 추모한다. 그때마다 평생 힘들게 살다 간 부모님 생각에 눈물이 앞선다. 겨울의 눈덮힌 적막한 우리네 산처럼 허무하고 쓸쓸해진다.

할머니는 장남인 아버지가 아닌 막내에게 유산을 모두 물려주었다. 하지만 돌아가실 때는 우리 집에서 눈을 감으셨다. 나의 어머니도 막내자식만 생각하는 것 같아 서운할 때도 있었다. 언젠가 아내가 나에겐 말한 적 있다. '아기를 낳기 위해 시댁에 갔는데 자기는 만삭이 되었는데 굴비를 구우면서도 한 조각이라도 주면 좋은데 막둥이 아들에게만 줘서 서운했다'고 토로했다.

부모에게 있어 큰 자식은 부모의 기둥이고 의지대상이며, 내리사랑은 어찌할 수 없다. 그럼에도 나는 부모님께 자식으로서 도리를 한 것에 대해 후회가 없고 그저 할 수 있었음에 감사할 따름이다.

이제 세월이 흘러 나 또한 그때의 아버지와 어머니보다 훨씬 많은 나이가 되었다. 인생은 쏜 화살처럼 금방 흘러간다. 더듬어보니 사랑도 잠깐이고 인생도 잠깐이다. 가난과 결핍을 들키지 않으려 시늉이 체질화된 삶도 지나갔고, 이제는 한층 헐거워진 기분으로 노년의 삶을 마주 대하고 있다. 다시 기억 속의 어린 날로 돌아간다면, 나는 어떤 꿈을 꾸고 있을까? 여전히 다른 형태로든 지금의 나로 존재할 것 같다. 가만히 눈을 감는다. 고향 땅에서 겨울철 아침에 방문을 열어놓고 아버님이 방 빗자루 들고 청소할 때 덜덜 떨면서 빨리 방문 닫기를 고대하는 그때가 주마등처럼 스쳐간다.

1975년 9월 귀국하여 그리운 부모님 곁을 떠나면서

나는 상추 좋아하는 사위

특별한 반찬 없이 밥에 상추와 된장찌개만으로 차려진 봄철의 소박한 밥상!

하지만 상추는 고기와 곁들여야 제 맛이다. 그럼에도 나는 한동안 그 둘의 하모니를 생략할 때가 많았다. 상추를 추억하면 떠오르는 인물이 있다. 장모님을 생각하면 우습게도 상추가 덤으로 따라온다.

결혼 후 처갓집에 처음 갔을 때다. 장모님이 내 앞에서 닭의 모가지를 확 비틀더니 백숙을 끓여왔다. 백년손님 사위가 왔으니 씨암탉을 요리하려고 했던 모양이다. 하지만 정작 나는 그 모습에 하도 소름이 끼쳐서 음식으로 내온 닭 백숙을 마주할 수가 없었다. 도저히 식욕이 돋지 않았다. 결국 마음에도 없이 장모님께 '고기를 좋아하지 않는다'고 말해버렸다. 그랬더니 그 뒤로 처갓집에 가면 상 위에 야채 등 푸성귀만 내놓는 것이다. 어쩔 수 없이 그 많은 상추를 다 먹으면, 장모님은 '우리 사위, 잘 먹네' 하면서 또 뜯어오셨다. 지금도 밥상 위의 상추를 보면 그 옛날 장모님 생각이 절로 난다.

장모님과의 추억 이야기를 더듬으니, 아내와 결혼하게 된 과정을 고백해야겠다.

당시 파독광부로 독일에 와 3년 계약이 끝나면 무조건 한국으로 돌아가야 했다. 고민 끝에 독일 체류를 결정하자 머물 수 있는 방법을 생각하게 되었다. 체류방법은 몇 가지가 있었다. 파독 간호사와 결혼하기, 자신이 간호사 직업을 갖기, 아니면 학생 신분으로 공부하는 것이었다. 나는 태권도를 가르치고 있었지만 그것으로는 체류가 어려웠다. 당시 한국 사람의 99%가 300마르크를 주면 총각도 유부남으로 서류를 바꿀 수 있었다. 문서 위조는 한국인들 사이에 흔한 현상이었던 것 같다. 결혼증명서, 사망증명서, 운전면허증 및 자녀양육비 지불증명서 등을 위조했다. 광산 경력에 대한 대부분의 증거도 위조가 가능했다. 한국 관청도 이를 알고 있었겠지만 엄격하게 검증하진 않았을 것이다. 위조서류가 난무했지만 묵인하는 분위기였다. 결혼도 안했는데 원하면 자식 셋이 있는 것처럼 꾸미는 것이 가능했다. 지금도 그렇지만 독일은 연대의 법칙으로 가족이 있는 경우보다 미혼일 때 세금을 더 많이 징수한다. 그러기에 급여 실수령액에서 차이가 날 수밖에 없다.

광산생활하면서 오후에 태권도를 가르칠 때는 기숙사(Heim) 통역자를 동행했다. 그는 자가용으로 나를 데리고 가서 중간에 통역해주고 다시 기숙사로 데려다주었다. 나는 2시간 수련강습비 60마르크 중 절반인 30마르크를 그에게 주었다.

나는 독일 땅에서 태권도를 전파하던 중, 베를린에 한국 간호사가 많이 거주한다기에 혹시 인생의 반려자를 만날 수 있을까 막연한 기대를 하고 서베를린 행을 결심했다. 당시만 해도 통일 전이라 동독 경계선이 있었다. 경계선을 넘으면 국가보안법에 저촉될 수 있었다. 그때 내가 가르치던 독일인 제자 만프리트 호이어(Manfried Hoyer)가 도움이 필요하면 언제든지 말하라고 했다. 나는 그와 함께 하노버(Hannover)까지 내 차로 운전했고, 그곳에서부터 63마르크(DM) 편도 비행기를 타고 나 홀로 서베를린으로 왔나. 그는 따로 베를린까지 차를 몰고 와서 나와 합류한 후, 다시 비행기를 타고 그가 사는 곳으로 내려갔다.

1973년 9월 제자 만프리드 호이어 (Manfred Hoyer) 동독 국경선을 타고 온 자동차 아헨(Aachen)에서 베를린(Berlin)까지

그때는 동독지역을 거쳐 서베를린으로 들어가야 하기에 대한민국 국가보안법상 육로를 통해서는 통과할 수 없었던 것이다. 여권에 여행 스탬프를 찍는 순간 공산주의 국가로 입국한 셈이 된다.

나는 막상 연고도 없이 베를린에 오니 갈 데가 없었다. 돈은 버는 족족 한국으로 송금했기에 여유자금도 없었다. 딱히 묵을 숙소를 찾을 수 없어 차를 숲길에 세웠다. 추워서 시동을 켰더니 갑자기 연기가 났다. 그때 순찰하던 경찰이 달려와 내 여권을 확인하고는 '여기서 잠을 자는 것은 금지다. 시내로 가서 주차를 하라'고 말했다. 독일은 3분 이상 시동을 켜는 것도 금지다. 할 수 없이 다시 시내에 가 차를 주차하고, 배가 고파 눈에 보이는 중국 식당에 들어갔다. 그곳에는 한국인으로 보이는 여성이 일을 하고 있었다.

"한국 사람이세요? 어디서 왔어요?"

중국남성과 결혼해 산다는 그녀는 궁금한지 이것저것 물었다.

나는 자초지종을 이야기했다.

"더 드시고 싶으면 갖다드릴게요. 그리고 배고프시면 다시 찾아오세요."

그녀는 나에게 친절하게 응대하며, 일요일에 베를린 한인교회에 가면 한국인이 많다면서 주소를 건넸다. 그녀의 말대로 다음 주에 교회를 찾아갔다. 그곳엔 여성신도만 약 100명이 넘었고 남성은 겨우 20여 명 정도였다. 그때가 1973년 9월 고 정하은 목사님이 시무할 때다. 당시 베를린에 한인들이 다니는 교회는 한곳 뿐이었다. 그때부터 일요일이 되면 꼬박꼬박 교회에 갔다. 이유는 예배가 끝난 후 한국음식을 먹는 즐거움 때문이었다. 생일, 아이 돌잔치 등등 이유로 음식을 해오는 교인이 있었다.

나는 주중에는 돈을 벌어야 했다. 한 번은 베를린의 디스코 클럽(Diskoclub)을 찾아가 경비요원으로 일을 할 수 있는지 물었다. 아데나워 광장(Adenauer Platz)의 건물 지하에 있는 '가마스(Gamas)'라는 클럽이었다.

"가라데를 할 수 있나요?"

“아! 물론이지요”

곧바로 다음날부터 저녁 20시부터 새벽 3시까지 일을 하게 되었다. 당시만 해도 독일사회에 일본 가라데가 많이 알려져 있었고 태권도는 비슷한 스포츠로 인식되어 곧바로 채용되었디.

하루 일당은 80마르크였다. 매주 토요일 밤 22시에 15분씩 태권도 시범을 하기로 계약을 하고 시범재료비 50마르크(송판, 기와, 병)와, 시범료는 200마르크로 결정했다. 다행히 클럽 일자리를 구했지만 이제는 거처할 곳을 찾아야 했다.

그러던 중 베를린 첼렌도르프(Zehlendorf)에 있는 베를린 신학대학 기숙사에 사는 동료 소식을 들었다. 그는 나와 광산생활을 함께 했던 친구로 기숙사비로 매월 80마르크를 주고 거주한다는 소식을 들었다.

“김 형! 내가 방을 알아볼테니, 이제 차에서 자지 마세요.”

그가 건넨 말은 나에게 큰 위안이 되었다.

나는 그때부터 학생 기숙사 안에 있는 텔레비전 보는 홀에서 쪽잠을 잤다. 주말에는 방문하는 학생들이 많았다. 게다가 모하메드 알리(Mohamed Ali)의 복싱장면이 텔레비전에 생중계되면 새벽 4시까지 잠을 잘 수가 없었다.

학생들이 모두 돌아가면 그때서야 잠을 청했고, 이른 아침 청소부가 오면 일어났다. 그곳에서 7~8주간을 살았다. 시간이 흘러 기숙사에 방을 얻었고, 낮에는 독일어 학원을 다니면서 밤에는 클럽 일을 했다. 기숙사에서 산 이후에는 관심 있는 학생들 5명 정도 태권도를 가르치면서 생활비를 벌었다. 그리고 일요일이면 믿음 좋은 사람처럼 어김없이 교회에 갔다.

1974년 토요일 어느 날, 한인교회에서 누군가의 생일잔치가 있다고 했다. 나는 한국음식이 먹고싶었기 때문에 생일잔치 축하 겸 꽃을 들고 찾아갔다. 이미 젊은 여성신도 몇 명이 수저를 놓는 등 정리 정돈에 여념이 없었다. 그때 아주 예쁘장한 여성 봉사부장이 나의 눈에 들어왔다. 그녀의 미모는 한눈에 나를 매료시켰다. 그녀를 한

참 지켜보던 중에 잔치가 끝났고 기회를 틈타 그녀에게 다가갔다.

"미스 김! 혹시 집에 지하철을 타고 갈 거라면 내가 데려다 드릴게요."

비록 오래된 똥차지만, 자동차가 있다는 것만으로도 뿌듯한 시절이었다. 그녀는 자신은 다른 친구들과 지하철을 타고 가야한다고 말했다. 결국 나의 종용에 내 차를 타게 되었는데 혼자가 아닌 친구 두 명과 함께였다. 나중에 안 바로는, 그녀는 자신의 집이 노출될까 두려워 친구네 집 주소를 알려주었다. 사실 나로선 그녀의 집을 알고 싶어 태워준 것인데 말이다. 다시 만나고 싶었지만 그녀는 자꾸만 피했다. 그런 일이 있은 후 몇 주가 흘렀다. 그 사이에도 나는 여러 여성들을 만났다. 사실 한국에서 나의 혼사를 서두르고 있었기 때문이다. 어린 나이도 아니었고, 둘째동생이 먼저 결혼했기에 부모님이 안달이 난 건 당연했다. 결혼 안한 동생들도 모두 애인이 있고 무엇보다 장남인 내가 빨리 결혼해야 한다는 것. 부모님은 '전주에서 파독 간호사로 떠난 여성이 2~3명이 있으니 만남을 주선해보겠다'고 했다. 사실 그때까지도 결혼에 큰 의미를 갖지 못했다. 어릴 때부터 가난에 대한 절절한 고뇌가 많았기에 우선 돈을 벌고 싶었다. 그럼에도 무언지 모르게 결혼을 해야한다는 압박감이 자리잡았다. 더욱이 맘에 쏙 드는 여성을 보았기에 망설일 필요도 없었다.

급기야 그녀가 일하는 병원을 찾아갔다. 그녀는 30여 명의 간호사가 거주하는 기숙사에 살고 있었다. '커피 한 잔이라도 달라'고 하니 기숙사에 들어올 수가 없단다. 그 다음 번에는 낮에 찾아갔는데 나의 이름을 적고는 겨우 들여보내주었다. 나는 한 시간 동안 그녀와 함께 했다. 이렇게 만난 인연이 바로 후일 나의 아내가 된 파독간호사 김연순 씨다. 교회 목사님은 나를 사기꾼으로 생각하는 게 틀림없었다. 내가 나이가 많다보니 기혼자라고 생각한 모양이다. 당시만 해도 유부남이 총각행세하는 경우도 있었으니 이해할 만했다. 하지만 장인 장모님도 10년 터울이다. 장모님이 나의 부모님을 찾아가 결국 모든 것을 확인을 한 후에 결혼에 골인할 수 있었다. 당시 내 나이 31살, 그야말로 노총각이었다. 결혼을 하려 하니 처가에서는 '내가 교회를 출석하는지'를 물었다. 목사님에게서 확인서를 썼고, 나 또한 세례를 받아야만 결혼식 주례를 서겠다고 했다. 처가댁은 교회를 다녔고 처남도 목사다.

나는 한국에서는 교회 근처에도 가지 않았다. 어머니와 할머니는 불교신자였다. 어릴 때 어머니가 절에 가자고 해, 전북 전주시 완산구에 위치한 지선사에 따라간 적은 있었지만 그때까지 어떤 종교에도 심취한 적은 없었다. 어찌되었든 한인교회는 순전히 한국음식을 먹기 위해 갔지만, 결과적으로 내 평생의 반려자를 만난 준비된 장소였다.

1975년 4월 26일 드디어 결혼식을 올렸다. 결혼식은 이색적으로 내 제자들이 태권도 시범을 했다. 결혼식에 태권도 시범을 한 경우는 흔치 않은데 기합소리만 들어도 신랑 측의 위용은 압도적이었다. 결혼에 앞서 한국의 작명가에게서 새로운 이름을 얻었다. 나와 아내의 이름을 보고는 물과 기름이니 맞지 않다고 해서였다. 결혼식장에서는 '신랑 김욱철, 신부 김수현'이라고 이름을 붙였다. 이 결혼은 거의 반강제적으로 내가 좋아서 했고, 당시 아내는 나 하나만 믿고 따라와주었다.

세월이 흐르면서 아내와는 오래 묵은 장아찌처럼 살면 살수록 정겹고 편안하다. 자랑이지만 아내는 김치 등 요리를 잘한다. 나는 김치 없이는 밥을 먹지 못한다. 아내의

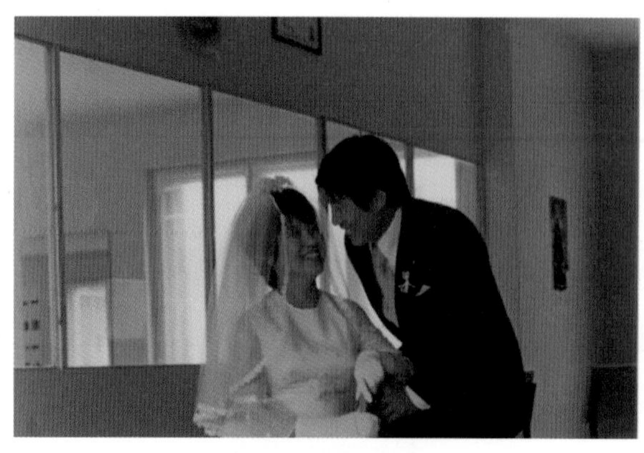

1975년 4월 26일
결혼식 마치고 도장에서 아내와 기념사진

결혼식 마치고 제자들과 기념사진

음식 솜씨는 어머니에게 배운 실력이다.

1994년, 어머니가 중풍에 걸려 거동이 불편하자 한국 형제들은 은근히 모시기를 꺼려했다. 결국 장남인 내가 베를린에 모셔왔다. 건강보험은 사보험에 가입해 어머니의 질병을 정기적으로 관리했다.

아내는 어머니와 살 때, 홀로 화장실에서 울음을 삼킨 적이 많았다고 한다. 힘든 병원 근무를 하고 와서도 가족을 위해 음식을 차려야 할 때, 내가 무언가 도우려고 아내 곁으로 가면 어머니는 '어디 남자가 들어와!' 하며 손사래를 쳤다. 아내는 낮에는 병원에서 일하고 오후에는 내가 하는 태권도 도장 일을 도왔다. 곱디고운 어린 아내는 억척스럽게 견뎌내었다.

나는 아내에게 욕심쟁이다. 아니, 어떤 일에도 꼼꼼하게 검토하기에 엄격하게 군다. 부부간이지만 돈을 사용하는 것에 대해서도 은연중에 간섭하는 경우가 있다. 50여 년을 함께 살아왔는데 습관적으로 내가 나이가 많아 아내를 손아래 누이처럼 대한다. 아내는 그래도 나의 모습에 거부하지 않고 묵묵히 따라와주니 고맙기만 하다.

탈무드에 그런 말이 있다.

'세상 무엇과도 바꿀 수 없는 것. 그것은 젊은 때에 결혼하여 살아 온 늙은 마누라'

나는 그 무엇과도 대신할 수 없는 것을 소중한 사람과 함께 한, 세상에서 가장 행복한 남자다.

한국에서 온 동생들 편지

1975년, 한국을 방문했을 때다. 아버지는 동생 문제로 힘들어했다.

"깡패들과 일을 하는지, 도통 무슨 일을 하는지 경찰들이 매번 찾아오는구나. 쯧쯧!"

아버지는 동생 문제로 내내 한숨을 내쉬며 울렁증이 생긴다고 하소연했다. 그리고 나에게 '혹시 독일로 데려가면 안 될지' 물어보는 것이다. 나는 아버지의 요청을 무시할 수 없고 사랑하는 동생의 미래도 걱정이 되어 고민 끝에 독일로 데려왔다. 당시는 독일 이주가 쉽지 않아 태권도 사범에게 주는 비자 형식으로 초청했다.

막상 독일에 온 동생은 늘 우울해 보였다. 고국에 대한 향수병이려니 생각했지만 시간이 흘러도 나아지지 않았다. 동생은 늘 '사랑은 눈물의 씨앗'이라는 노래를 흥얼거렸다.

사랑이 무어냐고 물으신다면
눈물의 씨앗이라고 말하겠어요
먼 훗날 당신이 나를 버리지 않겠지요
서로가 헤어지면 모두가 괴로워서 울테니까요

알고 보니 동생에게는 한국에 사랑하는 여인이 있었던 모양이다. 나는 어릴 때부터 이성에 대한 감정을 가질 여유도 없이 살아왔던 터라 사랑이니, 이별의 상실감에 대해 알지 못했다. 나에게 있어 여성은 오직 아이를 낳고 남편을 보필하는 존재로 생각했다. 열렬히 서로 사랑하는 대상으로는 인지하지 못했다. 물론 군대 가서 하루 밤 불장난의 기억은 있었지만 나이가 들어서도 여성과의 세밀한 애정에 무지했다. 그러기에 동생이 품은 사랑의 감정을 이해할 수 없었다. 사실 내 아들에 대해서도 마찬가지였다. 언젠가 아들이 독일인 여자친구를 집에 데려와 내가 보는 앞에서 그녀의 머리를 쓰다듬고 스킨십(Skin Ship)을 하는 것이다. 그래서 내가 못마땅한 나머지 꾸짖는 말을 했다. 한창 공부할 나이에 연애에 빠진 것도 석연찮았다. 지금은 그때 아들의 감정을 이해하지 못한 것에 대해 깊이 후회한다.

사실 동생에 대해서 내심 아쉬운 점이 있었다. 한국에서 특별한 일을 해본 적 없는 동생은 독일에서도 무엇을 해야 할지 잘 몰랐다. 이것저것 요구사항도 많아 형수인 아내의 부담이 컸다. 무엇보다 동생은 무언가를 시작하면 끝까지 인내하지 못했다. 베를린에서도 사업을 시작했지만 결국 다른 사람에게 양도할 수밖에 없었다.

동생은 독일에 와서 한국인 여성과 결혼했다. 그런데 한국에 가면 이따금씩 첫사랑의 여인을 만나곤 했던 모양이다. 그 여인 또한 다른 남자를 만나 결혼했지만 잊지를 못했던 것 같다. 그들의 관계를 제수씨가 눈치를 챘고, 제수씨의 입장에서는 남편에 대해 실망감이 컸을 것이다.

지금 생각하면 결혼이라는 것은 가식이고 형식이다. 우리는 그것이 가식이라 할지라도 잃지 않으려 애쓴다. 우리가 두려워하는 것은 생명이나 일터처럼 현재 소유하는 것을 잃는 것이기 때문이다.

동생은 독일에서 자식을 낳고 그런대로 살아갔지만 안타깝게도 2014년 심장마비로 갑자기 세상을 떠났다. 차라리 한국에서 첫사랑의 여인과 결혼해서 살았다면, 어쩌면 더 행복한 시간을 보내지 않았을까 생각이 든다. 문득 동생 생각을 하니 가슴 한 켠이 아려온다. 동생들을 생각하면, 형으로서 오빠로서 늘 애잔한 마음이 앞선다. 한국에 사는 다른 동생들은 종종 나에게 편지를 보내오곤 했다.

보고 싶은 오빠에게!

추웠던 겨울도 이제는 서서히 가고 요즘은 봄기운이 완연해진 포근한 날씨가 계속됩니다. 아이들은 많이 컸겠지요. 지은이 똑똑이는 독일말도 유창하게 잘 할 거예요. 지학이도 몇 마디 단어는 할 수 있겠네요. 엄마는 항상 사진을 보며 보고싶고 자주 생각이 난대요. 여기 식구들도 모두 잘 있으며, 내 결혼을 앞둔 요즘은 아버지는 좋은 상태여서 조금 안심이 되고 기쁩니다.

그 사람에 대한 약력을 이야기할게요. 전북대 농대 임학과 출신. 키는 165cm 4남매 중 장남. 얼굴은 보잘 것 없고 현재 제주도 산림청 근무. 4급 공무원. 모두 알아보고 결정한 거예요. 엄마는 외모가 형편없다고 막상 혼인을 정했지만 예식장에서랑 걱정이 된대요. 하지만 성실하고 학구적인데다 장래성이 있는 것 같아 제가 결정을 했지요. 외모만 그렇지 다른 흠은 없으니까요. 배우자 선택에서 중요한 것은 경제력, 지위 명예도 좋지만 인간 그 자체에 선택 기준을 먼저 두어야 한다고 생각해요, 물론 외모도 중요하지만 내면적인 것이 더욱 중요하다고 봅니다. 내외를 갖추었다면 금상첨화겠지만 완전한 것은 없지요. 그리고 현실은 내 소원이나 욕망을 채우기에 맞도록 되어 있는 것도 아니구요. 다만 완전에 가깝도록 노력하며 살아가는 자세가 필요하다고 생각합니다. 오빠가 언젠가 이런 글을 주셨지요. '결혼해라, 후회할 것이요. 결혼을 하지 말아라, 후회할 것이다' 어느 철학자의 결혼에 대한 정의를 인용해서 적어주셨던 생각이 납니다. 가슴 깊이 절실하게 공감할 수 있었기에 인상적이었어요. 인생이란 어차피 목적도 방향감각도 뚜렷하지 않은 어둠에 덮힌 난관이 있는 나그네라고 누구는 말했지요. 어쩌면 우리의 인생이 벽시계의 시계추처럼 왔다갔다 방황하며 늙어가는 것이 아닌가

생각이 듭니다. 하지만 끝내는 책임도 스스로 안을 각오 없이는 삶을 지탱해 나갈 수 없을 것 같아요, 확고한 주관과 뚜렷한 신념을 가지고 저 높은 곳을 향하며 끊임없이 노력하며 나를 찾는 모색의 과정이 되어야겠지요.

큰오빠!

작은 오빠 일로 여러 가지 심려가 클텐데 저까지 부담을 드렸으니 죄송스럽고 미안한 마음 그지 없어요. 그저 죄송스럽고 미안하고 제 자신이 너무 뻔뻔하지 않는지 모르겠어요. 큰 오빠도 여러 가지로 어려우실

A

보고싶은 오빠에게.

추웠던 겨울도 이제는 서서히 가고 요즈음은 봄기운이 완연해진 포근한 날씨가 계속됩니다.

아이들은 많이 컸겠지요. 지운이 똑똑이는 독일말도 유창하게(?) 잘 할거예요. 지학이도 몇마디 단어는 할수 있겠네요.

엄마는 항상 사진을 보며 보고싶고 자주 생각이 난데요.

여기 식구들도 모두 잘 있으며 내 결혼을 앞둔 요즘은 아버지는 좋은상태여서 조금은 안심이 되고 기쁩니다.

그 사람에 대한 약력을 이야기할께요. 이름은 장 대경 전북대 농대 임학과 출신 키는 165cm 4남매 중 장남 얼굴은 볼잘것없고 현재 제주도 산림청 근무 4급공무원 모두 알아보고 결정한거예요. 엄마는 외모와 형편없다고 막상 혼인을 정했지만 예식장에서랑 걱정이 된대요 하지만 성실하고 학구적인데다 장래성이 있는것 같아 제가 결정을 했지요. 외모만 그렇지 다른 흠은 없으니까요.

배우자 선택에서 중요한것은 경제력·지위·명예도 좋지만 人間 그 자체에 선택기준을 먼저 두어야 한다고 생각해요 물론 외모도 중요하지만 내면적인 것이 더욱 중요하다고 봅니다

1979년 2월 16일 여동생 서신

텐데... 큰 오빠 혼자서 우리집에 대해 십자가를 지시는 것 같아 가슴이 아프고 눈시울이 뜨거울 따름입니다. 올 1년은 제주도에서 살고 내년에 서울 근교로 나올 예정인데 뜻대로 되어질지 모르겠습니다. 신혼여행 마치고 제주도에서 다시 편지드릴게요. 부디 건강하시고 오빠 하시는 일에 더욱 더 번창하며 뜻하신 바 이루어지길 간절히 빕니다.

1979년 2월 16일 정애 드림

큰 오라버니께!

몸과 마음이 나긋나긋해지고 춘곤증에 시달리는 봄이 무르익습니다. 앞집에 핀 개나리와 목련화의 화려한 자태에 눈이 부십니다. 오라버니께서 떠나신 지도 벌써 반년이 다가옵니다. 피아노가 잘 도착했다니 반갑습니다. 지은이가 얼마나 좋아했을지 상상이 됩니다. 언니와 지은, 지학이 몸 건강히 잘 계시겠지요. 덕분에 여기 서울 식구들도 모두 건강하게 생활하고 있습니다. 우리가 청담동 집에 온지 16개월 만에 이사를 나갑니다. 여러 가지로 편히 살다가 나갑니다. 아이들도 짧은 동안이나마 위축되지 않고 자신 있게 살 수 있었으니까요. 아무튼 모두가 오라버니 덕입니다. 오라버니한테 입은 은혜를 언제 모두 갚을지요? 오라버니께서 귀국하셨을 때 좀더 좋은 음식을 못해드린 것이 가슴 아픕니다. 다람쥐 쳇바퀴 돌 듯 제 생활형편이 늘 빈약해서 제대로 부모형제에게 떳떳하게 인사를 못하는 게 도움을 줄 수 없는 것이 한이 됩니다. 아무리 세상이 물질만능주의라지만 아직은 우리 사회가 물질보다는 마음, 따뜻한 마음이 우선이기에 조금은 자위해봅니다.

오라버니!

지금도 위험한 곳에 다니시는지요. 함께 뭐 좀 보러갔는데 오라버니 몸

수가 안 좋다고 하니 조심하세요. 너무 무리하게 욕심부리지 마시구요.

송금해 주신 돈으로 부지런히 침도 맞고 약도 지어먹고 해서 다리가 많이 좋아지셨어요. 조금 더 계속 하면 나으실 것도 같아요, 살도 많이 빠졌어요. 수현이는 지만이 아빠가 어머니 생신날 아침에 고만두라고 해서 나와서 청담동에 있어요. 그 많은 날 놔두고 하필이면 어머니 생신날 아침에 말에요. 꼭 그집에 7개월 있었는데 용돈은 구정에 몇 푼 주고 여태까지 용돈 한 번 주지를 않으니 자연 조금은 나태해졌겠지요. 종업원은 모두 내보내서 수현이랑 모두 셋이라고 하대요. 조금 시간이 있어 추운 겨울 난로불이라도 쬘 양으로 사무실에 들어가면 지만이 아빠, 엄마, 미스 박. 셋이서 경계하는 눈치를 보이고 사무실 근처에도 못 오게 하니. 아무리 생각해도 못 있을 것 같다고 하길래 1년은 채우고 나오라고 이야기도 하고 그랬는데 말에요. 그집 이야기 하면 혈압이 올라오고 하니 그만하지요. 수현이는 개인회사라도 취직하겠고 어머니 다리가 점점 좋아지는데 누구 하나 약값 걱정하는 사람은 없으니 말에요.

오라버니!

엄마는 절대로 오라버니한테 집에 대해서 집값 올려받아 쓰려고 하지 않아요. 그대로 쓰러지면 쓰러졌지 그래서 아래채를 전세 600만원에 월 10만원씩 받기로 했어요. 가구나 짐들은 모두 2층으로 올리고 600만원 전세를 창수(2층집)네 주어서 내보내고 이층에 수현이가 있기로 했어요. 그리고 오라버니 장롱을 제가 가지고 나갑니다. 내가 장롱을 사가지고 이사하려고 했는데 주위에서 장롱 놓을 자리도 마땅찮으니 우선 쓰고 나중에 장롱 값을 언니 주라고 하길래 그러기로 했어요. 언니한테 이야기 잘 하세요. 오해 없게. 셋째 오라버니네 애기도 무럭무럭 잘 크고 잘 지내고 있어요. 할 이야기는 많고 감정은 격하고 하니 두서없는 글 용서하시고 새 봄과 함께 오빠 하시는 일이 모두 이루어지기를 간절히 빕니다.

1984년 4월 25일

형님께 드립니다.

어제 이곳은 눈이 많이 왔습니다마는 이제 서서히 봄이 돌아오나 봅니다. 형님, 형수님 모두 건강하시고 지은, 지학이 학교에 잘 다니리라 믿습니다. 춘현 형님의 익명을 받고 물건을 구했는데 상무사에서 만든 기가 너무 엉망이 되어 몇 번 다시 한 끝에 안 되겠다 싶어 다른 곳에서 하

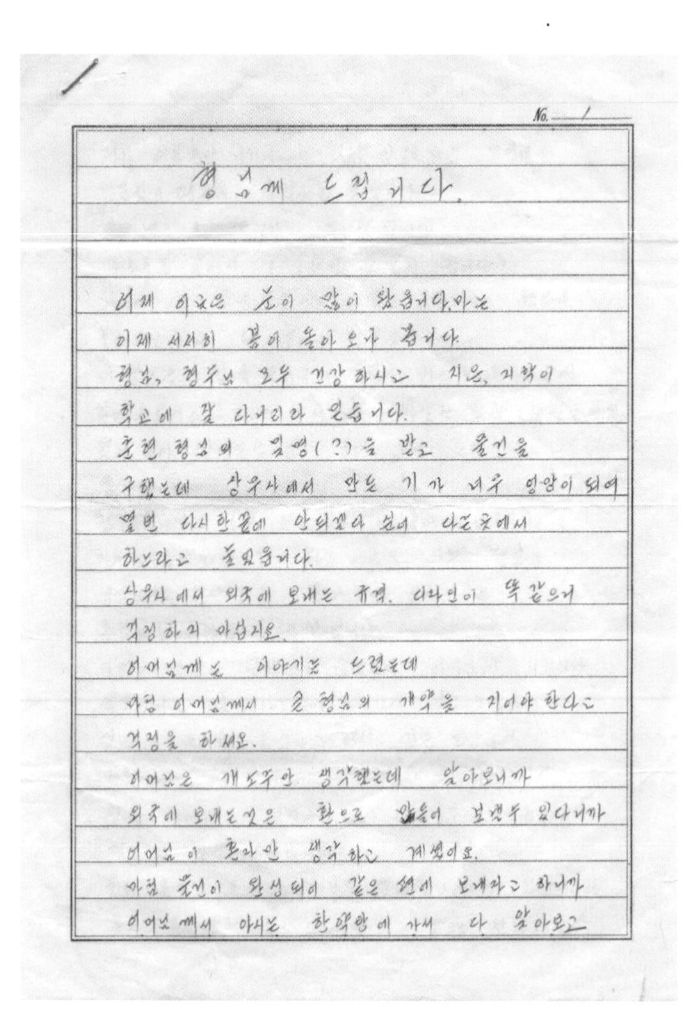

No. 1

형님께 드립니다.

어제 이곳은 눈이 많이 왔습니다마는
이제 서서히 봄이 돌아오나 봅니다.
형님, 형수님 모두 건강하시고 지은, 지학이
학교에 잘 다니리라 믿습니다.
춘현 형님의 익명(?)을 받고 물건을
구했는데 상무사에서 만든 기가 너무 엉망이 되어
몇번 다시 한 끝에 안되겠다 싶어 다른 곳에서
하느라고 늦었습니다.
상무사에서 외국에 보내는 규격, 디자인이 똑같으니
걱정하지 마십시오.
어머님께는 이야기를 드렸는데
마침 어머님께서 큰 형님의 보약을 지어야 한다고
걱정을 하세요.
어머님은 개소주만 생각했는데 알아보니까
외국에 보내는 것은 환으로 만들어 보낼수 있다니까
어머님이 혼자만 생각하고 계셨어요.
마침 물건이 완성되어 같은 편에 보내라고 하니까
어머님께서 아시는 한약방에 가서 다 알아보고

1982년 2월 4일 막동이 동생 서신

느라고 늦었습니다. 상무사에서 외국에 보내는 규격, 디자인이 똑같으니 걱정하지 마십시오, 어머님께는 이야기를 드렸는데 마침 어머님께서 큰 형님의 개약을 지어야 한다고 걱정을 하셔요. 어머님은 개소주만 생각했는데 알아보니까 외국에 보내는 것은 환으로 만들어 보낼 수 있다니까 어머님이 혼자만 생각하고 계셨어요. 마침 물건이 완성되어 같은 편에 보내자고 하니까 어머님께서 아시는 한약방에 가서 다 알아보고 제가 이틀 동안 거기에서 직접 만드는 것을 보면서 만들었기 때문에 틀림없는 약입니다. 드라이박스가 그 약입니다. 개소주는 달여서(그러면 엿같이 됩니다) 거기에 또 몸에 좋은 약재(특히 운동하시는 형님께 좋다는 것)를 다 넣어서 만들었습니다. 이 약들을 광목 주머니에 넣어 바람이 통하는 곳에 걸어주십시오. 그리고 이따금 따뜻한 방에(햇볕은 안 됨) 펼쳐 놓아 말려주십시오, 그대로 두면 고자리가 생긴답니다. 잡수시는 요령은 원칙은 뱃속이 비었을 때 자주 드시는 것도 있고 하루 세 번씩 식후 형님이 생각하시는 적당량을 물과 함께 삼키십시오, 틀림없이 효과가 있으실 겁니다, 지학이 생일이 얼마 남지 않았는데 어머님이 지학이와 약속했다고 옷을 사보낼까 하시기에 옷은 그만두고 김을 사보내는 것이 좋겠다고 해서 김을 보냅니다. 지학이에게 꼭 말해달라고 어머님이 부탁하셨습니다. 맛있게 드세요. 희만이네 집은 따로 부쳐드렸습니다. 개약과 김은 어머님이 하시고 그 외 물건과 운송비는 모두 춘형 형님께서 하셨습니다. 혹시 필요한 물건이 있으시면 이천으로 전화해서 부탁하라고 하십니다. 이곳 식구들은 모두 잘 있습니다. 형님이 저에게 베풀어주신 은혜에 만부의 일이라도 보답을 못해 정말 죄송한 마음뿐입니다 옳고 바르게만 사셔온 형님, 그리고 형수님께 하나님의 은총이 함께 하여 가까운 장래에 고국에서 우리 오형제가 함께 모여 살게 되기를 바라면

서 이만 줄입니다 몸 건강하십시오.

1982년 2월 4일 막내 올림

나는 이머니를 4년을 모시다 1998년 한국으로 돌아가셨고, 이듬해엔 하늘나라로 먼 여행을 떠나셨다.

나는 열심히 돈을 벌어 한국에 사는 동생들을 교육시켰고 가족들을 위해 희생하고 수고했지만 후회는 없다. 치열하게 달려왔던 삶의 여정의 끝에는 늘 나의 조국, 나의 고향, 나의 부모형제가 있기 때문이다. 가끔 그들이, 사랑하고 아끼는 내 속 마음을 몰라주는 것 같아 헛헛한 감정도 들지만 어쩔 수 없다. 형, 오빠의 자리로 동생들에게 쏟았던 마음의 뒷켠에 때때로 말할 수 없는 고독이 내 가슴 속에 남아 있다.

태현아
생일 추커(축하)하다(한다).
근강(건강)하라.
건강하야 울동(운동)하니
차차 근강(건강)하야 한다.

어먼이(어머니)가
은종배
1997. 8. 23.

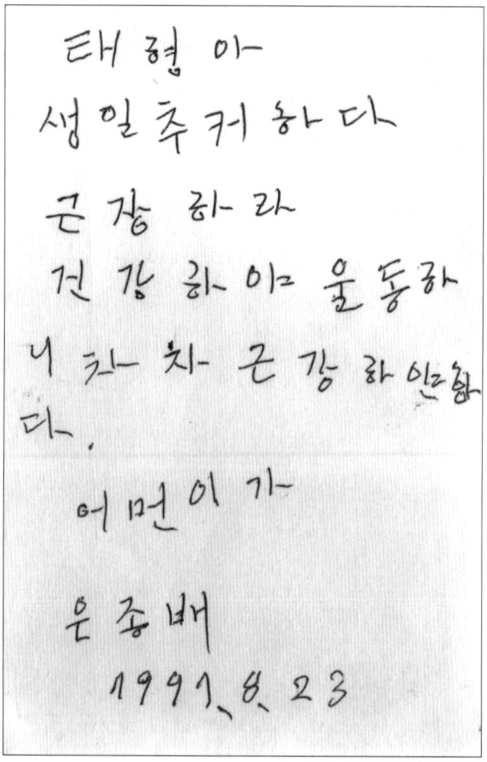
태혐아
생일추커하다
근강하라
건강하아 울동하
니 차차 근강하야한
다.
어먼이가
은종배
1997. 8. 23

어머님이 필자에게 주신 생일 엽서

작은아버지와의 만남

나의 할아버지는 똑똑하고 지적인 분이었다. 일본말도 유창해 전주에서는 유명했다. 하지만 그 영민함을 술과 기생으로 풀었다. 7남매를 낳았지만 아이들을 교육시킬 여유와 의지가 박약했다. 할아버지는 술에 취하면 장남인 나의 아버지에게 돈을 벌어오라고 닦달했다. 아버지는 당신의 젊은 날 나름대로 내면에 간직한 꿈이 있었을 것이다. 하지만 장남이 가진 억눌림은 그 당시의 자화상이었다. 아버지는 가정 내 결핍과 일제 강점기라는 사회환경적인 박탈감 속에 일치감치 희망이 아닌 절망을 학습했을 것이다. 삶의 공포에 짓눌려 절규하지만 그것은 메아리로 돌아왔고, 냉혹한 현실의 파고(波高)를 넘어야 할 책임은 장남에게 있었다. 순종하는 마음으로 할아버지 대신 살림을 떠안을 수밖에 없었다. 결국 아버지는 고향에 주저앉았지만 작은 아버지는 달랐다. 그는 1920년생으로 나의 아버지보다 두 살 아래다. 작은아버지는 가족에게 책임을 다하지 못한 할아버지에 대한 실망감에, 성공에 대한 기대감을 품고 고향을 등지기로 마음먹었다. 열 여섯 살 어린 나이에 하얼빈으로 간 그는, 그곳에서 스스로 자립해 하얼빈 대학 독문과를 졸업한 후 외국어 통번역 교수가 되었다. 이후 1946년 4월 소련정부 대표 초청으로 소련에 입국해 번역사로 외국방송에서 근무하고 외국어 국제도서관에서 공부를 했다. 작은아버지는 러시아어와 영어로 된 〈물리학 사전〉이라는 책을 펴낸, 꽤 알려진 지성인이었다. 그는 이름을 김미네로 개명하고 러시아 아내와 결혼해 딸을 낳았다. 딸은 모스크바 국립대학을 졸업해 외국상사에 근무하던 중이었다. 작은아버지는 인생의 가장 어둡고 구석진 곳에 숨겨진 가느다란 희망을 믿었다. 그러한 놀라운 신뢰가 가장 어려운 시기에 빛을 발했고 동토의 땅에서 새로운 운명과 대면했다.

당시는 고르바초프(Gorbatschow) 시절이었다. 고르바초프는 1985년부터 1991년까지 소련의 최고 권력자로 재임하면서 소련 내 개혁 정책인 글라스노스트(개방)와 페레스트로이카(개혁)를 추진했다. 우연히 한국에서 텔레비전을 보던 동생과 고모는 깜짝 놀랐다. 방송에서 한국의 일가친척을 찾는다는 작은아버지의 모습을 본 것이다. 작은아버지는 러시아 현지에 나와 있는 삼성기업의 직원을 통해 선주 KBS 한국방송에 가족을 찾아달라고 의뢰했다. 그렇게 해서 나또한 러시아에 사는 작은아버지와 연락이 닿게 되었다. 몇 번의 편지를 주고받은 끝에 나중에 직접 베를린까지 오셔서 극적인 상봉을 했다. 작은아버지에게는 소년기에 잃어버린 혈육의 세계를 다시 만난 의미있는 시간이었고, 나또한 가족사의 한 조각을 찾아낸 감격에 들떠 있었다. 동시에 그와 나는 불운했던 고국을 떠나 이국땅에서 새 삶을 찾았다는 점에서 묘한 공감대가 느껴졌다.

태현이!

지난 번에 직접 전화해 주어서 매우 감동했으며 뜨거운 혈족감을 느꼈다, 대단히 감사하다. 정말 반 세기가 지난 후 처음으로 친척들한테서 온정에 넘치는 편의와 말을 듣는 행복감은 이것은 자신이 체험하지 않은 사람이 아니면 도무지 공감할 수 없는 것이다. 소년기에 잃어버린 세계가 다시 새로운 세계가 되어 나타난 것 같다. 친척들을 생전에 만나본다는 나의 소망이 실현에 가까워져 매우 기쁘게 생각하고 있다. 삼성물산의 김선동 씨라는 분이 모스크바에서 프랑크푸르트에 가게 되어 편지와 가족사진을 전해주도록 부탁했다. 너의 가족사진도 보내주면 매우 고맙겠다. 지난 번에 전화로 말한 인생에 대해서는 내가 직접 전화로 자세히 설명하겠다. 급히 편지를 쓰게 되어 시간이 없어서 요건만 썼다. 여기에서는 외국에서 오는 국제우편이 검열을 통하고 또 상세히 검사되기 때문에 될 수 있으면 편지는 인편을 이용해서 보내주기 바란다.

1989년 7월 27일

작은 아버지는 내가 베를린에 있다는 것을 반가워하며 베를린에 오고 싶다며 초청 해달라고 요청했다. 우리는 몇 번의 편지들을 주고 받으며 초청 준비를 완료했다.

태현이!

이미 전화로 말한 바와 같이 내가 보내는 러시아 말로 쓴 초대장은 태현이가 우리를 그곳으로 초대한다는 서류니까 이 초대장을 거기에 있는 소련 대사관 영사부의 확인을 받을 필요가 있다. 이것은 형식적으로 하는 것이니까 아무런 문제가 없을 것이다. 수수료만 지불하면 된다. 친척들의 초대로 독일에 가는 사람들이 많이 있으니까 소련 대사관에서 이러한 것을 잘 알고 있을 것이다 초대장 밑에는 태현이 사인과 날짜를 쓰면 충분하다. 초대장의 확인은 제출한 그날에 해줄 것이다. 수속 후에 나에게 보낼 때는 항공 우편의 등기 편지로 보내주면 좋겠다. 그리고 보냈다는 전보를 쳐주면 매우 고맙겠다. 러시아 말로 쓴 초대장은 정식 폼으로 되어 있어 내용은 다음과 같다.

초대장

독일 연방공화국 베를린 48마린펠더 알레 111에 거주하는 소생 김태현은 소련 모스크바 프로스텍트미라 118 주택 287에 거주하고 있는 숙부 김미네와 숙모 김 릴리야 니키티에나(Liliya nikitiehna)를 한 달 동안 소생의 손님으로 체류하도록 초대함. 그들의 여비와 독일 연방공화국에 체류하는 모든 비용은 소생이 부담함.

숙부님 1920년 4월 28일 생

숙모님 1933년 7월 2일 생

외국에 있는 친척의 초대로 가는 사람들에게 소련 화폐를 외국 화폐로 교환하는 액이 매우 적기 때문에 초대하는 사람이 모든 비용을 부담하기로 되어 있으니까 양해하여 줄 수 있다고 생각한다. 태현이가 소련 대사관에서 확인된 초대장을 보내주면 내가 즉시 그것을 신청서와 함께 내무성에 제출할 작정이다. 약 한 달 또는 한 달반 후에는 외국여행 여권을 받을 수 있다고 한다. 모든 것이 순조롭게 진행되기를 빌고 있다 너의 부인과 아이들에게 안부 전해주기 바란다.

1989년 8월 3일

태현이!

이미 전화로 말한바와 같이 내가 보내는 로시아말
로 쓴 초대장은 태현이가 우리를 거기로 초대한
다는 서류니까 이초대장을 거기에 있는 소련 대
사관 령사부의 확인 (Beglaubigung)을 받을
필요가 있다. 이것은 형식적으로 하는 것이니까
아무러한 문제도 없을 것이다 수속료만 지불하면
된다. 친척들의 초대로 西독일에 가는 사람들이
많이 있으니까 소련 대사관에서 이러한 것을
잘 알고 있을 것이다. 초대장 밑에는 태현의
Unterschrift 와 Datum을 쓰면 충분하다.
초대장의 확인은 제출한 그 날에 해줄것이다.
수속후에 나에게 보낼때는 항공우편의 등기
편지 (Einschreibebrief)로 보내주면 좋겠다 그
러고 보냈다는 전보를 쳐주면 매우 고맙겠다.
로시아말로 쓴 초대장은 Standardform 으로

1989년 8월 3일 러시아 숙부님 서신

나의 친애하는 태현이!

잘있느냐? 수현이한테서 너희 가족 모두 평안하다는 말을 들었다, 수십 년 동안의 나의 숙망이었던 고국방문을 끝내고 지난 5월 18일에 모스크바로 돌아왔다. 무엇보다도 부모 형제들의 산소에 가보고 모든 친척, 여동생, 조카들과 만나보게 되어 감개무량이었다. 나의 파란 많은 소년기의 역사가 남아있는 전주에 가보았는데 그리운 전주도 알아보지 못할 만큼 변했으며 고국 전체가 전연 딴 나라로 변해버린 것 같았다.

모든 친척들의 따뜻한 환영을 받게 되어 나의 고국방문이 참으로 즐겁게 지나갔다. 수십 명 친척들의 초대를 받아 만나보았기에 한 달반이라도 시일이 순식간에 지나버린 것 같았다. 고국에 갔다 온 후 벌써 10일이 지났지만 53년 만에 처음으로 친척들을 만나보고 고국을 보아 그 깊은 인상에서 아직도 벗어나지 못하고 있다. 누구를 막론하고 내가 만나본 친척들한테서 늘 네가 훌륭하다는 말을 많이 들었다. 네가 먼 서독에 있으면서 모든 너희 아우들 생활의 기초를 만들어주기 위해서 많이 도와주었다고 감복하고 있다. 우리가 고국에 있는 동안 너희 어머님이 급작히 중풍으로 입원하시게 된 것은 정말 유감인 일이었다. 우리가 서울을 떠날 시기에는 병세가 많이 좋아져서 일어나서 조금 걸어다니게 되었었다. 하루 빨리 너의 어머님의 건강이 회복되기를 빌고 있다. 지금 서베를린에 가서 너와 만나보게 되면 큰 행복이라고 생각하고 있다 너희들의 여름휴가인 8월이나 9월이 좋지 않을까 생각하고 있다. 우리들은 언제든지 좋으니까 너희들의 가장 편리한 대로 알려주면 고맙겠다. 너의 부인과 아이들에게 안부전해주길 바란다.

1990년 5월 28일

나는 작은아버지의 염원을 실행으로 옮겨, 1990년 8월 베를린으로 초대했다. 당시 베를린은 동서독 장벽이 무너지고 이데올로기의 혼돈이 있는 어수선한 시기였다. 그럼에도 잃어버린 시간을 거슬러 과거의 혈족과 조우(遭遇)한다는 것은 내 인생에 운명적인 사건이었다. 내가 운영하는 태권도장에서 한인 70여 명과 함께 작은아버지를 모시고 만남의 시간을 가졌다. 작은아버지와 나는, 고향 땅에서 못 가진 자의 설움과 분노를 나이 들어 소련과 독일에서 각각의 삶의 색깔로 육화해내었다. 지나간 시름들은 다 잊어버릴 정도의 흥분된 순간이었다.

나는 혈육의 만남을 가능하게 된 시대적 상황에 감사한다. 특히 고르바초프를 존대하게 된 계기가 되었다. 고르바초프는 비록 소련 내에서는 각광을 받지 못했지만 나의 핏줄을 찾아주었고 독일 통일의 버팀돌이 되었으며, 소련의 민주화를 이룩한 인물이기 때문이다.

그해의 감격을 생각하면 지금도 가슴이 떨린다. 이제 나의 아버지 세대들은 생의 저편으로 이미 사라졌다. 전쟁과 이데올로기의 대립 속에서 아직도 남북으로 허리가 잘려 헤어진 혈육을 찾지 못한 이들을 생각하면 가슴이 아프다. 역사는 때마다 희로애락을 겪은 사람들의 이야기를 담고 있다. 하나의 이야기가 끝나버린 시점에서 다시 새로운 이야기가 시작된다. 그렇게 역사의 횃불은 사람들에 의해서 타오르고 또 꺼져간다. 이국만리에서 오랜 풍상을 이겨낸, 작은아버지의 느티나무 같은 위엄과 강인함에 존경심을 표하며, 나는 그의 손을 맞잡고 헤어졌다. 그리고 또 시간은 흘러 이제 새로운 세대들의 나라가 도래했다. 작은아버지와의 만남의 추억은 이끼 낀 오래된 기왓장처럼 내 삶 속에서 새록새록 움터오른다.

스위스 사람, 내 사위

1291년 8월 1일은 스위스가 건국된 날이다. 이후 세월이 흘러 1848년에 제정된 새로운 헌법은 스위스 연방을 연방국가로 변형시켰다. 수세기 동안 분쟁에서 중립을 지켜온 국가로서, 국민들은 국제 분쟁에 대한 불간섭의 전통을 유지할 수 있는 능력에 자부심을 갖고 있다. 이제 중립국으로서 유엔과 적십자사를 포함한 외교 및 국제기구의 중심지로 자리잡았다.

사위는 스위스 사람이다. 그는 자신이 태어난 조국에 대한 자부심이 많다. 전 세계의 부자들은 자연의 천국이라는 스위스에 별장을 보유하고 있다. 그래서 집 가격도 유럽에서 가장 비싼 지역에 속한다.

스위스에서 거주할 수 있는 방법 중 하나는, 스위스에 집을 구입하면 된다고 한다. 무조건 큰 집을 사면 그곳에서 거주권을 얻는다. 다시 말하면 돈이 있으면 지상낙원이 된다. 스위스는 법 위에 돈이 필요한 것이 아니다. 법 아래 돈의 천국이다. 다시 말해 헌법기관 아래서 돈의 자유와 위력을 과시할 수 있다. 비교를 해보자면, 내가 살아왔던 한국은 헌법기관 위에 돈의 자유와 위력이 있다. 사면, 보석, 가석방, 병보석, 특별사면, 면책 등 수단방법을 동원해 변호사를 통해 뒷돈을 준다. 인편을 통해 뇌물을 주며, 모든 것을 해결할 수 있는 사회구조와 시민들의 의식구조가 한국 사회의 자화상이다. 무전유죄(無錢有罪 有錢無罪 돈이 없으면 유죄, 돈이 있으면 무죄)는 이미 통용화된 관념이 된지 오래다.

나의 췌장암 수술당시 도움을 주었던 의사는 자신 또한 정년퇴직을 하면 스위스로 가겠다고 말했다. 그는 내 딸이 소개한 의사로, 딸이 다녔던 김나지움(Gymnasium) 학교 때 친구의 남편이었다. 그는 나에게 얀센(Prof. Dr Jansen)이라

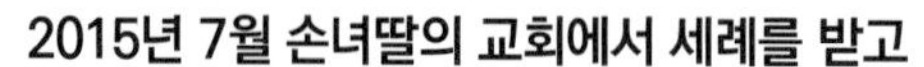

2015년 7월 손녀딸의 교회에서 세례를 받고

손녀 Estelle, 손자 Maurice

는 종양학 의사를 다시 소개해주었고 그에게서 수술을 받을 수 있었다.

현재 딸 가족은 스위스에 살고 있다. 지난해 8월 2일, 딸 가족을 만나기 위해 자동차를 타고 스위스로 향했다. 스위스 도로를 운행할 때, 시속 50km를 달려야 하는 지점에서 65km로 과속했다. 15km 속도를 초과해 120유로의 벌금을 냈다. 비슷한 예로 같은 해 8월 31일 독일 고속도로에서 61km 지점에서 75km를 달렸다. 속도위반을 해 40유로의 벌금을 냈다. 그만큼 스위스가 독일에 비해 범칙금을 높이 책정했다. 스위스 교통법규에서는 과속을 했을 시 재산에 비례해 교통 범칙금을 부과한다. 다시 말해 빈부에 따라 차등 계산한다는 얘기다. 과속에 대한 교통위반 범칙금에 대해서 생각하며, 이러한 처사는 불공정, 불평등한 독재주의식 발상인가 아니면 오히려 빈부에 대한 공평한 방법인가, 자문해 보았다. 돈의 천국 스위스에서는 고급차를 가진 자들은 과속으로 질주하고 싶은 충동이 많지 않겠는가? 그래서 고속도로 파손, 과속에 의한 생명위험, 고속도로 마비에 의한 시민들의 시간적 피해, 특히 기후변화에 이산화탄소 배출 감소를 위한 합리적인 법이라 생각이 드는 것은 너무 무리일까?

베를린 우리집 문 앞에서 딸의 집 문 앞까지 정확히 840km 거리다. 평균 속도 150km~180km 속력으로 달리면 6시간이고 조금 천천히 가면 7시간이 소요된다. 독일 국경선 린다우(Lindau) 도시에서 딸의 집까지 140km 거리다. 1년에 두 번 이상은 우리 부부가 방문하고 한 번 정도 딸 가족이 온다. 2015년도까지는 그나마 건강이 허락되어 중간에 숙박을 하지 않고 휴게소에서 커피 한 잔을 마시고 아내와 교대하며 운전했다. 지금은 꼭 중간에 하루는 숙박해야 몸에 무리가 없다.

독일은 유일하게 전 세계에서 속도제한이 없는 나라다. 지금은 부분적 제한이 있다. 고속도로 정비구간, 자주 안개가 끼는 구간, 좌우로 굽이치는 구간은 속도 제한을 한다. 스위스 고속도로 속도 제한은 시속 120km다. 스위스를 갈 때마다 딸은 과속하지 말라고 신신당부한다. 그만큼 과속하면 범칙금이 걱정되고, 무엇보다 아버지의 안전이 염려되기 때문이다.

사위는 스위스 (U B S)은행에서 일한다. 사위와 만날 때면 스위스 및 독일 국가와 관련해 논쟁을 벌인다. 그는 독일을 그리 좋아하지 않는다. 한국도 그다지 좋아하지 않는데, 언젠가는 한국과 일본을 여행하겠다는 말을 한 점으로 미루어 한국에 대한 생각이 조금 바뀌었나 보다.

언젠가 유어겐 네페(Jürgen Neffe)의 책 〈안녕! 아인슈타인〉이라는 책을 읽었다. 아인슈타인(Einstein)의 사적인 삶을 여과 없이 드러난 책이다. 스위스 취리히(Zürich) 대학에서 공부한 아인슈타인은 상대성 이론을 발견하기까지 이곳에서 학문적 기초를 쌓았다.

이 책은 상대성 이론 발표 100주년, 타계 50주년을 기념해 출판, 아인슈타인의 일대기를 주제별로 쓴 평전이다. 아인슈타인의 메모와 편지, 연구노트 등을 분석하면서 그가 연구했던 것을 추적했다. 그의 이론들을 심도 있게 다루면서도 인간적인 면모까지 보여주어 새미나게 읽었다.

스위스 베른에 있는 아인슈타인 박물관을 방문했다. 책을 읽으면서 그의 생애를 더 알아보고 싶은 욕망이 생겼다. 나는 궁금한 것이 있으면 알아야 직성이 풀린다.

사위는 스위스 민족이 갖는, 독일에 대한 뿌리 깊은 저항감 때문인지 독일에서 살고 싶어하지 않았다. 나는 그의 독일에 대한 편견을 바로잡아주고 싶어 존 캠프너(John Kampfner)가 쓴 〈독일이 왜 잘하는가/Warum Deutschland es besser macht〉라는 책을 보내주었다. 사위에게 책을 보내주며 독일에 대해 다시 토론을 하자고 말했다. 독일에 살면서 내가 겪은 독일사회와 스위스에 살면서 스위스인으로 느끼는 독일에 대해 깊이 이야기를 나누고 싶었다.

사실 내가 스위스에 사는 딸의 집에 자주 가는 이유가 있다. 비록 육체는 늙어서 하고 싶은 대로 되지 않지만 두뇌의 작동은 별 탈이 없기에 마음의 정을 나누고 싶다. 그 대상이 손녀손자다. 아이들이 타고난 성격 형성을 위해 잘 성장하고 있는가? 부모는 가정교육을 잘하는가? 내가 못 이룬 꿈을 실현할 수 있을까? 그런 질문들을 차치하고라도 나는 더욱 그들에게 외할아버지에 대한 추억을 만들어주고 싶어서이다. 어린 시절 외할아버지에 대한 추억이 나에겐 거의 없기 때문이다.

2024년 2월 반가운 소식이 왔다. 방학기간인 7월에 3주간 한국여행을 하기로 비행기표를 예약했다고 한다. 1년 중 가장 날씨가 불안정한 달이라고 말을 하니 아이들 방학이 봄방학, 가을방학인데 그때는 시간이 짧아 결정했다고 한다. 아무튼 나의 조국을 손자 손녀가 가는구나, 생각하니 내 마음까지 설레었다.

딸 부부는 2010년에 손자 모리스(Maurice)를, 2014년에는 손녀 에스텔(Estelle)

을 낳았다. 손주들이 세상에 태어난 것은 나의 또다른 세대의 이어짐으로 삶의 에너지가 되고 있다. 거실에는 나를 위해 기도하는 손주들의 모습이 액자에 담겨 있다.

손주들의 성장을 지켜보고 싶어 앞으로도 스위스 땅을 밟을 것이다. 그때는 사위와 다시 즐거운 대화를 나누게 되겠지. 독일과 한국, 스위스에 대해 애정을 가지고 공감어린 담소를 나누게 될 날이 올 것이다.

2018년 9월 8일 할아버지 쾌유를 빌면서…
손자 손녀의 기도 모습

췌장암을 발견하다

젊음의 희망을 안고

허황된 꿈을 안고

가난에 지쳐서

사랑을 달래면서

언젠가는 때가 있겠지 다짐을 하였는데

떠나온 이 몸은 노을이 지는 황혼이네

오도 가도 못하고

엉거주춤하는 삶

고향의 부모형제

옛날 같지 않구나

동과 서의 갈등 속에

방황하는 내 모습

그래도 갈 거야 동심의 고향을

-1992년 12월 29일에 쓴 자작시-

얼마 전, 독일 하노버(Hannover)에 거주한 태권도 사범 한 분이 세상과 이별을 고했다. 그날 아침, 그분 아내의 전갈을 받고 얼마나 놀랐는지 모른다. '밤새 안녕'이라는 말이 우리 나이에는 더욱 체감적이다. 그분과는 한국에도 함께 가는 등 왕래가 많았다. 평소 건강하고 삶에 열정적인 사람이었다. 언젠가 나에게 직접 담근 '매실주'라며 술을 선물했다. 자신은 아침에 규칙적으로 식사와 함께 마신다며, 나의 건강을 염려했던 이였다. 아직도 그의 목소리가 생생한데 갑자기 부고 소식을 들으니 마음 한 구석이 서늘한 바람이 스민 듯 허전했다. 죽음은 예외도 없이 은행에서 번호표를 기다리듯 순번처럼 어김없이 다가온다.

2018년, 나의 육체에도 사이렌이 울리는 시간이었다. 평소처럼 그날도 자전거를 타고 가는데 이상하게 힘이 하나도 없었다. 평생을 태권도와 살았기에 정신력과 체력은 누구보다 강하다고 자부했다. 어릴 때부터 이모부에게 얻은 자전거를 타고 학교를 다녔고 그래서 하체 근육도 자신 있었다. 이모부가 당시 버스회사 상무로 일해서 제법 잘 살았다. 그때 이모부가 안 신는 구두를 얻어서 밑창만 갈아 신었던 기억도 난다. 어릴 때 자전거와의 인연으로, 나는 지금도 시내를 나갈 때 이용한다.

그날도 자전거를 타고 가다 커피 파는 치보(Tchibo)가게가 보여, 그곳에서 에스프레소 (Espresso)한 잔을 마셨다. 나는 커피에 예민해서 여간해서는 잘 마시지 않지만 그날은 아무래도 마셔야 할 것 같았다. 그리고는 집에 곧바로 돌아왔다. 좀 쉬면 괜찮아지나 싶었는데 2~3일 후에 다시 증세가 나타났다. 일 주일 후에는 대상포진까지 생겼다. 결국 가정의학과에 가서 진찰하고 다시 일상으로 돌아갔다. 아내의 직업이 간호사라 염려가 되었는지 큰 병원으로 가보자고 종용했다. 마지 못해 병원에 가 진단한 결과, 췌장암이라고 했다. 의사는 일 주일 안에 수술을 해야 한다고 했다. 마른 하늘에 날벼락 같은 말이었다. 하지만 나에게도 올 것이 왔을까? 다독이며 마음의 갈피를 잡았다. 수술 집도의인 얀센 박사(Prof. Dr. Jansen)는 내가 광부로 일하던 알스도르프(Alsdorf)에서 태어났다고 했다. 그래서인지 나에게 특별히 친절하고 성실했다.

그는 내 나이가 많아서 혹시 하는 마음인지, 수술 전에 가족들과 행복한 시간을 보내고 오라고 했다.

"선생님께 72시간을 드릴테니 가족들과 좋은 시간을 보내고 오세요!"

내 발병 소식에 스위스에서 딸과 손주들이 왔다. 우리는 집 근처 호수와 여러 곳을 다니며 사진을 찍고 즐거운 시간을 보냈다. 나중에 딸은 그때 찍은 사진으로 앨범을 만들어 나에게 선물해주었다. 나는 마지막이 될 수 있다는 생각에 가족들에게 유언과 같은 말을 선했다.

첫째, 내가 죽으면 외부인을 초대하지 말고 부고장도 내지 말고 화장해서 뿌리든지 묻어라

둘째, 내가 죽거든 엄마가 하고 싶은 대로 하게, 상관하지 말아라

셋째, 엄마 재정을 도와줄 필요도 없고 간섭하지 말아라

나의 말에 딸은 잠시 생각하는 듯 하더니 웃으며 물었다.

"그럼 엄마가 혼자 남게 되어 집으로 다른 남자를 데리고 와서 살면 어떻게 해요?"

솔직한 질문이었다. 나는 조심스럽게 '그건 안 된다'고 했다. 그 대신 엄마가 좋아하는 한국무용을 하고 친구들과 어울리는 것은 이해하라,고 했다.

부고장도 내지 말고 가족끼리 장례를 치르라고 한 것은 평소 죽음에 대한 나의 철학이다. 나는 독일에 살면서 여간해서는 장례식에 가지 않는다. 아내가 가면 그 편에 부조금을 전달한다. 부고장을 돌리거나 조의금을 받는 것도 석연치 않다. 무엇보다 남에게 피해를 주고 싶지 않다. 딸의 결혼식도 스위스에서 했기 때문에 초대장도 돌리지 않았다. 독일 사람들은 결혼 축의금이나 장례 조의금을 하지 않는데, 나는 그 점이 무척 마음에 들었다.

내가 태권도사범협회 회장으로 봉사할 때다. 2006년 남부독일 본(Bonn)에 살던 태권도 사범이 삶을 마감했다. 부인이 자기 남편의 장례식을 사범협회장으로 해달라고 요청했다. 그때 나는 조사(弔辭)도 직접 써주고 사범협회장 장례로 치렀으며 32명의 사범님이 장례식에 참석했다. 현재는 그의 아들이 도장을 운영하고 있다. 문득 나

자신을 돌아보며 정작 나의 마지막의 모습은 어떨까 생각한다. 누구나 대지의 흙으로 돌아가지만, 생의 순간에는 영원할 것처럼 살아간다.

2019년 12월 24일 췌장암 수술 후 크리스마스 날

운명의 시간은 다가왔고 수술은 성공적이었다. 수술 전에는 마음 한 구석에 초조함과 무거움이 있었던 건 사실이다. 대수술 후 병원에서 회복 중일 때 담당의사가 후배의사들을 데리고 나를 찾았다. 그는 환자복을 입은 나를 향해 '평상복을 입어도 된다'고 말하며 웃었다. 환자인 것을 슬퍼하지 말고 건강한 사람처럼 살아가라는 의미였다. 수술하자마자 몸에 주머니 3개를 달았다. 다행히 몸은 빠르게 회복했다. 의사는 '암이 2년 안에 재발만 되지 않으면 더 살 수 있다'고 말했다. 그동안 살아오면서 병원에 특별히 가본 적이 없다. 태권도장을 운영할 때 건강보험료도 700마르크 정도로 많이 부담했지만 나름 건강했기에 혜택 볼 일도 없었다. 나는 건강한 자가 병든 자를 돕는 독일의 연대법칙 시스템(System)을 존중한다. 솔로(Solo)는 가족을 위해, 건강한 자는 아픈 자를 위해, 부자는 가난한 자를 위해 세금을 더 내는 것이 바로 연대의 출발이다.

수술 후에 손자에게서 정성어린 손편지를 받았다. 할아버지의 수술과 건강을 위해 간절히 기도했다고 한다. 어린 손주들의 순수한 기도 덕분에 빨리 회복된 것 같다.

가끔 손주들이 나에게 한국노래를 가르쳐달라고 한다. 언젠가 나는 '인생은 나그네 길'이라는 노래를 가르쳐준 적 있다. 지금도 아이들은 할아버지가 이 노래를 좋아한다며 만날 때마다 불러준다. 내가 가장 좋아하는 노래는 이외에도 〈사의 찬미〉, 〈봄날은 간다〉 등이다. 이 노래들 속에 내 인생의 개똥철학이 담겨 있다. 지금도 들으면 말로 다할 수 없는 위로와 편안함을 느낀다.

인생은 나그네 길 어디서 왔다가 어디로 가는가
구름이 흘러가듯 떠돌다 가는 길에
정일랑 두지말자 미련일랑 두지말자
인생은 나그네 길 구름이 흘러가듯
정처없이 흘러서 간다

수술 후 아무 일 없는 듯 삶의 자리로 돌아왔다. 살고 죽는 게 무엇일까? 숨을 쉬는 것이 사는 것이고, 코 끝에 호흡이 멈추면 죽음인 것일까? 우리 모두는 한 끝 차이로 생과 사를 넘나든다.

이웃집에 구십이 넘은 독일노인이 산다. 워낙 가진 재산이 많아 하루에 6~7명 정도 도움을 주는 사람들이 집을 방문한다. 간호사를 포함해 청소부 등 방문이 끊이지 않는다. 생의 저편으로 떠나면 재산이며 모든 것이 없어지니 사는 동안 나름대로 부를 누리며 사는구나, 생각이 들었다. 그를 볼 때마다 휠체어를 타고 집밖을 나가지도 못하며 남들의 간호를 받는 인생이 과연 진짜 산다고 말할 수 있을까, 생각이 든다. 낮이면 햇볕을 쐬러 정원(Terrasse)을 나오는 그를 본다. 그에게도 초록 빛깔 청춘의 열정과 힘을 누렸던 시간이 있었겠지만 지금은 늦가을 들녘처럼 초라하다.

내 인생에서 꽃피는 시절을 말하라면 지금이다. 자식들이 아버지를 인정해주고 무엇보다 경제적 궁핍함이 없다. 많이 가지지는 않아도 부족함은 없다.

나의 마지막이 언제일지 알 수 없지만 그 전까지는 삶의 기쁨을 누리고 싶다. 몇 년 전 췌장암으로 사형선고를 받았지만 나는 지금 고기와 상추쌈을 먹으며 하루의 행복을 이야기한다. 오후 나절이면 아인슈타인 카페(Café)에 들러 아내와 커피를 마신다. 그 와중에 언제 샀는지 아내가 로또(Lotto)를 보여준다. 전날에 꿈을 잘 꾸었다는 것이다. 어린 시절 꿈도 꾸지 못한 넉넉함과 여유가 지금 내게 있다. 그것은 젊은 날 일구었던 삶을 위한 고뇌의 씨앗 덕분이다.

2017년 4월 가족 모두 다함께…

지나온 시간을 돌아보면 앞만 보고 달려왔다. 너무 바빠 삶의 희열을 느끼지도 못했다. 항상 나의 모든 삶은 '문제와 해결'이라는 도식 속에서 쫓기며 살아왔다. 예전에는 여행을 가도 즐기는 것이 아닌 공부하는 마음이었다. 부부의 삶을 종족 보존을 위한 수단으로 여긴 적도 있었다. 모든 게 목적이 있고, 그 목적을 향해 질주해 온 삶이었다. 지칠 줄 모르는 배움과 지식의 열정도 나이 들어 어느새 색깔이 변한다. 이제는 봄이면 만개한 꽃빛과 여름이면 빛을 발한 무성한 초록을 셈하며 나만의 시간을 오롯이 즐긴다.

지난해 아내가 한국여행을 간 후 4주 동안 혼자만의 시간을 오롯이 보냈다. 정원의 나무와 지저귀는 새를 바라보며 인생의 황혼을 느끼고, 과거를 반추하고 더듬는다. 인생은 돌아볼 사이도 없이 빠르게 지나왔다. 다시 젊은 날의 시간을 되돌릴 순 없기에 지금 이 순간을 오롯이 받아들이고 생의 행복을 느끼기로 했다.

팔순 생일의 감흥

2023년 8월 23일, 내 나이 여든이 된 생일이었다. 독일에서는 뒤에 숫자 0이 붙는 생일은 그 어느 해보다 특별하게 보낸다. 스위스에 사는 딸이 나를 위해 베를린에서 가장 고급스런 아들론(Adlon) 호텔에서 생일상을 차려주었다. 하지만 정작 기뻐해야 할 생일에 내 안에서는 원인 모를 화가 치밀었다. 자식들이 생일상을 챙기는 것은 고맙지만 너무 사치가 아닌가 염려되었다. 아이들은 나를 위해 모처럼 정성을 쏟았지만, 내 가슴 한 편으론 밥 한 끼 먹자고 너무 많은 비용을 지불해야 하나 생각이 들었던 것이다. 나는 한국음식을 좋아해 된장찌개와 김치만 있으면 그만인데 말이다. 그만큼 아직도 누리는 것에 대한 어색함이 있다. 어린 시절부터 가난한 삶을 살아왔기에 자식의 효도를 받아들임에도 부담스러운 감정이 올라오는 것이다. 문득 지나온

2023년 8월 23일 베를린 아들론 호텔(Berlin Adlon Hotel)에서
팔순 생일에 아내와 함께

삶이 떠올라 속울음이 새어나왔다.

딸은 한두 달 전부터 내 생일을 준비했다고 한다. 가족들만의 생일잔치는 3시간 정도 이어졌다. 호텔 아들론(Adlon)에 대해서는 유명인들이 묵는 숙소로만 알고 있었다. 마이클 잭슨(Michael Jackson)이 창문에서 아이를 밖으로 내밀어 아동학대 논란이 일었던 사건이 있었던 호텔 정도로만 알았다. 세계 정상급이나 부자들이 드나드는 곳에 팔십이 된 내가 그들처럼 앉아 있다. 내 자리가 아닌 것 같지만, 그만큼 내 자녀들이 그 정도 위치까지 왔다는 것을 의미하기에 내심 뿌듯하다.

사위는 은행 중역으로 일한다. 아들은 '디지털 서비스 법인(P3 Digital Services GmbH)' 회사에서 역시 관리급으로 일한다. 본사는 남부 슈투트가르트(Stuttgart)에 있고 한국에도 지점이 있다.

아들은 고등학교(Gymnasium) 시절 독일 여학생을 만나 사귀었지만 나의 반대로 이루어지지 못했다. 나는 며느리가 한국여성이길 바랐다. 내 후손을 이을 사람은 한국인의 피가 흐르길 원했다. 딸은 출가외인이라 생각해, 누구를 만나든 어느 정도 자유를 주었지만 아들에게는 허락되지 않았다. 유럽 땅에 살면서도 여전히 내 안에 유교적인 가치관이 뿌리깊이 박혀 있다는 것을 통감했다. 나는 지금도 그것에 대해 미안하고 후회가 밀려온다. 그 이후 아들은 두 명의 한국 여성을 만났지만 그들은 아들이 집을 보유하고 있는지, 어떤 자동차를 타는지 물었다는 것이다. 아들에게는 여성들이 그런 외적인 조건을 묻는 질문이 이해가 되지 않았다. 독일에서 교육받은 아이들은 남녀간에도 독립적이기에 남자의 생활여건을 묻는 질문이 탐탁지 않게 생각되었던 것 같다. 내가 아내를 한인교회에서 만났기 때문에 아들도 여러 번 한인교회를 가곤 했다. 엄마처럼 예쁜 여성을 만나고 싶다고 했다.

언젠가 나의 삶에 대한 이야기를 독일 교포신문에 게재한 적이 있다. 나중에 독일어로 번역한 것을 아내가 아이들에게 읽어보게 했다. 그때부터 아이들은 나를 깊이 이해하기 시작했다. 아내가 말하길, '아이들이 아버지의 살아왔던 시간을 읽고 충격을 받은 것 같다'는 것이다. 아이들은 기사를 읽은 후부터 나의 지나온 삶을 이해하고 무엇보다 도우려 한다. 부모님이 한국에 여행을 가게 되면 비행기표를 지불하겠다며 효도하려는 모습을 보면 기특한 마음이 든다.

나는 두 아이들이 한국적 정서로 자라길 바랐다. 딸은 그런 나의 영향 탓인지 스위스에서 손주들을 한국학교에 보냈다. 자신 또한 한국인의 피가 흐르기에 한국의 명절, 풍습 등을 가르쳐주고 싶어했다. 하지만 한글학교를 계속 다니는 것은 쉽지 않았다. 손주들은 그곳에서 그만 낙제를 했다. 한국인과 스위스인의 자녀로 태어나 엄마가 속한 문화를 배우려고 했던 손주들에겐 큰 상처였다. 나의 생각으로, 한글학교에서는 모국어에 대한 관심을 고양시키고 즐겁게 공부할 수 있도록 해야 하는데 낙제를 시키다니 좀처럼 이해하기 힘들었다.

물론 일반학교에서 낙제는 이해할 수 있다. 하지만 흥미를 돋우어야 할 해외 한글학교에서는 낙제는 아이들에게 자칫 동기부여를 잃게 할 수 있다. 한국처럼 주입식으로 가르치고 학습을 따라가지 못한 아이들을 배제한다면 2세들의 부담은 커질 수밖에 없다. 그 국가에서 적응할 수 있는 교육방법을 가르쳐야 하는데 아쉽기만 하다. 한글학교에서는 한국의 문화와 미풍양속을 가르치는 것이 산교육이다.

스위스(Schweiz)는 인구 약 8백 8십만에 면적 4만 1284㎢의 작은 나라이며 4개 언어가 공용어다. 거기에 더해 한글을 배우는 것만으로도 언어의 홍수 속에 있다는 얘기다. 나는 이후 스위스 대사를 만났다. 그는 2012년 문화체육관광부 체육정책국장이 되었고, 승마협회 감사 보고서에 최순실의 측근인 승마협회 전무에 대한 부정적인 내용을 담았다. 그래서 2016년 3월 박근혜 대통령이 '그 사람이 아직까지 있느냐'고 지적하여 결국 공직을 그만두었다는 이야기를 들었다. 하지만 정직한 일꾼은 다시 인정을 받기 마련이다. 나는 그와 일면식이 있었다. 문 대통령이 취임 후 독일을 방문했을 때, 윤이상 선생 묘 옆에 문재인 대통령이 기념으로 동백나무를 심었는데 대사의 추천으로 심게 되었다고 한다. 윤이상 선생의 고향인 경남 통영에서 동백나무가 자란다는 것을 알았기 때문이다. 나중에 베를린의 동백나무는 죽고 말았지만 취지는 의미가 있었다. 2021년 8월 11일 스위스에 가서 그를 직접 만났다. 한글학교에 대한 조언도 나누면서 한국문화를 알 수 있는 반을 개설할 것을 조언했다. 그는 재임기간에 추진해보겠다고 답변했다.

해외에서 모국어 교육은 그 어느 것보다 중요하다. 언어는 그 사회의 사고 체계가 남긴 흔적이면서도, 사고 체계를 지배하는 질서이기도 하다. 언어에는 문화가 꿈틀거리기 때문이다. 언어를 통해 그 나라의 얼을 배우고 정신을 배운다. 육신과 연계된 그 나라의 고유 음식도 마찬가지다. 나는 어린 손주들이 오면 한인식당을 찾아 단팥죽을 먹이곤 한다. 한국음식의 깊은 맛을 알게 하고 싶었다. 딸은 한글학교 뿐만 아니라 태권도 도장에도 아이들을 보냈다.

당시 한국에서 유능한 태권도 사범이 스위스로 왔는데 약간 거만하다는 느낌을 받았다. 딸은 주위 사람들에게 한국 태권도장을 추천했고, 그 덕분인지 태권도장은 승승장구했다. 하지만 아쉽게도 그의 끝은 좋지 않았다.

태권도장에 다니는 아동과 미성년자들을 상대로 추악하고 말로 표현할 수 없는 변태적인 성희롱을 해 2017년 형무소에 들어갔다. 스위스 신문과 방송에 대서특필되고 각 가정마다 경찰서에서는 '당신 자녀의 피해가 있으면 신고하라'는 서신을 보냈다. 이 소식을 접하고 나는 한국인들의 저질적인 행동을 생각하며 더욱 나 자신이 태권도 사범으로서 느끼는 모욕감과 상실감이 극에 달했다. 게다가 딸과 사위한테 정신적인 압박감을 주었기에 자존심이 상한 사건이었다.

교육은 가정에서도 중요하다. 나는 부모에게서 그다지 특별한 가정교육이나 좋은 습관을 배운 기억은 나지 않는다. 한 가지 있다면, 할머니는 늘 입안을 소금으로 헹군다. 혓바닥을 소금으로 닦곤 했는데 나는 팔십이 넘어서도 그것을 지키고 실천한다.

아내와 아이들은 어려운 일이 생기면 늘 나에게 자문을 구한다. 그것이 남편으로서 아빠로서 권위를 인정받는 것 같아 자부심이 느껴진다.

독일의 철학자 프리드리히 니체(Friedrich Wilhelm Nietzsche)의 말이 있다. 1990년 베를린 한인회장 출마 당시 인용했던 말이기도 하다.

〈니체는 '신은 죽었다'라는 부정적인 말도 했지만 '음악이 없는 인생은 한 착각에 지나지 않는다'라고 했다. 나는 음악에 심취해 클래식 관련 책들을 많이 읽었다. 그래서 자녀교육에 있어서도 음악에 대한 강조를 많이 했다. 우리집의 가훈은 아래와 같다. 이 세상에서 부모로써 자식에게 가장 어려운 두 가지의 숙제가 있다면 하나님을 섬기는 가르침이요, 음악을 알게 하는 교육일 것이다. 하나님을 섬기는 것은 일생의 기쁨이며 음악을 알면 인생의 즐거움이 있기 때문이다〉

나치(Nazi) 체제에 저항한 독일인 목사 디트리히 본 회퍼(Dietrich Bonheeffer)는 이렇게 말했다.

'이 세상에서 예수 그리스도의 삶은 아직 끝나지 않았다. 그리스도는 그를 따라 사는 사람들의 삶 속에 계속 살아 있다'

선진국 독일은 기독교 국가 체제 아래 인구 약 8천4백만명에 성직자(목사)가 약 3만명이다. 국가에서는 교회와 성직자에게 세금을 징수한다.

한국은 다종교국가체제인데 인구 약 5천2백만명에 성직자(목사)가 약 13만명이 된다. 봉사 또는 헌신이라는 미명 아래 자율성에 의한 세금을 낸다.

종교(기독교)가 사회에 생명수 역할을 하지 못하고 정신적 물질적 피폐함을 주며 더욱 흑막에 가려진 투명하지 않은 재정을 운영하고 사이비 종교가 만연된 한국은 종교자유 이전에 정부에서 강력하고 철저한 종교청소를 하여야 한다.

더욱 지성인이라고 자처하는 의사(醫師)와 목사(牧師)는 인구비례에 따라 의사가 배출되는 의과대학 정원을 대폭 늘리고 목사를 배출하는 신학대학은 과감히 인원을 축소하여 균형된 사회를 구성하고 미개한 민족에서 허우적거리지 않고 미래지향적인 민족이 되어야 한다,

독일인들은 신앙을 주머니에 속에 넣고 살아간다. 한국인들은 머리 위에 올려놓고 신앙생활을 하기에 감성에 의한 위험을 초래하며 인간들을 세뇌시키고 사회에 혼란을 야기시킬 수 있다.

나의 딸은 해외에 여행을 하여도 교회가 보이면 자녀들과 찾아가서 잠깐동안 기도를 한다고 한다.

독일인들은 현실의 삶 속에서 신앙이 생활의 문화로 정착되어 있는 대선진국 민족이다.

1970년 5월 10일 강원도에서 광부 실습이 끝나고 기념촬영, 3번째 가운데 중앙에 앉아있는 필자

1970년 6월 1일 김포공항에서 석별의 기념 사진, 좌측부터 고모, 필자, 어머니, 아버지

2

파독광부, 그 강렬한 회상

눈앞이 캄캄하고 온 정신이 부들부들 떨린다.
인간 두더지로 살면서 6개월 만에
처음 당하는 지하사고를 목격했다.
사람은 군자이기 전에 하나의 생명체다.
육체에 고통스러운 위험이 닥쳐오면
울부짖는 것이 당연하다.
죽음이 눈앞에 보이면 당황하는 것이 본성이다.

파독광부의 첫 발을 내딛다

'지구는 정말 둥근 것일까? 과연 미국과 독일, 유럽이 있을까?'

초등학생이 던질만한 질문이라 할지 모르지만, 나는 스물 여덟 살이 될 때까지도 내 자신에게 물었다. 경험해보지 못한 것에 대한 궁금증과 불신으로 가득찼다. 그래서 내가 속한 국가가 아닌 다른 세계가 존재한다면 그곳으로 나아가 성공하기로 결심했다. 독일에 온 계기는 참 단순하다. 어느 날, 화장실에서 대변을 보던 중 동아일보 신문을 읽게 된다. 참을 수 없는 배설의 욕망 속에서도 내 눈을 번쩍 뜨이게 한 것은 바로 파독광부 모집이었다. 부랴부랴 뒤를 정리하고 나와, 곧바로 지원서를 작성하고 독일을 향한 부푼 꿈을 키웠다.

사실 그때만 해도 광부에 대한 이미지는 그다지 좋지 않았다. 지금에서야 직업의 귀천이 없다지만 아무래도 그때는 사농공상의 유교사상이 박혀 있던 때였다. 육체노동이 전부인 광부라는 직업이 다소 천하게 여겨졌다. 하지만, 독일에서 정확히 어떤 일을 수행해야 하는지 사전 지식이 부족했음에도 파독광부 프로젝트(Project)는 인기가 많았다. 경쟁률은 높았고 합격했어도 곧바로 독일에 차출되지도 않았다. 어떤 사람은 수개월 씩 기다리기도 했다. 그 시기에 파독광부 진출은 무학(無學)의 남성이라도 해외로 진출할 수 있는 보기 드문 이벤트(Event)였다. 그러기에 나로선 외국으로 간다는 사실이 광부직업에 대한 사소한 편견까지 사라지게 했다.

태권도를 통해 해외로 나가는 경우는 더러 있었다. 하지만 필리핀, 미국 등으로 가는 파견사범이었다. 유럽은 처음이었고, 황무지였다. 더욱이 독일에 대해서는 무지했고 겨우 유럽에 있는 나라라는 정도였다. 나 홀로 독일로 간다는 것이 내키지 않아 친구에게 함께 가자고 권유했다. 미지의 세계는 아무리 사나이 대장부라 해도 두렵긴 매한가지였다. 이전에 월남 참전도 생각했던 터였다. 돈을 많이 벌 수만 있다면 지옥에라도 가고 싶었다. 그러니 이역만리라 해도 나에겐 특별히 문제가 되지 않았다. 월남전은 아버지가 반대했다. 장남인 터라 혹여 전쟁터에서 죽을까봐 염려했다. 게다가 장남은 차출 대상이 안 된다는 말도 돌았다.

하지만 파독광부는 달랐다. 유럽은 생면부지의 땅으로 두려움이 있긴 했지만, 전쟁터도 아니고 도전해볼 만한 곳이었다. 일단 시험을 치르기 위해서는 서울로 가야 했다. 이것저것 경비를 생각해 이모에게 돈을 빌리기로 했다. 어머니가 먼저 이모에게 운을 뗐지만 이모 왈 '태현이가 직접 오라'고 했다고 한다. 그나마 나의 미래를 위해 도와준 사람은 이모뿐이다. 나는 이후 독일에서 돈을 벌어 이자까지 모두 합산해서 그 돈을 전부 갚았다.

서울에 올라와 고려대 근처의 싼 여인숙에 여장을 풀었다. 당시 해외개발공사 시험장은 건물의 5층이었는데 엘리베이터(Elevator)가 없었다. 걸어서 올라갔는데 잘 먹지 못한 탓에 오르는 것이 정말 힘들었다. 실기시험은 운동장 같은 넓은 공터에서 무거운 것을 짊어지고 빨리 뛰는 것이다. 시험은 말 그대로 힘 센 사람이 합격하는 것이다. 내가 함께 가자고 유혹했던 친구는 신체검사 과정에서 불합격되었다. 친구는 집이 부유한 편이라 굳이 외국까지 나가 돈을 벌 이유는 없었다. 그는 오히려 자신은 떨어진 게 잘 된 것 같다고 했다. 벽보에 붙어 있는 합격자 명단에서 내 이름을 발견하자, 그때부터 왠지 모를 중압감이 몰려왔다. 그래도 가야한다는 일념은 변함이 없었다.

어떤 성공이든 대가를 치러야만 결실을 맺는다. 나는 독일 행에 대한 최종 결단을 내렸다. 돈을 벌기 위해서라면 지하 끝 검은 탄광이면 어떠랴!

1970년 5월, 광부 교육을 받았고, 이후 6월 1일은 내가 독일에 온 날이다. 비행기를 처음 타본 촌놈이라 모든 게 신기했다. 비행기 안에는 270 명의 파독광부들이 타고 있었다. 무엇보다 비행기 안에서 오렌지 주스를 공짜로 마실 수 있기에 배가 터

지도록 주스를 마셨던 기억이 난다. 미국 알라스카를 거쳐 도착한 곳은 뒤셀도르프(Düsseldorf) 공항이었다. 그곳에서 각각 광부들이 일할 곳이 배정되었다. 7~8대의 버스 안에는 인생의 갈림길에서 자신이 살아야 할 곳을 분배받은 청년들이 나눠 탔나. 나는 아헨(Aachen)의 알스도르프(Alsdorf) 기숙사에 도착했다. 당시 아헨으로 온 한국인 동료는 67명이었다. 미지의 땅 유럽을 향한 야망과 포부를 지닌 청춘들은 그렇게 조국을 떠나 먼 타국에 안착했다. 기숙사에 도착해 여장을 풀자, 실타래가 풀리듯 한국의 시간들이 파노라마처럼 스쳐지나갔다. 갑자기 향수병 같은 끈적끈적한 감정이 올라왔다.

김포공항에서 부모님과 맞잡은 손을 놓아야 할 때, 부모님의 눈에서는 눈물이 흘러내렸다. 의지했던 장남을 떠나보내는 부모의 마음이 이별의 서글픔 속에서 하염없이 두 뺨을 타고 내렸다. 하지만 나는 외국에 간다는 치기어린 동경심이 발동해 석별의 미련은 크게 느끼지 못했다.

"아버지, 어머니 왜 우세요? 자식이 돈 벌러 가는데."

"내 아들이 유학이라도 간다면 슬프지는 않겠지. 가난한 집 형편 때문에 돈 벌러 타국으로 떠난다니 마음이 아프다"

"어머니, 3년은 금방 갑니다. 돈 많이 벌어서 금의환향(錦衣還鄕)하겠습니다"

환송대의 부모님을 멀리하고 비행기의 육중한 기체가 움직였다. 부모님과의 이별의 슬픔은 온 데 간 데 없고 생뚱맞은 생각이 떠올랐다. .

'정말 지구가 둥글까?'

'처음으로 타는 비행 도중 몸에는 이상이 없을까?'

'친구들은 동남아는 갔어도 독일은 오직 나뿐이다.'

나 홀로 유럽에 간다는 자만심과 함께, 혹여 납치범이 비행기의 행로를 바꾸어 북한으로 돌리면 수단방법을 가리지 않고 달려들어 그놈을 잡아야지, 하는 영웅심이 부풀어 올랐다. 그도 그럴 것이 당시 대한항공 비행기가 납치된 사건이 있었다.

1969년 12월 11일 강릉에서 서울로 향하던 대한항공 YS-11기가 북한 고정간첩 조창희에 의해 대관령 상공에서 납치돼, 함경남도 원산 근처 선덕비행장에 강제착륙한 사건이다. 당시 탑승자 50명 중 39명은 사건 발생 후 66일 만인 1970년 2월 14일 판문점을 통해 귀환했지만, 나머지 11명은 돌아오지 못했다.

이런저런 생각에 잠기다 다시 현실로 돌아왔다. 나는 유학이나 관광, 외교관의 부임지로 가는 것이 아닌 노동자로 가고 있었다. 당시 우리 비행기 요금은 광산에 근무하면서 매월 지불하기로 되어 있었다. 그 생각을 하자 비로소 독일에 일하러 간다는 것이 실감났다.

'아니야. 삶을 영위하는 시간은 제한되어 있어. 노동자면 어때?'

마음을 쓰다듬으며 뒤척이다 잠이 들었다.

1970년 7월 1일 필자가 근무한 광산 건물 앞
E.B.V.(에쉬바일러 광산 협회, Eschweiler Bergwerks Verein)

독일생활의 가장 큰 어려움은 먹는 문제였다. 하지만 고국에서 쉽게 맛볼 수 없는 고기는 독일에선 가장 흔했다. 특히 족발은 실컷 먹을 수 있는 부위였다. 한국에서는 산모가 몸을 풀 때 산후조리용으로 먹었는데 이곳 사람들은 버리는 것 같았다. 언젠가 한국인 통역사가 '독일 성육섬에 가면 족발을 버리니까 가져가서 드세요'라고 말했다. 그 소식에 광부들은 하나 둘 그곳을 향했다. 결국 나중에 한국인들의 인기 품목이 되자 족발도 파는 음식이 되었다. 배추는 찾을 수 없었기에 양배추를 고춧가루랑 버무려 김치를 만들어먹었다.

소시지는 독일에 와서 처음 맛본 이후로 즐겨먹는 음식이다. 독일에는 1,500여 종류 이상의 소시지가 있다. 중세시대부터 먹기 시작한 소시지는 그 역사가 깊어서 독일인들의 일상과 문화에 깊이 뿌리를 내렸다. 특히 전쟁 중에는 소시지를 군용 식량으로 확보한 군대가 가장 강력하다는 말을 할 정도였다. 전쟁이 끝난 후, 겨울이 긴 독일에서는 소시지가 저장 식품으로 각광받았고, 지역이나 가정에서 독특한 소시지가 발달했다. 나는 소시지가 간편하고 든든해서 자주 먹곤 했다.

나는 독일인들의 밥이라 할 수 있는 빵을 즐겨하지 않아 먹을 때마다 일부러 노래까지 불렀다. 너무 먹기 싫어서 노래라도 불러야 식도에서 허락할 것 같았기 때문이다. 일하는 곳에 도시락을 싸서 가야 했기에 빵을 사서 버터 위에 딸기잼을 발랐다. 그때 맛본 이후로 지금도 딸기잼을 좋아한다. 독일 사람들은 아침에 달작지근한 잼 등을 빵에 발라서 먹는다. 그리고 점심은 따뜻한 음식으로 식사를 한 후 저녁은 다시 빵을 먹는다.

두 번째로 힘들었던 것은 언어였다. 당시 한국에서 출국에 대한 준비가 모든 파독광부들에게 충분히 이뤄지지 않았다. 독일어를 구사하지 못했고 광산 일도 익숙하지 않았다. 그저 운명에 맡긴 것처럼 올 수밖에 없었다. 독일에 오자마자 겨우 4주 동안 광산 관련한 언어교육을 받고 곧바로 현장에 투입되었다.

나는 이유야 어찌되었든 독일에 와서 출세했다고 생각한다. 독일에 온 목적은 독일 돈을 벌어 고향으로 돌아가 부모님께 효도하고 형제간에 우애하며 행복하게 살고 싶었다. 그때가 3년 후라고 희망을 품고 독일에 도착했다.

하지만 하루 아침에 지하 탄광의 노동자 위치에 섰다. 나에게 지하에서의 육체노동은 큰 도전이었다. 석탄가루의 분진과 바람에 의한 탁한 공기는 열악한 직업현장을 여실히 보여주었고, 그것은 나에게 고통 이상이었다. 처음에는 얄궂은 운명의 희롱이 아닌가 생각이 들 정도였다. 하지만 가난한 어린 시절을 떠올렸다. 일가친척의 천대와 모멸을 이겨내고, 수난이라 각오하고 어떠한 고난도 참아야 한다고 생각했다. 인간사에 있어 성인이나 영웅이 출현하는 것은 시대의 요구인지, 환경의 요구인지, 하늘이 내리는지 물어본다면 나는 단연코 환경이라고 말한다. 그러니 주어진 현실에 순응하며 충실하자고 다짐했다. 이름이 기생이라도 마음조차 기생이 되는 건 아니지 않은가 생각하며, 비록 광부지만 더 위의 것을 바라보자고 다짐하며 막장에 들어갔다. 나에게 남은 건 고통스런 집념, 환경을 초월하고자 하는 부단한 도전적 열정만 있었다.

수직으로 된 승강기를 타고 860m를 약 30초 정도 내려가다보면 귀가 멍하고 머리가 핑 돈다. 다시 전차를 타고 6km 이상 더 나아간 후 2km는 걸어서 간다. 작업이 시작되면 말이 통하지 않는다. 그저 조장이 시키는 대로 해야 한다. 몸에는 비지땀이 흐르고 졸음이 쏟아진다. 다리가 후들후들 떨리고 몸이 피곤하기에 잠깐 앉아 있으니 'Leck mich am Arsch Junge Junge'(내 똥구멍이나 빨아라! 이 자식아!) 하고 달려와서 어깨를 떠민다. '저 놈을 한 대 쳐버리고 한국에 가버려!' 하는 울분이 솟구친다. 눈물을 삼키며 참아야 했다.

'미국의 16대 대통령 링컨이 노예를 해방시켰다지. 지금도 세계 강대국 미국인들이 흑인을 노예취급을 하니 격돌이 자주 일어나고 있지. 이 독일인들이 나를 노예 취급 하는구나'라는 생각에 눈물이 났다.

사람은 누구나 이성보다 감정이 강한 것이 숙명적인 약점인지도 모른다. 분명 노동을 하면 땀의 대가를 주는데도 시키는 자에 대해서는 반발심이 생긴다. 인간은 본능적으로 자유를 원하고, 관리 통제가 자유를 억누르는 시스템에서는 분노하게 된다.

지하 탄광에서 금지되는 행동이 몇 가지가 있다. 그중 서로간의 주먹싸움, 명령 불복종, 졸음 등은 엄격하게 처벌하기에 최악의 경우에는 귀국을 전제해야 한다. 몇 명의 동료들이 강제 귀국 또는 해고를 당한 경우가 있었다.

하루가 십 년 같은 시간이고 석탄가루에 염색된 지하세계의 비애를 느끼며 장애 혹은 사망이라는 처절한 문제를 피해가려 애쓴다. 어쩌면 죽지 못해 살아가는 마음으로 날마다 무거운 발걸음으로 지하에 들어간다.

인간은 때론 자신이 주인이 되지 못하고 무력감으로 원시시대 미개인들이 자연의 폭력에 노출된 것처럼 노동세계에 의지해 있다. 단조로운 순환적 반복에 매몰되어 인간 이전의 시간으로 회귀하는 듯 하다. 지하세계의 삶은 인격적 대우가 해체당한 노동의 절정이다. 광부들은 미리 정해진 궤도에 따라 경직된 듯 인생의 바닥을 보며 걸을 따름이다. 노동에 있어서 자유의 억압과 명령체계의 권력이 어느 일정 단계까지는 효과를 거두지만 그 이상의 생산성을 늘리는 데는 한계가 있다. 나에게도 막장의 삶은 노동 이상의 의미를 주진 못했다. 노동의 기쁨을 누린다는 것은 나에겐 무리한 요구였다.

지하에서 3명이 한 조가 되어 작업량을 배당받고 일을 하고 있을 때 받침대가 내리쳐 동료의 머리를 친다. 순간적인 사고였기에 재빠른 동작으로 달려가서 일으키니 얼굴에서 피가 쏟아지며 '나 좀!' 이라는 최후의 한 마디를 토하며 정신을 잃는다. 눈앞이 캄캄하고 온 정신이 부들부들 떨린다. 인간 두더지로 살면서 6개월 만에 처음으로 지하사고를 목격했다. 사람은 군자이기 전에 하나의 생명체다. 육체에 고통스러운 위험이 닥쳐오면 울부짖는 것이 당연하다. 죽음이 눈앞에 보이면 당황하는 것이 본성이다. 나는 '사람 살려. 사람 살려'를 외치며 어찌할 바를 몰라 고함을 질렀다. 극한 상황에서 인간의 이성은 갈 바를 잃고 본성에 의지하게 된다. 토할 것 같은 어지러움이 밀려오며 온 몸으로 상황을 인식하려다보니 허둥지둥했다. 죽음이 무엇이기에 그렇게도 두려워하는지. 지하세계의 우리에겐 죽음은 현실이고 지근거리에 있었다.

나는 가족과 나라를 위해 전쟁터가 아닌 지하에서 남보다 잘 살아보겠다고 부모형제를 떠나 먼 이역만리까지 노동자로 왔다. 어두운 지하 탄광에서 죽어가는 동료를 통해, 괴테가 임종 직전에 '좀더 빛을(Mehr Licht)'이라고 말한 단어가 떠올랐다. 괴테는 의사들이 선고하는 죽음은 원치 않았으며 '내가 죽어야 한다면 나는 내 방식대로 죽기를 원한다'고 갈구했다. 하지만 지하막장에서의 죽음을 맞이할 수 있다는 가능성 속에서 그러한 괴테의 요구는 사치에 불과했다. 단지 지하에서 죽어야 할 운명만은 비켜가고 싶지만 마지막 순간은 우리의 생각과는 무관하다. 탄광 노동자에게 빛은 곧 생명이고 희망이었다. 하지만 어둠은 우리의 친구였고, 깊숙한 폐부를 찌르고 한 점 태양도 허용하지 않았다. 태양도 보지 못하고 암흑세계 속 천 미터가 동료의 무덤이 되는 것이 비참하고 원통했다. 다행히 이 동료는 목숨을 건졌고 약 3개월 간 입원했다가 보험료 3,000마르크(DM)를 지급받고 귀국했다. 그 광경을 목격한 나는 마음에 갈피를 잡지 못하고 우왕좌왕했다. 그러던 차, 또다른 동료가 낙반사고로 영원히 오지 못할 곳으로 가버렸다. 미래의 꿈과 삶을 캐려던 청춘들은 그만 죽음의 탄광 속에 자신의 꿈과 희망을 묻었다. 그런 사건을 겪으니 신의 존재를 부정하고 싶을 정도다. 이 감당할 수 없는 현실이 원망스럽고, 단순히 죽은 자의 명복을 빌며 눈물을 흘릴 수밖에 없었다. 고국을 향한 그리움은 채 빛을 발하지 못하고 이국땅 지하 천 미터 아래에서 짧은 생을 마감한 그들을 생각하면 눈물이 앞을 가린다. 나중에 통계를 보니, 1963년 제1진부터 1977년까지 총 78명이 독일에서 생을 마감했다고 한다.

나는 고향의 아버지에게 상심한 마음을 담아 편지를 썼다.

아버님, 진퇴에 과감한 것이 남자의 용기가 아닐까요? 당초 아버님의 말씀을 거역했기에(아버지는 집안의 장남으로 함께 생계를 꾸려가야 하는데 왜 외국으로 나가려고 하느냐고 말렸다) 먼 이역만리에서 불효자는 통곡하며 글을 올리옵니다.

1만원의 이익을 얻고 2만원의 건강 손실을 보며 위험도가 가중한 지하생활을 할 수가 없어 부모님 곁으로 돌아갈 것을 맹세했으니 넓으신 이해를 바라옵니다.

나의 처절한 심중의 편지를 읽고 아버지에게서 답신이 왔다.

사랑하는 내 아들에게!

서독이라 하면 제2차 세계대전에 패전한 후 급진적인 경제 부흥을 일으킨 나라, 우연이 아니라 그 나라의 민족성이 강하여 오늘의 서독이 재기하였다 함은 전 세계가 아는 일. 후진국의 민족이 그 정신을 본받아 조국에 와서 노력하면 어찌 그 나라 사람들보다 못하겠는가. 더욱이 위험을 무릅쓰고 하루 8시간의 중노동을 한다니 부모로서 너의 서신을 보고 한밤을 뜬눈으로 세웠으며 지금의 심정이 미칠 지경이니 즉시 귀국하여 진심 전력으로 노력하면 그 이상의 성공이 있으리라 확신한다. 사내 대장부로서 호랑이 잡으러 갔다 공행하는 것이 상사이거늘 일가친척들의 체면, 위신, 창피에 얽매일 필요가 없다. 어떻든 부모 형제가 너를 기다리고 있으며 네가 있을 안식처가 있으니 보리죽을 먹더라도 얼굴을 맞대고 아기자기하게 살아가는 것이 삶의 본분이니 이유 없이 돌아오기를 명령한다.

난 아버지의 편지를 받고는 이불을 둘러쓰고 목까지 차오르는 슬픔에 엉엉 울었다. 3명의 동료와 한 방에서 기숙했기에 실컷 울지도 못하고 애꿎은 이불만 적셨다. 성년이 된 자식이 부모님께 근심과 걱정을 드렸다는 죄책감 때문에 '부모님, 불효자를 용서하세요. 부모님 불효자를 용서하세요.'라고 혼자서 중얼거렸다. 나는 아버지의 글을 읽고 다시 한 번 심사숙고하고 내 자신을 냉정한 마음으로 다시 통찰해 보았다. 그리고 내 스스로가 세운 법정 앞에 섰다. 검정 죄수복에 584번(광산에 있을 때 고유번호)을 달고 최후의 공판을 받기 전 판사 앞에서 답을 한다.

"피고는 누구보다도 행복하고 싶은가"

"예"

"운명은 신이 정해준 팔자의 소관으로 생각하는가."

"아니오"

"부모님께 효도는 못할지언정 마음의 심려를 끼쳐드리는 것이 자식의 도리인가?"

"아니오"

"알았다. 피고는 현재의 시련을 극복하지 못하고 도중에 귀국하는 것을 볼 때 이 세상에서 가장 어리석고 불쌍하고 가련한 인간이다, 그러한 정신상태로는 고국에 돌아가서도 암담한 생활의 연속이며 인내와 끈기가 없는 것은 미래가 없는 안일한 자라는 것을 알아라. 차라리 고국에 가서 쓸 모 없는 인간이 되지 말고 지하에서 죽는 것이 현명하다"

내 마음의 판사는 나에게 무섭도록 단호한 사형 언도를 했다. 그러자 이상하게 다시 회복할 수 있는 힘과 용기가 생겼다. 죽음보다 더 한 것은 없지만, 죽음을 두려워하며 회피하는 것은 죽음보다 더한 수치라고 생각했다. 내가 가야 할 곳은 향락도 슬픔도 아니고 내일이 오늘보다 나아지도록 행동하는 것이라는 점이다.

롱펠로우(Lonffellow Henry)의 '인생의 찬가' 한 구절이 떠올랐다.

우리가 가야 할 곳, 또한 가는 길은

향락도 아니요 슬픔도 아니다.

저마다 내일이 오늘보다 낫도록

행동하는 그것이 목적이요, 길이다.

그렇다! 어떤 고난과 역경이 닥쳐도 꼭 만기를 마치고 돌아가야겠다고 천만 번 다짐을 하고 새로운 정신으로 다시 일을 하게 되었다. 고달픈 나날이지만 마음에 기대와 희망을 안겨주는 것이 두 가지 있었다. 우리나라에서 흔히들 관상론, 운명론을 논하는 사람들이 말하는 인생에 3번의 운이 있다고 한다. 나는 혹여 기적과 요행을 바라는 심정으로 주말마다 로또(Lotto)를 사 행여나 하는 마음으로 기다리는 즐거움이 생겼다. 혹여나 유럽의 행운아가 되어 불로소득의 거액을 가난한 고향에 가지고 가서 고아원에 십만 마르크, 영아원에 십만 마르크, 양로원에 오만 마르크를 희사하고 나머지 이십오만 마르크(당시 로또 당첨이 오십만 마르크)는 나의 장래를 위해 초석을 만들어야겠다는 망상으로 잠을 이루지 못했다.

또 한 가지는 독일에 도착한 지 16일 만에 조국에서 호신으로 익혀온 태권도를 활용한 것이다. 나에게 배우겠다는 독일인의 권유에 못 이겨 37명을 데리고 운동을 시작해 한 달 후에 시범을 한 결과 세 군데에서 수련생이 170명으로 불어났다. 계속 운동을 시작해 약 2년이 경과한 후에는 다섯 곳 이상에서 태권도를 가르쳤다.

이후 수련생이 약 430명이 되고 11번의 시범을 보였다. 먼 이국에서 역사가 있는 민족의 아들임을 자랑삼아 대한의 얼을 심었다. 관직 없는 대사로 크게는 국위를 선양하고 작게는 나의 실리를 추구하게 되었다. 성인에겐 15마르크(DM), 학생은 10마르크 수강료를 받았고, 이때가 황금의 전성기가 아닌가 생각된다, 이후 9명의 유단자들이 독일 곳곳에 도장을 내어 태극기 앞에 경건히 인사를 하고 한국 구령을 붙이며 운동하는 것을 볼 때 감개무량하다. 가르칠 때의 애로사항과 어려움이 있었지만 우리 태권도가 독일사회에 뿌리내려지는 것만으로도 자랑스럽게 느껴졌다.

1971년 4월 3일 한국인의 밤행사에 태권도 시범, 기와격파 장면

한국사범들과 제자들을 구령하는 필자

광부생활 일기

광산에 오자마자 기숙사를 배정받았다. 두 명 혹은 세 명이 함께 사용해야 했다. 기숙사 방 한 켠에는 주방이 있고 그때 우리는 밥솥이 없어 냄비로 밥을 지어 먹었다. 책상 위에는 내가 존경한 미국 케네디 대통령 사진이 있었다. 미국의 대통령 중 가장 먼저 떠오르는 인물 중 하나가 존 F. 캐네디(Kennedy)다. 혁신의 아이콘(Icon)이자 미국을 한층 더 새롭게 부각시킨 인물이기도 하다. 그를 존경하게 된 것은 한 문장 때문이다.

1962년 10월 14일 미국 정찰기가 쿠바 상공 정찰을 통해 소련 미사일 기지를 찾아내 쿠바 미사일 위기가 시작될 증거가 탐지된 날이다. 제2차 세계대전 이후 가장 심각한 위기상황이었다.

소련의 흐루시초프(Khrushchyov) 정권은 이전 1961년 8월 중순 동독에 '베를린의 벽'을 구축하도록 지시했다. 냉전의 전성기에 발생한 쿠바 미사일 위기는 미국과 소련 간 핵전쟁의 위험조차 포함한 것이었다. 이 사건을 계기로 미소 양국은 냉전의 와중에서도 워싱턴과 모스크바를 연결하는 '핫라인을 설치했다. 그리고 이 위기를 계기로 영국과 함께 '부분적 핵실험금지조약'을 체결했다. 당시 젊은 케네디 대통령은 모든 통솔권을 가지고 결정해야 했는데 선택의 기로에 선 리더(Leader)의 마음은 오죽했겠는가! 그는 스스로 이렇게 말했다.

"대통령은 고독한 직업이다"

그 말이 나의 뇌리에 박혔다. 짧은 문장이었지만 대통령으로서의 고뇌를 읽을 수 있는 말이다. 나 또한 가난한 집안의 책임 많은 장남으로 숱한 선택 상황에 직면했다.

나중에 한인사회의 리더(Leader)로 활동하면서도 자주 느끼는 문장이었다.

나는 아침 5시에 기상해 아침을 먹고 광산에 가서 15시 30분에 돌아온다. 저녁을 먹고 21시 30분까지 태권도장에 가 운동을 끝내고 집에 오면 23시다. 지쳐버린 몸으로 다음날 아침에 일어나면 코피가 쏟아져 나온다.

'쓰러지는 아픔이 오기 전에 좌절과 절망을 하지 말고 하나의 시금석을 만들자'

이것은 육체적 고달픔을 이기는 정신적인 집념이다.

그나마 독일의 사회보장제도 중에 위안이 되는 부분이 병가다. 너무 지쳐 힘들 때는 꾀병을 부려서라도 병가를 쓴다. 병가를 내지 않았다면 난 금방 쓰러져서 고국행 비행기에 짐짝처럼 실려갔을지도 모른다.

독일의사에게 갈 때 바보 노릇을 하면 많은 날수의 병가를 내준다. 광산 인근의 의사들은 주로 외국인을 상대하기에 수사관 이상으로 눈치가 빠르다. 깨끗한 차림과 경쾌한 모습으로 가면 어디가 아픈지 상세히 물어보기에 꾀병은 금세 탄로 난다. 병가는 전략적이고 체계적으로 진행하기 위해 준비를 한다. 세면도 하지 않고 쌀을 씹어서 의사가 혀를 보자고 하면 하얀 설태가 낀 것처럼 보이게 한다. 그리고 덧붙여 설사까지 한다고 하면 병가를 내주지 않을 수 없다. 대부분의 광부들은 이러한 복지제도의 악용에 대해 큰 양심의 가책을 느끼진 않았다. 인간의 한계상황에 대한 합리적인 수긍의 결과였고, 힘든 노동에 대한 나름의 반응이었다고 볼 수 있다. 난 의사가 써준 처방으로 약 6주의 병가를 사용했다.

지하 막장에서는 사고가 많아 어떤 상황이든 장애를 입고 싶지 않았다. 더욱이 태권도와 장애는 어울릴 수 없는 관계다. 어떻게 하면 하루라도 석탄가루를 마시지 않고 장애를 입지 않은 상태로 무사히 3년 임기를 마칠 수 있을까에 대한 연구는 내가 병가를 많이 내게 된 원인이다. 엑스레이(X-rey)를 찍으러 갈 때는 간장을 마시고 갔고, 심지어 지하 막장에서 손가락을 망치로 때려 상처를 만들기도 했다. 얼마나 비인간적이고 졸렬한 짓인가? 하지만 이 생활을 해보지 않은 사람은 그 심정을 이해하지 못할 것이다. 인간은 환경의 동물이다. 험지에서 살아남으려면 요령 없이는 버텨내지 못할 것이다. 나름대로 살아남기 위한 방책이었다.

'토마스 그레섬'(Thomas Gresham) 법칙은 16세기 영국 금융가 토머스 그레셤의 이름에서 나온 용어로 화폐유통에 관한 경제학 용어다. 즉 악화가 양화를 구축한다는 의미로 가치가 낮은 돈이 가치가 높은 돈을 몰아낸다는 뜻이다. 사회에서는 3가지 돈이 문제가 된다. 창녀, 마약, 노름에서 벌어온 돈이다. 이런 악화가 사회에 횡행하면 순수하게 노동에서 번 돈을 몰아낸다는 뜻이다.

돈을 인간으로 바꾸어 생각하면 독일사회는 양인(정직한 사람)이 악인(불량한 사람)을 구축(몰아내다)하는데, 한국사회는 악인이 양인을 구축하는 사회인 것 같다. 다시 말해 90%의 불량한 인간들이 있기에 10%의 선량한 국민의 사회가 될 수 없다는 토마스 그레샴 법칙을 적용해본다.

어린 시절, 한국에서는 특별히 건전한 오락거리를 모른 남자들은 겨울의 농한기 때 삼삼오오 모여 노름을 하거나 술을 마셨다. 가을 내내 걷어들인 수확을 한 번에 날린 경우도 있었다. 그러다 싸움질이 나고 피가 터지는 일도 많았다. 독일에 온 광부들도 낮 동안 어두컴컴한 지하 1000미터 광산에서 외롭게 일하다 퇴근하면 그 지루함을 가눌 길 없어 노름으로 소일하는 경우가 많았다. 그래서 기껏 번 돈을 다 날리고 빈털터리로 고국에 돌아간 사례도 있다. 사기사건도 얼마나 많았는지 사건 사고들이 줄을 이었다.

현재도 한국사회는 상습적으로 도박성 사기사건이 일반화 되어 있다.

독일에서는 아라비아 숫자 1을 쓸 때 우리식으로 보면 7자로 보이게 쓴다. 정작 7자의 경우는 아래 가로의 줄을 하나 더 그어 7로 쓴다. 숫자를 사용할 때 수기로 쓰게 될 경우 숫자를 통해 사기를 치기가 쉽기 때문이다. 실제로 독일에서 유언장을 쓸 때 허위로 작성하는 사건이 있었다고 한다. 지금이야 컴퓨터로 쓰기에 부정의 소지가 적겠지만 당시엔 우리식 7자는 9자로 바꿀 수 있었다.

한인 광부사회도 마찬가지였다. 시스템의 악용은 위조문서 등에서도 나타났다. 어느 날 월급을 받으려고 은행을 갔더니 몹시 소란스러웠다. 사연을 들어보니, 한인 동료 중 누군가가 사인을 위조해 월급을 모두 가져갔다는 것이다. 은행장은 '이 은행이 영업을 시작한 지 몇 십 년이 되었지만 이런 사건은 처음이다'라고 혀를 내둘렀다. 그는 경찰에 신고하고 기사화하기 전에 한국인들끼리 합의를 해서 해결해달라고 했다. 참으로 어처구니없는 일이었다. 매달 막장 노동의 대가로 월급날만 기대하며 살고 있던 터라, 이 절도사건은 모두에게 큰 충격을 안겼다. 또한 파독광부 스스로 한국인에 대한 긍지와 위신을 손상시키는 일이었다. 당시 한국인 동료 67명이 합의한 결과, 각자 5~10마르크씩 내기로 결정했다. 후일 들은 얘기로는, 은행측에서 '위조한 사람의 불법도 무섭지만 한국인의 단결도 대단하다'는 칭찬을 했다고 한다.

또한 카스트롭 라욱셀(Castrop Rauxel) 광산에서 한 한국인 동료가 매주 백화점에 가서 도둑질을 하다가 직원에게 발각된 사례가 있다. 경찰이 개인 장롱을 뒤져 그곳에서 카메라, 망원경, 시계, 안경, 여자속옷, 장갑 등을 발견했다. 그 사건이 신문에 기사화되고 창피하기가 이루 말할 수가 없었다. 많은 외국인 노동자가 사는 곳이라, 더욱 수치스럽고 어처구니가 없어 동료들이 그를 강물에 빠뜨려 죽인다고 데모를 하니 독일인이 알고 경찰에 신고해 헬기까지 동원되기도 했다. 이외에도 감자로 도장을 파서 운전면허증을 허위로 만들기도 했다. 어떤 이는 미국행 서류까지 위조했다. 워낙 못 먹고 못 사는 백성이라 잔머리 쪽만 발달한지도 모른다.

젊은 남자들이 있는 곳이라 성적인 문제도 빈번했다. 파독광부 동료 하나가 독일여성과 뜨거운 밤을 보낸 모양이었다. 대상은 아헨(Aachen) 광산에서 약 15km 떨어진 곳에 사는 여성이었다. 당시 독일은 2차 세계대전에서 희생당해 남자들의 수가 적고, 전쟁 과부가 많았다. 어쨌든 하룻밤의 행위로 임신을 하게 되었지만 낙태할 수밖에 없었다. 결국 파독광부는 마침 인근 병원에서 근무하는 파독 간호사에게 500마르크를 주고 불법 낙태수술을 해달라고 부탁했다. 송곳 같은 날카로운 기구로 아기를 낙태시켰다. 시술 후 갑자기 핏덩어리가 아랫도리에 쏟아지자, 놀란 독일 여성이 경찰에 신고해서 들통이 났다. 이 사건으로 불법적으로 낙태를 집도한 한국인 간호사는 감옥에 갔고 파독광부는 프랑스로 도주했다. 당시 한인 남성은 월남전까지 다녀왔고 결혼도 하지 않은 총각이었다. 젊은 독일여성과 춤을 추다 하룻밤 불장난에 임신이 되니 더럭 겁이 났던 모양이다.

한인 광부들은 토요일이나 일요일에 광산 근처 클럽에 간다. 파독광부 중 기혼자들도 외로운 마음을 달랠 길 없어 클럽에 가곤 했다. 인근 지역에 남성들이 많지 않아서인지 독일여성들에게 있어 광부들의 인기는 상당히 좋았다. 젊은 남녀가 있는 곳은 언제나 그런 성적인 문제가 일어날 수밖에 없다.

나는 주어진 현실에 순응하며 살던 중, 우연히 작업을 끝내고 나오다 한국인 통역을 만났다. 그가 말하길 '지금 한인 광부들의 병가가 너무 많아 본보기로 해고를 몇 명 시키는데 김 형이 대상이 되었으니 조심하라'는 것이다. 앞으로 9개월 후면 지겹던 두더지 생활이 끝나고 조국의 품으로 돌아가는데 무슨 청천벽력인가? 나는 사실 비교적 많은 병가를 썼기에 현재의 위치에서 해고를 해도 불가항력적이다. 다만 내가 대상이 되었다면 지금까지 악몽 같은 2년 여의 시간도 보냈는데 좀더 자숙해 유종의 미를 거둬야겠다고 다짐했다. 이후 5일째 되던 날에 태권도 심사가 있었다. 내가 사는 곳에서 약 150km 떨어진 아바일러(Ahrweiler)라는 도시에서 합격한 수련생들과 축하파티를 벌였다. 그들은 나에게 궁금한 것을 질문하기 시작했다.

"너희 나라에도 타자기가 있느냐"

"너희 나라는 글씨를 상하로도 쓰느냐"

"태권도 종주국을 가보고 싶은데 얼마의 돈이 필요하느냐"

봇물 터진 질문에 답을 하며 술잔을 기울이다 보니 새벽 2시가 다 되어 집에 돌아왔다. 다음 날 아침에 일어나보니 9시였다. 당연히 지각이니 병가를 내지 않으면 안 될 형편이었다.

진퇴(進退)에 과감한 것이 남자의 용기라면 상황 판단을 명확히 하는 것은 지모(智謀)라. 차라리 해고를 당할 바에야 해약을 하겠다고 광산을 가니 무슨 일인지 소란스러웠다. 사연은 '4명의 외국인 동료가 지하 현장에서 즉사를 했다'는 것이다. 여기저기서 웅성거리며 사태 파악을 위해 어수선했다. 사고는, 내가 일하는 작업장에서 중추적인 역할을 하며, 평상시 가장 많이 사용한 승강기의 줄이 끊어져 몇 백 미터 지하로 떨어졌다는 이야기를 들었다. 그 말에 온몸에 전율과 소름이 돋으며 흥분되었고 신에게 감사까지 드렸다. 지각하지 않고 정상 근무를 했다면 나는 이미 천국이나 지옥 어디메쯤 가고 있을 것이다. 그 생각을 하니 모든 상황에 두려움이 일었고, 인생의 허무함까지 느껴졌다.

1972년 4월 광산 생활 하면서 모로코(아프리카), 유고슬라비아(현재 세르비아), 투르키에(터키), 이란(중동) 수련하고 학생들과 기념촬영

19세기 말의 철학자 니체는 〈짜라투스트라는 이렇게 말했다〉 '신이 죽었다'고 말했다. 이는 자신에서 오는 무언가 결핍이 해결되지 못한 불만족에서 한 소리가 아닐까? 내 나름대로의 생각으로, 무신론적인 실존주의를 강하게 주장한다는 것은 내면적으로 유신론을 증언하는 것이 아닌가?

신이 모든 인간에게 공평한 것이 있다면 죽음이다. 하지만 '나는 지금이 아닌 후일에 데려가시려나보다. 그저 감사합니다'를 연거푸 되뇌면서 두 손을 모았다. 나의 병가에 대한 문제는 며칠간의 엄숙한 분위기와 장례식 덕분에 거론되지 않고 넘어갈 수 있었다.

그런 일련의 사건들은 팍팍한 광부생활에서 기인한다. 나와 함께 도착한 광부 67명 중 4명이 낙반사고로 세상을 떴다. 광부생활은 그야말로 비참했다. 당시 독일 사람들이 대체로 외국인에 대한 편견이 많진 않았지만 더러 질 나쁜 이들도 있었다. 그럼에도 어김없이 월급날은 또다른 행복이고 희망의 실타래였다. 내가 처음 받은 월급은 230마르크(DM)였다. 600마르크(DM)가 된 3년째에 나는 파독광부의 만기가 되었다. 그것은 내 삶의 승전탑을 세운 날이다.

1963년, 파독광부 1진으로 온 사람들은 양복 입은 똑똑한 사람들이 많았다. 영어를 잘하는 사람도 있었다. 3진까지는 그래도 수준이 높았다. 머리는 있어도 돈이 없거나 직장이 없는 사람들이 온 것이다. 하지만 내가 올 때만 해도 학력수준이 다소 떨어졌다. 중고등학교 출신이 주류였다. 1진으로 온 사람들이 너무 힘들어 3년 계약을 지키지 못하고 캐나다 미국 등으로 나가니 독일 정부가 한국정부에 공문을 보냈다고 한다. 파독광부 123명이 왔는데 절반이 계약을 지키지 않았다는 것. 그래서인지 내가 올 시점에는 실제 한국에서 광부로 일했던 사람들이 지원하는 경우가 많았다.

우리가 할 일은 지하 탄광으로 들어가 석탄을 긁어 내려놓고 말뚝을 박는다. 석탄이 우르르 떨어질 수 있는데 시간을 못 맞추면 낙반사고로 다치거나 죽을 수 있다.

빨리 긁어내야 하는데 기계가 다가오면 자칫 빨려들어갈 수도 있다. 그야말로 하루 행운을 빌며 일을 시작하고 일을 마쳤다.

오후 3시까지 근무하고 목욕하는 데 한 시간이 걸렸다. 온 몸에 배인 탄가루를 닦는데 시간이 필요했다. 광산에서 일하는 사람들은 불쌍하기 짝이 없다. 광산 일은 3교대였다. 돈을 더 벌기 위해 추가수당이 있는 밤에도 근무했다. 나는 태권도를 가르치러 가기 때문에 밤근무를 하지 않았다.

광산 생활하면서 나의 목적은 오로지 돈을 버는 일이었다. 나는 과불해서 고국으로 3000마르크를 보냈다. 그 돈이면 지방에 집 한 채 정도는 살 수 있었다. 당시 환율은 1마르크가 60원 하던 시절이었다. 가족에게 돈을 보낸다는 자부심이 충만했다. 옷 같은 것은 아예 구입하지 않았다. 단지 여행은 고려해볼 만 했다. 이곳에 남아 있는 사람 중에 여행을 추진한 이들이 있었다. 나는 3년 후에는 한국에 가야 하니 유럽에 있었다는 추억을 남기기 위해 여행을 다녔다. 벨기에, 룩셈부르크, 영국, 프랑스, 모나코, 스위스, 이탈리아 등으로 떠났다.

광산생활 중에 나에게 흐뭇한 사건이 있다면 대통령 표창 상신이다. 한국인 약 300명 중에서 3~5명을 선정하는데 자격 조건은 어려운 일을 하고 병가가 없어야 하고 외화획득을 많이 한 자라고 한다. 상신하라는 대사관의 지시가 있었는데 나의 경우, 외화 획득은 남보다 월등하지만 병가가 많아 대상에서 탈락되고 말았다.

실패는 좌절감과 행동을 악화시키는 요인이다. 그 심리적 병폐를 제거하기 위해 나는 수단과 방법을 가리지 않고 표창장을 받아야겠다는 마음을 먹었다. 대사관을 직접 찾아가 하소연했다. '광부와 태권도 사범이라는 두 가지 역할을 하자니 그에 따라 체력 때문에 불가피하게 병가를 끊을 수밖에 없었다'고 호소했다. 광산에서 착실한 근무는 하지 못했지만 태권도는 열심히 했기에 국위 선양에 이바지했다고 생각했다. 특히 각양각색의 인종(독일, 이란, 이라크, 쿠웨이트, 유고슬라비아, 모로코, 그리스, 스페인, 폴란드, 터키인)에게 태권도를 알렸고 대한민국을 인식시켰다.

나는 간곡히 대통령 표창을 상신해달라고 요청했다.

“저는 꼭 표창장을 타고 싶습니다. 저의 뜻이 관철되지 않을 때는 대사님께 직접 말씀드릴 용기가 있습니다”

노무관에게 자초지종을 설명하자, 고개를 절레절레 흔들며 말했다.

“여보시오, ‘나에게 표창장을 주시오’ 라고 말하는 당신 같은 사람은 처음 보았소”

하며 잠시 생각에 잠긴 듯 하더니 입을 열었다.

“좋소. 남자가 기백이 있어 상신하겠소. 계속 분발하시오.”

나는 결국 승낙을 받고서야 대사관을 나왔다. 남들이 하지 못한 것을 한 것처럼 어깨가 우쭐거리고 이제 광부 만기를 무사히 마치고 돌아갈 수 있다는 해방감이 느껴졌다. 동료들끼리 모여 앉아 지나간 회포를 풀고 잘 마시지도 못하는 술에 잔뜩 취해 방으로 돌아왔다. 웃음과 눈물이 회한으로 그늘진 눈망울 속에서 흘러나오는 노래, ‘인생은 나그네길’. 이 노래가 저절로 입에서 터져나왔다.

몽롱한 상태에서 하늘을 날아 부모형제 곁으로 돌아가는 꿈을 꿨다. 다음날 일어나 보니 15시가 되었지만 초조감도 불안감도, 두려움도 없는 가장 긴 수면이었다. 일생을 통해 가장 힘들었던 지하생활 3년의 시간이 거의 끝나가고 있었다. 누가 내 청춘을 변상해줄까? 하지만 어떤 상황에서든 주어진 환경과 접촉하면서 경험과 지식이 충만해질 때 성숙한 인격을 형성하게 된다. 삶을 살아가는 데 있어서 좋은 환경에서 안일하게 자라난 자보다 역경에서 불굴의 투지를 갖고 세파를 헤쳐나간 자가 있다면 그가 몇 갑절 행복할 수 있다.

경험론의 선구자인 베이컨(Bacon Roger)의 생각을 떠올리며 내 젊음을 바친 값진 경험에 찬사를 올린다. 경험이 얼마나 소중한 것인지 지나간 시간 속에서 터득했고 운명 역시 주어진 것이 아니라 개척하고 전진하는 자세에서 만들어진다는 것을 체득했다. 이제는 지하 동굴이 아닌 푸른 하늘 아래 맑은 공기 속에서 부모님께 서신을 드렸다. 나는 부모님께 내가 보낸 광산생활 3년간 보낸 송금액 2만 8천 마르크(DM)

의 내역과 집안 상황을 알고 싶다고 보냈다. 아버지는 곧바로 답신을 보내왔다.

사랑하는 태현아!

네가 외국생활에서 피땀 흘려 보내준 돈으로 조그만 집을 장만하고 동생들 사업 뒷바라지에 요긴하게 사용하였다. 네가 귀국하면 장가보낼 돈은 좀 있다. 속히 귀국하여 재회하자.

나는 아버지의 서신을 받고 며칠 동안 고민했다. 이방인으로 외로움과 고달픔을 생각하면 부모 형제가 살고 있는 조국으로 귀국을 해야 했다. 하지만 집안 형편과 나의 상황을 감안하면 외국생활을 계속 더 해서 돈을 벌어야 한다는 생각이 들었다. 결국 나는 독일에 남기로 결정했다. 나의 또다른 인생의 전환점이 된 시간이었다. 이날 아침 눈을 떴을 때 나는 새로운 세계의 일부분이 되어 있었다. 열정의 끝에는 미래에 대한 무한 긍정이 기다리고 있었다.

내 인생의 스승은 누구인가?

내가 가진 물건 중 소중하게 여기는 것이 있다. 그중 하나는 롤렉스(Rollex) 시계다. 당시 1만 2천 유로에 구입한 고가품이다. 2003년 60세가 되던 해 미국여행 갔을 때 과감하게 지출했다. 나는 롤렉스 시계에 어울리는 사람이 되리라는 것을 의심하지 않았다. 나는 부자가 될 것이고 부자가 될 것을 믿었다. 긍정은 긍정을 불러오는 우주의 끌어당김의 법칙이 실현되는 순간이었다. 물론 지금은 금고 속에 있다. 나이가 들면서 나에게 더이상 사치품은 필요가 없어졌다. 한창 부자의 꿈을 좇고 그것을 한 단계 이루었을 때 어울리는 소비의 순서다. 다음으로 소중하게 여기는 물건은 몽블랑(Montblanc) 만년필이다. 당시 250유로를 주고 구입했다. 두 개의 물건은 나에게 '부'를 향한 관문의 표식이었다.

나와 아내는 물건을 구입하는 취향이 다르다. 나는 옷 하나를 사더라도 좋은 것을 선택한다. 아내는 색깔만 좋으면 그만이고 옷 가게에 가서 맘에 들면 즉흥적으로 소비한다. 한국무용을 하는 아내는 다양한 한복을 소유하고 있다. 그 많은 양의 한복을 앞으로 어떻게 할지 궁금하다.

나의 삶에서 고가품을 선호하는 것은 가난한 어린 시절에 기인한다. 어릴 때 친척들이 좋은 것을 입으면 질투가 났다. 나도 돈을 마음껏 벌고 싶었다. 어쩌면 피해의식과 결핍이 내재된 것인지 모른다. 어릴 때 부모님은 존경의 대상이 아닌 한없이 가엽고 불쌍한 존재였다. 지금도 부모님 생각을 하면 눈물이 앞을 가린다.

어릴 적, 진적으로부터 오는 억눌림이 싫었다. 하지만 노년이 된 지금은 부러움과 질투도 사라지고 마음이 편하다. 무엇보다 나또한 나름 성공했다는 쾌감도, 자만심도 사라졌다. 다른 사람과의 비교 자체가 무의미할 정도로 인생의 시간은 아주 빨리 지나가기 때문이다.

처음 독일에 와서는 재독 한인동포들과 비교하며 살았다. 한국에서보다 더 복잡한 인간사회 속에서 나의 존재를 인식하려면 타인의 상황을 호출해서 들여다볼 필요도 있었다. 나와 비슷한 또래들과 경쟁의식을 가졌다. 지금 나의 노년은 그들보다 대체로 안온한 삶을 보내고 있다고 스스로 자부한다.

독일에 살면서 젊은 시절에 다른 꿈을 꿀 수가 없었다. 돈을 저금하는 데 급급했고, 내 스스로 자의적인 삶을 살지 못했다. 외국인으로서의 설움은 피해의식이 되어 나를 옥죄었다. 그러한 강박감 같은 내면심리는 책을 읽으면서 자연스럽게 치유되었다. 책을 통해 서서히 내 자신을 알아가기 시작한 것이다.

태권도장을 운영하면서 독일 아이들을 가르칠 때 그들은 늘 '왜'라는 물음을 나에게 던졌다. 나는 그들의 질문에 대답을 해야 했기에 늘 배워야 했고, 책을 통해 해답을 얻었다. 그 당시 한국의 교육은 '왜?' 라는 것을 묻기가 힘들었다. 수동적이고 주입식 교육이었다. 부모들에게서도 그렇게 배운 것이다. 부모가 시키면 그대로 해야 하는 유교적인 사고체계였다. 나는 지금 생각해도 어른들에게 말 잘 듣는 강아지였다. 어깨가 무거운 장남이라 동생들에게는 순종을 강요했고 권위를 목숨처럼 지켰다. 독일에 와서는 고국에 계신 부모님께 효도하기 위해 분투했다. 미래를 계획할 수 없었던 숨가쁜 이국의 삶이었다. 독일에서 강한 모습을 보이며 또다른 가면을 썼다. 그러한 내 모습을 자각하고 통찰하게 된 것도 책을 통해서다.

내가 살아왔던 고국을 생각하면 가슴 언저리가 쓰리다. 우리 민족이 뭔가 달라져야 한다고 말하고 싶다. 한국을 방문할 때마다 애정의 토대에서 부정적인 면이 먼저 시야에 들어온다. 그것은 안타까움과 기대감이 중첩된 양가감정이다. 어쩌면 내 인생의 가장 중요한 부분을 지나왔던 고국의 시간에서 결핍을 느끼고 그것이 또다른 반감을 불러일으킨지도 모른다. 나는 지금도 한국과 관련한 다양한 서적에 심취해 있다. 그것은 또다른 고국사랑의 일환이고, 여전히 고국에 대해 마음으로 이별을 고하지 못하는 아쉬움의 발로다.

처음 태권도 관련 도올의 책을 읽은 것도 그때다. 도올은 나에게 가장 큰 영향을 준 분이다. 1990년, 그가 펴낸 〈태권도 철학의 구성원리〉는 그의 실용주의적 역사관이 잘 담겨진 책이다. 그는 책 속에서 이렇게 말했다.

'내가 칼춤을 맞아죽더라도 가라데는 일본 것이다. 태권도는 일본 것이다. 가라데는 중국 쿵푸에서 왔다. 오키나와 섬에서 왔다. 일본 오키나와 섬으로 흘러나와서…'

반일감정이 있는 이들에게 반발을 불러일으킬 수 있지만 깊이 통찰하면, 결국 태권도를 무시하는 것이 아닌, 오히려 가라데를 초월한 스포츠라는 것을 인정하고 강조한 셈이다. 그는 태권도가 철학이 될 수 있느냐는 질문에 대해 '인간의 냄새가 나는 모든 것은 철학의 대상이다'고 주장했다. 즉 태권도는 우리 몸의 수련 혹은 단련을 통해 이루어지는 것이니 충분히 철학적 가치가 있다는 것이다.

도올 선생은 여러 책과 강의로 내 삶을 변화시켰다. 동양철학자가 사상, 정치, 경제, 교육, 문화, 예술, 한의학, 체육 등 모든 학문 분야를 섭렵해 인간이 필요한 것을 강연과 100여 권의 저서를 통해 인간의 인식을 변화시킨 위인이 있는가? 단군신화로 시작해 단기 4357년 현재까지 누가 있는가? 후일에 개관사정(蓋棺事定)할 것이다.

1989년 발행한 '절차탁마 대기만성'이라는 책 속에서 1920년대 중국의 신문화 운동을 이끌었던 소장학자 후스의 대담가설(大膽假說) 소심구증(小心求證)이라는 모토를 상기하면서 '대담하게 설을 세워라, 그리고 소심하게 증명을 구하라.'는 말을 새겨들었다. 가설은 통 크게 대담하되 조심스럽고 세밀한 논증이 뒷받침되어야 한다는 것이다. 소심한 구증 없는 가설은 허황되기 짝이 없다. 공부는 가설(假設) 즉 허구적 설정에 바탕을 둔 가설에서 출발한다. '이럴 수도 있지 않을까? 다른 면은 없나?' 모험적이다 못해 다소 위험해보여도 가설은 가설이니 상식이나 관습에 얽매이면 안 된다. 새로운 시선과 가설에서 나만의 창의적인 시선이 나온다. 보던 대로 보고 가던 길로 가서는 늘 보던 풍경뿐이다. 그런데 이보다 중요한 것이 소심한 구증이다. 소심하다는 말은 꼼꼼하고 조심스럽다는 뜻이다. 가설은 통 크게 대담해야하지만 세밀한 논증이 뒷받침되지 않으면 내가 본 것을 입증할 길이 없다. 소심한 구증 없는 대담한 가설은 황당한 소리가 되고 만다.

나는 그의 말을 들은 후 내 삶에 대한 증거자료를 촘촘하게 모으고 기록하기 시작했다. 도올의 책들을 구입해 읽었고 내가 사는 베를린에도 초대하고 싶었지만 성사되지 못했다. 그의 솔직하고 직설적인 언어들은 내 뇌리에 파고들어 삶에 영향을 미쳤다. 2007년 그를 다시 만났을 때 그는 나를 '김태현 동지'라고 불렀다.

이렇듯 내 인생의 소중한 부분을 말하라면 책과 사람이었다. 지하실의 서고에는 그동안 읽었던 책들이 소중하게 보관되어 있다.

도올 선생 외에 내가 존경하는 인물은 윤이상 선생이다. 그는 세상을 떠나기 5개월 전 나에게 친필 CD를 주면서 '나의 길, 나의 이상, 나의 음악'이라는 제목이 붙어 있는 책을 선물하였다. 윤이상 선생은 자기는 공산주의자가 아니라고 말했다. '공산주의자가 벤츠(Benz)를 타겠어?'하며 쓸쓸한 웃음을 지었던 그가 생각난다. 내가 윤이상 선생과 친분을 가진 것을 안 국정원에서는 그분과 손을 떼라고 조언했다. 나는 오기도 아니고 집념도 아닌데, 그에 대한 나의 신념은 확고했다. 윤이상

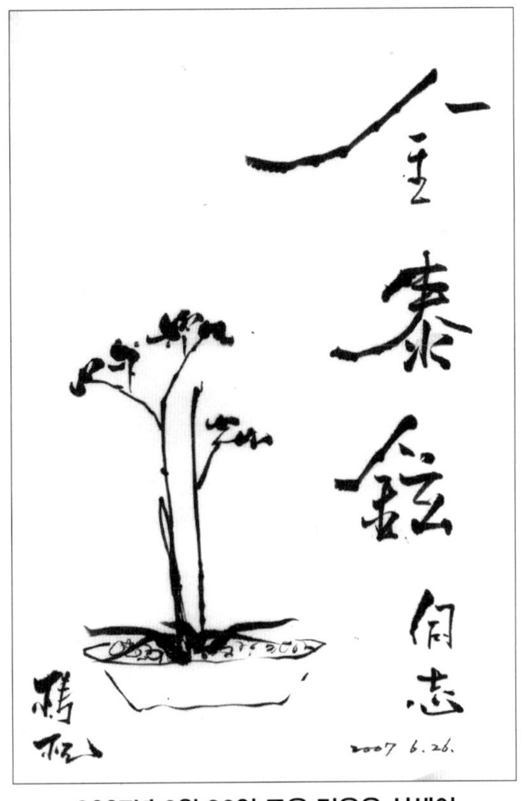

2007년 6월 26일 도올 김용옥 선생이 태권도 철학의 구성원리 책에 써주신 친필

선생의 고충과 진정성을 알고 난 후 그를 진정으로 이해했다. 국정원에서는 나에게서 정보를 빼내려고 했지만 나는 정면 돌파하고 결코 굽히지 않았다. 그것은 내가 가진 인간에 대한 신뢰와 양심에 근거한 것이다.

돌아가시기 전 1995년 9월에 병상에서 나를 찾는다고 연락이 왔다.

"김사범! 할 이야기가 있네. 나의 장례는 불교식으로 하고 나의 서재를 정돈하여 주게"

"알았습니다. 선생님"

다음 날 태권도 제자와 함께 선생님 집의 모든 살림을 정돈해 주었다. 그런데 지금도 풀리지 않는 의문이 있다. 그것은, 왜 사모님이 계시는데 나에게 사후 정리의 숙제를 주었는지. 나에 대한 신뢰가 컸던 것일까? 무슨 연유인지, 선생의 장례식에 사모님으로부터 초대받지 못했다.

내가 도올과 윤이상 외 존경하는 인물은 함석헌 선생이다. 그의 시 〈그대는 그런 사람을 가졌는가〉라는 시를 접하고 가슴이 떨려서 잠을 이루지 못했다.

만리 길 나서는 길

처자를 내맡기며

맘 놓고 갈 만한 사람

그 사람을 그대는 가졌는가

온 세상이 다 나를 버려

마음이 외로울 때도

'저 맘이야' 하고 믿어지는

그 사람을 그대는 가졌는가

바보새라는 이름을 좋아했던, 함석헌 선생을 존경한다. 바보새는 태평양의 제왕의 소리를 들으면서도 갈매기가 먹다 남은 부스러기를 먹는 새다. 자신을 위할 줄 모르고 갈매기가 흘린 것을 주어먹는 것처럼 실속을 못 차리는 그의 모습이 닮았다.

일본으로 끌려간 도공 14대 심수관이 아들에게 들려준 이야기도 기억에 남는다.

보아라, 저 풀씨는 스스로 원해서 날아온 것이 아닐 것이다. 바람이 혹은 비가 했겠지. 그러나 저 풀은 자신의 운명을 묵묵히 받아들이며 뿌리를 내리고 잎을 벌려 있는 힘을 다해 살아가고 있지 않드냐. 남의 나라 땅에서 도공으로 살아가야 하는 운명도 저 풀과 같다. 묵묵히 그러나 당당히 살아야 할…

어린 시절, 전주 공설운동장에서 이승만 대통령의 연설을 들은 적 있다.

"우리가 가장 조심하고 경계할 사람은 북한이 아니고 일본이다"

우리 시대에 눈여겨봐야 할 대상은 누구인가? 다시 자문해볼만한 문장이다.

마지막으로 존경하면서도 양가 감정이 드는 인물을 들라면 고 박정희(1917~1979) 대통령이다. 1896년 민중에 의한 전봉준의 동학혁명(농민 봉기)은 실패했지만 1961년 군대조직에 의한 박정희의 쿠데타는 성공했다. 박정희는 두 가지 정치 철학을 가지고 행동으로 실천한 유능한 군인이었다. 이탈리아의 사상가 마키아벨리(Machiavalli Niccolo)가 '모든 목적은 수단과 방법을 정당화한다' 또한 제9대 조선총독 아베 노부유키(1879~1953)가 '조선인은 팽이같이 쳐야 한다'는 말을 했다. 두 사람의 말은 한편으론 우리 민족에게 정신적, 체질적으로 맞는 명언처럼 들린다. 우리의 근현대사는 과거도 미래도 필요 없이 오직 굶주림의 보릿고개를 벗어나기 위한 몸부림의 정치였다. 1967년 동백림 사건과 1974년 인혁당 사건은 공포의 억압사건이다. 그럼에도 고 박정희가 독재정치를 하지 않았다면 오늘날 대한민국이 존재했을까, 자괴감이 들 정도다. 일제 강점기부터 노예에 길들여진 민족이기 때문이 아닐까? 지금도 어떤 이들은 박정희에 대한 향수를 가지고 있다. 그러기에 그의 딸 박근혜가 그들의 힘을 등에 업어 대통령의 자리를 꿰차지 않았는가?

1960년 4.19 의거, 1961년 5.16 혁명, 1979년 12.12 군사쿠데타. 1980년 5.18 광주 민주화항쟁, 1987년 6.10 항쟁, 2016년 11월 촛불시위 등 우리처럼 무력에 부단히 저항한 민족도 없을 것이다. 한탄스럽지만, 박정희 독재 시대 보다 60년이 지난 지금 자유와 민주주의가 얼마나 더 성숙했는지 묻고 싶다. 여전히 정지는 후퇴하고 답보상태다. 가난했던 우리 가족에게 고 박정희는 어쩌면 고마운 은인이다. 선진국 독일에 광부 유학을 보내주었고 나의 동생은 월남전에 참전해 무사히 귀국해 잘 살고있으니 다행이다. 안타깝지만 팔촌 동생은 사우디아라비아 노동현장에서 죽음을 맞이했다. 박정희는 우리 민초들의 피와 땀을 팔아 나라를 일으킨 인물이다. 우리 민족에게 낙관적인 미래를 선물하겠다고 자부했는지 모르지만 그것은 또다른 개인의 이기성으로 전락했다. 박정희를 암살한 김재규 중앙정보부장은 사형선고를 받기 전 마지막 진술에서 '대장부 사나이로 태어나 죽을 수 있는 명분을 찾고 가니 내 생명을 구걸하지 않겠다'는 명언을 남겼다. 그러기에 김재규 장군은 용감한 사람이다. 역사는 이렇듯 사건마다 빛과 그림자를 남기고 후대에게 물음표를 던진다.

2016년 11월 촛불시위할 때 한국에 귀국하여 약 3주일 동안 광화문광장에서 시민들과 호흡을 함께하고 출국하였다.

2016년 11월 촛불시위 포스타, 이게 나라냐

■ 출입국관리법 시행규칙 [별지 제138호서식]〈개정 2016. 9. 29.〉

※ 이 증명서는 정부민원포털(www.minwon.go.kr)에서 무료로 발급받을 수 있습니다

출입국에 관한 사실증명 (CERTIFICATE OF ENTRY & EXIT)

발급번호 (Serial No.)	SG-BN-18-142247	발급일 (Date of Issue)	2018.03.22.	쪽수 (Page Count)	1/1

대상자 (Person upon whom the Certificate is issued)		
	성명(Full name) 김태현	
	주민등록번호(Resident Registration No.) / 생년월일 (Date of Birth) 430823 - 1481113	성별 (Sex) 남 (M)
	국적(Nationality) 한 국 KOREA	여권번호 (Passport No.) M80437815

출입국일자 (Dates of Entry and Exit)	출국 (Exit)	입국 (Entry)	출국 (Exit)	입국 (Entry)
	빈칸(Not Available)	2008.07.20.	2008.09.10.	2009.05.12.
	2009.06.20.	2009.08.03.	2009.09.16.	2010.02.09.
	2010.02.23.	2011.06.16.	2011.07.04.	2011 11.29.
	2011 12.09.	2012.07.04.	2012.07 10.	2014.08.07
	2014.08.24.	2015.09.22.	2015.10.23.	2016.10.18.
	2016.11.07.	2017.06.05.	2017.06.15.	이하빈칸(The End)

조회 기간 (Reference Period)	1998.01.01	부터(from)
	2018.03.21	까지(to)
기록대조자 확인 (Verified by)		

「출입국관리법」 제 88조 제 1항에 따라 위의 사실을 증명합니다
I hereby certify that the above information has been verified pursuant to paragraph 1 of Article 88 of the Immigration Act.

발급일 (Date of Issue) 2018 년(year) 3 월(month) 22 일(day)

발급담당자(Officer in charge): 외교부 주독일연방공화국대한민국대사관 / 홍창문 전화번호(Phone No.):

주독일연방공화국대한민국대사관
Embassy of the Republic of Korea in the Federal Republic of Germany

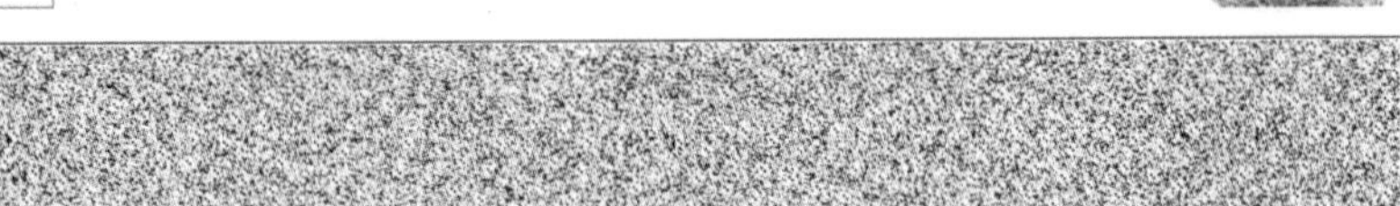

210mm×297mm[백상지(80g/㎡) 또는 중질지(80g/㎡)]

출입국에 관한 사실증명서, 입국 2016년 10월 18일, 출국 2016년 11월 7일

화제를 전환해서 내가 좋아한 또다른 도구는 음악이다. 나는 광부시절 처음으로 클래식을 접했다. 언젠가 알고 지내던 한인 간호사가 그라모 폰(Grammophon)의 LP판으로 '엘리제를 위해서'를 들려주었다. 그라모 폰은 898년 창립 이래, 세계 전역에서 클래식 음악계의 가장 명방 높은 이름 중 하나로 독일의 클래식 음반사다. 내가 그녀에게 '무슨 노래냐'고 물으니 베토벤의 곡이라고 했다. 그 곡은 내 맘에 잔잔한 파문을 그렸다.

1973년 1월 1일, 베를린 필하모니 공연을 보러 갔다. 귀국하기 전 한 번은 꼭 가보아야겠다는 다짐이 있었다. 그 당시 베를린은 전 세계 이목이 집중된 도시였다. 1961년 156km의 베를린 장벽이 설치되고 1963년 미국의 케네디(Kennedy) 대통령이 베를린을 방문했다. 동서 냉전의 상징인 도시에서 '나는 베를린 시민이다(Ich bin ein Berliner)라는 유명한 명언을 했다. 육지의 고도 베를린, 철의 장막 속의 베를린, 외딴 섬의 베를린 등의 단어가 유행했다. 케네디는 5개월 후 1963년 11월 22일 텍사스에서 괴한의 총탄에 쓰러졌다. 케네디가 베를린 브란덴부르크 문(Brandenburg Tor) 경계선 전망대에서 앞으로 일어날 자신의 죽음을 예견했을까? 나는 가끔 케네디 죽음을 기리며 생각에 잠기곤 한다. 2001년 가족과 같이 워싱톤에 있는 그의 묘지를 가보았다. 꺼지지 않는 횃불이 그의 무덤 위에서 타오르고 있었다.

그 전까지는 클래식 음악이 무엇인지도 모르는 청년이었다. 나에게 음악의 세계를 알려준 그녀는 음악에 심취한 여성이었다. 클래식에 대해 설명해주었고 그때 윤이상 음악도 처음 알게 되었다. 그 여성 덕분에 브람스(Brahms)와 차이코프스키(Tscheikorsky)를 알게 되었다.

나는 음악가들의 삶을 알아가는 것과 그들의 흔적을 찾기도 했다. 오스트리아의 잘츠부르크(Salzburg)에 있는 모차르트(Mozart) 무덤을 가보고, 수도 빈(Wien)의 외곽에 있는 베토벤(Beethoven)과 슈베르트(Schubert)가 묻혀 있는 공동묘지를 찾아

상상을 하곤 했다. 1827년 슈베르트가, 자신이 가장 존경하고 흠모하는 베토벤의 장례식에서 1년 후 자기 자신의 죽음을 직감했을까 생각하면 가슴이 뜨거워진다. 슈베르트는 시대를 전후해 31세 가장 짧은 생을 살았던 세계적인 작곡가다. 지금도 나는 독일 텔레비전 104번 클래식 채널을 즐겨본다. 음악과 책은 나의 허허로운 이방인의 삶을 풍요롭게 해주는 소중한 친구다.

2014년 5월 Brahms Haus에서
작곡가 브람스 집 박물관 독일의 바덴바덴(Baden Baden)시에 있음

재독 한인단체장으로 봉사하다

1994년, 독일 텔레비전을 보던 중 감명 깊은 내용을 들었다. 유대인들을 인터뷰해서 다큐멘터리로 제작한 방송이었다. 독일이 통일된 후, 소련에서 유대인들이 독일로 이주를 했다. 독일 기자가 이주한 유대인에게 질문을 했다.

"이곳 독일에서 자유를 만끽하고 사는 것이 좋지 않은가? 그런데 독일과 소련이 축구시합을 하면 어느 쪽을 응원하겠는가?"

그러자 유대인이 답을 했다.

"나는 여기서 행복을 느끼긴 하지만 내가 어릴 적 살았고 내 부모가 묻혀 있는 소련을 응원할 것이다."

그러자 독일 기자가 다시 물었다.

"그럼 만약 소련과 이스라엘이 축구경기를 하면 어느 나라 선수로 뛰고 싶은가?"

"나는 내 조국인 이스라엘 선수로 뛰겠다."

그러자 기자가 또 다시 물었다.

"당신은 소련을 응원하고 이스라엘 선수로 뛰겠다는데 그럼 당신은 독일에서 자유를 누리는데 어떻게 할 생각인가요?"

그러자 유대인은 '소련이나 이스라엘이 아닌 국가와 시합할 때 독일을 응원할 생각이 있다'고 답했다. 그때 이 내용이 내 가슴 속에 인상 깊게 박혔다.

때마침 당시 베를린 총영사관 관저에서 단체장들을 초대해, 나 또한 재독 베를린 파독광부협회 회장 자격으로 참석을 했다. 베를린 서남쪽 첼렌도르프(Zehlendorf)의 우거진 숲속에 넓은 정원과 대리석 화장실, 비싼 양탄자를 깔아놓은 응접실을 보니 가슴에 찐한 감정을 느끼며 우리 자식들에게 이런 곳을 보여주면 나의 조국에 대한 떳떳함과 부모의 조국에 대한 호기심을 느낄 것 같다는 생각을 했다. 그래서 총영사께 '밑져야 본전이다'는 심정으로 식사시간에 '우리 광부 간호원들 자녀들을 관저에 초대해서 파티(Party) 한 번 해주면 자긍심이 우러나고 좋을 것 같습니다'라고 말을 하니 생각해보겠다고 했다. 그래서 1999년 5월 12일 총영사관에 김태현 글뤽아우프 회장 명의로 공문을 발송했고 영사로부터 연락이 왔다. 6월 27일 약 100명이 참석했다. 즐겁고 좋은 하루였다고 입소문이 파다했다. 이후 2001년에는 베를린이 대사관으로 승격해 대사가 부임했다. 총영사가 2세들을 환영해준 전례가 있기에 당연히 대사가 허락을 했다. 2001년 6월 30일 나와 같이 임원으로 일하던 딸에게 유대인 다큐멘터리를 들었던 내용을 담은 원고를 주면서 인사말을 하도록 했다. 전 독일을 통틀어 공관 관저에서 약 250명의 2세들을 위한 환영회는 처음이었다.

당시 독일 대사는 '젊은이의 특징은 꿈이 있다는 것이다. 꿈을 잃어버리면 더 이상 젊은이가 아니다. 그 꿈을 이루기 위해 열심히 노력하기를 바란다' 고 말했다.

1999년 6월 27일 총영사 관저에서 2세 초청 환영회, 오른쪽에서 2번째 필자

내가 아무리 독일에 산다 할지라도 내 부모가 태어났고, 내가 어린 시절을 보냈던 나라는 영원히 잊지 못할 것이다. 그곳이 나의 조국이라면 더더욱 그렇다.

1991년, 베를린 한인회장에 추대되었다. 이후 베를린 파독광부협회에서 1998년에서 2000년까지 3년 동안 봉사했다. 광부들 중 계약이 끝난 후 미국, 캐나다로 가거나 한국으로 돌아간 이들이 있다. 독일에서 체류하려면 연금과 건강보험이 필수였다. 당시 다른 나라로 가거나 사망한 이들은 연금을 제때에 수령하지 못했다. 노태우 대통령 정부 시절, 독일에서 연금을 수령하라고 한국정부에 요청했다. 당시는 광부 계약이 모두 마무리된 시점이었다. 그 액수가 무려 168만 유로(한화 약 21억)에 달했다. 그 금액을 한국 노동청에서 수령하려고 해 항의했다. 그러자 노동청에서는 이곳에서 쓸 용도를 정해 기획안을 보내라는 서신이 왔다. 사실 광부 동료들이 수령하지 않은 것이라 우리 것이라고는 볼 수 없지만 그래도 동료들의 피땀이 묻은 돈이라 의미 있게 사용해야 한다고 생각했다. 하지만 그 일은 유야무야 되고 노무현 정부가 들어섰다.

노 대통령이 독일을 방문했을 때 동포들 300여 명이 모였다. 나또한 전임회장이라 초대를 받았다. 당시 절차상 질문자를 대사관에서 선정했다. 나는 질문자에 포함되지 않았지만 손을 들었다.

"광부 적립금을 대통령님이 해결 좀 해주시면 안 됩니까?"

1991년~1992년 한인회장, 정기총회 모습, 중앙이 필자

당황한 노 대통령은 대사를 쳐다보았다. 그리고는 침착하게 말을 했다.

“빠른 시일에 알아봐서 해결해 보도록 하겠습니다”

그래서 광부들이 수령하지 않은 연금액이 독일에 오게 된 것이다. 처음에는 재독 파독광부협회에서 수취하려고 했다. 재독 광부회관 광산 근처인 노르트하인 베스트팔렌(Nordrhein-Westfalen) 지역에 짓자는 것이다. 나는 그때 ‘베를린에도 광부들이 많은데 왜 그러는가’ 물었다. 당시 광부협회 4개가 생겼다. 총 본부는 중부 독일이고 다른 지역은 지부 형식이었다. 지부에서는 그 돈을 나누자고 했다. 당시 베를린에 130여 명이 살았고 함부르크에는 80여 명이 거주했다. 내가 안건을 내자 예산 신청의 이유와 목적을 쓰라고 했다. 나는 한인회관 증축에 대한 안건을 내었고, 독일 대사에게 전달했다.

나의 모험적인 두 번의 행동이 아니었다면 광부 적립금은 지금도 노동부에 있을 것이다. 첫째, 고 노무현 대통령께 질문해 신경을 써준 점 둘째, 돈이 도착하니 재독 광부 총 본부인 중부 독일에서 독식하려는 야심을 간파하고 적극적으로 대응했다는 점이다. 그 결과 베를린에 43,000유로(€)가 배정되었다. 1998년 12월에 베를린 총영사관은 베를린 태권도사범협회에 재외동포 정부포상 국무총리상을 수여했다.

총영사는 ‘조국이 어려웠던 시절, 이곳 베를린까지 와서 국위를 선양하는 민간외교 사절로서의 역할을 훌륭하게 해온 것을 높이 평가한다’고 치하했다. 앞으로 ‘베를린 한인사회의 성장과 발전을 위해 큰 역량을 발휘해 줄 것을 확신한다’고 덧붙였다.

나는 1979년 제16대 재독 한인총연합회 감사를 시작해 2008년 제30대, 2014년 제33대, 2010년 제31대 자문위원, 2001년에는 재독 한인복지위원회 베를린지역 운영위원장, 2004년 재독 한인복지위원을 역임했다. 재독 태권도사범협회 감사 6년,재독 한인총연합회 감사 6년, 재독 한인총연합회 자문 2년, 재독 한인복지위원 4년, 재독 베를린 한인회 감사 8년, 재독 베를린광부회 감사 8년, 재독 베를린 한인회건축회 2년, 재독 한인복지위원회 베를린 지역운영위원장 4년, 재독 베를린 한인교회 감사 2년, 재독 태권도사범협회장 10년, 재독 베를린 사범협회장 20년, 재독 베를린 한인회장 2년 등 재독 한인사회의 활동과 봉사는 타의 추종을 불허한다. 더욱이 나의 아내도 베를린 간호협회 감사를 3번 하고, 2009년 부회장, 2017년부터 2021년까지 5년 동안 간호협회장을 역임한 후 현재는 ‚우리고전무용단' 단장으로 활동하고 있다. 한인사회에서 부부가 동시에 열렬한 활동을 한 가정은 우리뿐이다. 1986년 11월 전두환 대통령 시절, 고 김영삼 신민당 상임고문이 베를린을 방문할 때 신민당에서 연락이 왔다. 태권도 사범협회에서 밀착경호를 부탁해서 쾌히 승낙하고 비행장에서 내려서 교민들에게 강연하고 출국할 때까지 보호했다. 1991년 9월 민주당 대표 고 김대중 씨가 베를린을 방문했다. 나는 통독 베를린 한인회장으로 추석행사 날 교민들을 위한 강연회를 개최했다. 당시 총영사관은 김영삼 씨와 김대중 씨의 강연을 그리 흔쾌히 생각하지 않는 것 같았다. 하지만 김대중 씨는 시대를 앞서가는 새로운 비전을 제시했다. 고난 속에서도 정신적 여유를 갖고 좌절하지 않는 모습이 존경스러웠다.

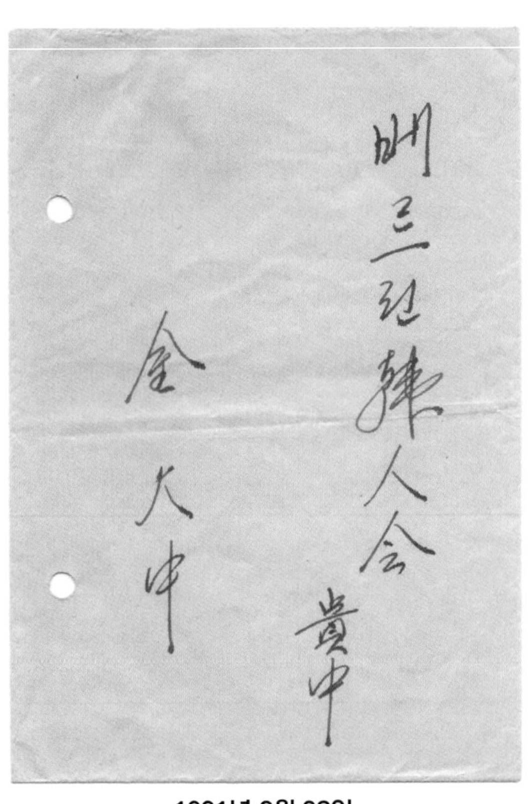

1991년 9월 28일
김대중 민주당 대표 한인회 방문

그 당시는 민주화의 열풍이 독일 한인사회에도 영향을 주었던 시기였다. 고국의 발전상을 지켜볼 수 있었고, 이국에서 사는 한민족의 긍지도 느낄 수 있었다.

1986년 11월 3일 김영삼 신민당 고문 베를린 방문, 신민당에서 사범협회장 김태현에게
경호 요청(밀착 경호), 중앙이 필자, 민주화추진협의회 공동의장 교민강연회 실시,
베를린 총영사관에서 반대통보, 고 전두환 대통령 재임 때

1991년 9월 28일 김대중 민주당 대표 베를린 방문, 한인회장으로 교민강연회 실시, 왼쪽이 필자
베를린 총영사관에서 반대통보, 고 노태우 대통령 재임 때

3

태권도 인생

1974년 독일 베를린에 한국인으로서는 최초로 도장을 개설해
저변확대와 활성화에 일익을 담당했다는 자부심이 있다.
가라데의 협박, 방해, 고발 등 파란만장한 경험을 마주하고
생명의 위험을 느끼며 사명을 다해 태권도를 개척했다.

태권도의 유래를 따라서

나의 인생은 원래 태권도 사범의 운명이 아니었다. 나는 중학교를 다닐 때 키가 작아서 늘 남들에게 얻어맞고 들어왔다. 그래서 순전히 맞지 않기 위해서 체력을 단련시키려고 했다. 당시 '4H구락부(클럽)'라는 새마을운동 비슷한 것이 있었는데 그곳에서 처음 가라데를 배웠다. 남다른 패기가 있어서인지 성실했고, 실력은 점차 좋아졌다.

나는 군 입대 후 충남 육군 논산훈련소에서 교육을 마치고 대기실에서 기두리는데 심사관이 나를 부르더니 '너는 여기 남아!'라고 말했다. 결국 훈련소에서 복무하며 23연대 12중대에서 계급장을 달고 1개 소대(32명)를 담당하는 내무반장이 되었다. 또한 12중대 약 220명 훈련병들에게 총검술과 독도법(길을 잃었을 때 찾아가는 방법)을 강의하고 실전을 가르쳤다. 군대에서는 전쟁 관련 기술을 배움과 동시에 삶에 대한 지혜도 체득할 수 있다.

한 번은 내 소속 내부반에서 훈련병이 자기 관물함에서 2000원이 없어졌다고 신고가 들어왔다. 나는 병사들을 취침 전 침상에 모두 일렬 횡대로 세웠다. 자신의 소지품과 세면도구를 다리 밑에 두고 모두 눈을 감게 했다. 그리고 '돈을 가져간 사람은 손을 들면 모든 것을 용서한다'고 말했다.

다음 날에는 취침 전에 솔잎을 입에 물고 눈을 감게 하고 솔잎의 길이가 늘어나면 의심되는 범인이고 솔잎이 줄어들면 범인이 아니라,고 언질을 했다. 그때 솔잎을 치아로 작게 만든 훈련병이 눈에 띄었다. 사실 이 검증방법은 정신적인 심리압박 방법이었다. 범인은 들킬지 모르는 두려움 때문에 솔잎을 슬그머니 치아로 자르는 것이다.

사흘이 지난 후였다.

불침번이 난로 옆에 버린 치약을 발견해 나에게 주었다. 치약 뚜껑의 아래쪽을 잘

라내 내용물을 버리고 비닐 과자봉지에 돈을 싸서 감춰놓은 것을 발견했다. 결국 습득한 돈은 잃어버린 훈련병에게 돌려주었다. 그때부터 나는 무엇이든 건성으로 보지 않고, 꼭 확인하는 버릇이 생겼다. 지나칠 수 있는 사안도 관찰하고 검증하곤 한다. 그것은 노년이 된 지금까지도 이어져온다.

그러던 중 연대본부에 호출되어 갔더니 제2군 하사관 학교 태권도 교관으로 선정되어 하사관 생도들을 가르쳤다. 나의 군 신상카드 특기란에 태권도 3단이라는 이력 때문이었다. 7명의 유단자 중에서 유일하게 교관으로 발탁되어 군의 임무를 마치고 일반 하사로 만기제대 했다. 나는 돈도 없고 배경도 없었지만 기개 만큼은 충천했고 눈치도 빨랐다.

당시 권력의 배경을 가진 자는 군대도 가지 않았다. 설사 간다 할지라도 쉬운 보직으로 가게 마련이다. 모든 여건으로 볼 때 내세울 것 없는 나는 그런대로 잘 풀린 경우다. 그것은 하늘의 운이라고 할 수 있다. 능력이 없지만 태권도와 연결되어 내 인생

1963년 2월 24일 태권도지도관 전북본관 유단자 일동 기념사진
중앙줄 오른쪽에서 1번째 필자

이 바뀌었기 때문이다. 파독광부로 온 것도 우연의 일치이자 행운이다. 인생은 우연의 종합체이다. 삶은 그렇게 우연으로 다가오지만 결국 필연을 전제로 살아간다. 단지 내가 할 수 있는 것은 운명에 물러서지 않고 직진하는 것이다. 그것은 나라는 인간에게 부여한 비밀스런 인생의 의미다.

당시 전 군인에게 태권도의 저변확대를 위해 각 부대에서 한 명씩 51명이 차출되어, 나 또한 육군본부 서울 용산에서 3주간 교육을 받았다. 태권도와 인연의 끈은 고삐를 당겼고, 난 삶에 거절하지 않고 순응했다.

1966년 육군참모총장 김용배의 명(命)에 의해 발간된 태권도 교본에 20개의 형(型)이 기록되어 있다. 명칭은 천지, 단군, 도산, 원효, 율곡. 중군, 퇴계, 화랑, 충무. 광개, 포은, 계백, 유신, 중장, 을지, 삼일, 최영, 고당, 세종, 통일이다. 이전 1960년 최홍희 씨가 저술한 교본은 크게 태권도의 유래와 가치를 서술한 총론과 태권도 기술을 서술한 부분으로 나뉜다. 최씨는 1955년 '명칭제정위원회' 발족을 통해 '태권도'라는 명칭을 제정했다.

태권도의 세계화는 그의 업적이다. 그는 북한에도 태권도를 전했는데, 그래서 북한은 최홍희 씨 태권도를 전수받았다. 군과 민간에 의해 해외에 태권도가 보급되었으며, 시범단 파견에서 경기화를 통한 국제기구인 국제태권도연맹의 설립을 통해 국제적인 네트워크(Network)를 확보하려 했다. 하지만 대한태권도협회와 국제태권도연맹의 갈등으로 인하여 결국은 1970년대 최홍희 씨의 망명으로 국제태권도연맹의 국내 활동은 사실상 금지되었다.

1967년 나는 만기 제대를 한 후 전북 본관(전주시 경원동 3가 28-21) 고 전일섭 관장의 지도로 태권도를 배우고 수련해 유단자가 되어 사범생활을 했다. 또한 전북 전매청 향토예비군 교관으로 근무했다. 태권도 지도관을 통해 월급 9천원을 받았고

향토예비군 교관으로 만 2천원을 받았다.

작은 키에 다부진 몸을 가진 소년이 태권도 인생에 발을 들여놓는 시간이었다. 내가 꿈을 꾸는 것이 아닌, 꿈이 나를 이끄는 순간이었다.

1968년~1969년까지 전북지도관 본관 사범
전주 연초제초장 향토예비군 교관
수련을 마치고

향토예비군 교육을 마치고 시범장면
이마격파(벽돌), 정권격파(기와)

독일 태권도의 발자취

1883년 한독수호통상조약이 체결된 이후 태권도 사범들은 독일에 우리말과 태극기를 전파했고 광부의 직업의식으로 외화를 획득했다. 태권도의 민족의식으로 국위선양을 하는 등 1인2역의 역할을 하며 의식주를 해결했다. 우리가 태권도를 독일인에게 가르칠 때만 해도 태권도는 전혀 생소한 단어였다. 일본 가라데의 한 유파로 알고 독일인 제자들은 '코리아 가라데'로 인식하고 배웠다. 1990년까지는 태권도 사범들이 시범이나 시합을 할 때 언론이나 방송에서 '가라데' 또는 '코리아 가라데'라고 소개했다. 그때마다 나는 늘 배알이 뒤틀릴 정도로 기분이 좋지 않았다. 가라데는 독일사회에 아주 뿌리깊게 정착되어 있었고, 일본인들에게 가라데는 문화였다. 태권도는 변화무쌍한 스포츠지만, 가라데는 더 정적이다. 그래서인지 독일사회에 쉽게 흡입이 되었는지 모른다.

유럽 독일에 태권도가 처음 시작된 계기는 1963년 12월 파독광부의 송출에 기인한다. 독일의 한국광부들이 조국을 그리며 한국인의 밤 행사를 주최할 때 태권도 사범이 그곳에 있었다. 그 여파로 광부들이 살고 있는 지역에서 독일인을 모아놓고 태권도를 가르치게 되었다. 또한 유럽 타 국가의 태권도 전파도 독일광부 태권도 사범들이 뉴프런티어(New Frontier) 정신을 갖고 도전했다. 당시 태권도를 가르칠 때는 독일인의 90%는 한국이 전쟁의 패전으로 가난하고 처참한 나라로 용역을 송출하는 일본 옆 작은 아시아 나라로 인식하고 있었다. 독일이 1979년 10월과 2003년 9월 세계 태권도 선수권대회를 2회나 개최한 것은 태권도가 독일인들에게 일반화되었다는 증거다.

1965년 4월 주독 한국 대사관의 알선으로 태권도 친선사절 시범단이 독일을 방문해(한차교, 김중근, 박종수, 권재화, 이기하) 사범들이 최홍희 장군의 인솔 하에 뮌헨(München)에서 연무시범을 보여 독일 전역에 기폭제가 되었다.

1971년 3월 박정희 대통령이 태권도를 국기로 지정하고 1972년 9월 뮌헨에서 올림픽 경기가 개최됨에 따라 1972년 8월 독일에 거주하는 사범 16명(서윤남, 이경명, 정흠일, 송찬호, 조복남, 곽금식, 서영철. 김만금. 송천수, 장광명, 김광웅, 장기혁, 이금이, 이종규, 이관영, 김태현)이 뮌헨에서 태한태권도협회 후원 아래 엄운규, 이종우 관장을 모시고 태권도 시범을 했다. 1973년 5월 제1회 세계 태권도선수권대회가 서울에서 개최되었고 세계 태권도연맹(The World Taekwondo Federation)이 결성되었다.

1972년 8월 17일 독일 문헨(München)에서 태권도 시범하고 이종우, 엄운규 관장과 기념촬영
맨 뒷줄 오른쪽에서 5번째 필자
김태현, 서윤남, 이경명, 이관영, 서영철, 곽금식, 김만금, 송찬호, 송천수, 김광웅, 조복남, 이종규, 장기혁, 정흠일, 장광명, 이금이 (16명)

1980년 7월 국기 태권도가 올림픽위원회 총회에서 정식 승인단체로 인정을 받았다. 1981년 독일에 사범들이 구심점을 만들기 위해 재독 태권도협회를 발족했다. 친목단체로 조국의 대한 태권도협회와 독일지부 형식으로 유대관계를 맺어왔다. 2004년 11월 한국의 대한 태권도협회가 사난법인 경기 단체로 능록됨에 따라 재독 대한 태권도협회도 2006년 12월 재독 태권도사범협회로 독일에서 사단법인 단체로 등록했다. 회원들은 관공서(법원, 세무서)의 일이 복잡하니 사단법인 등록을 거부했다. 하지만 역사의 기록으로 후세에 흔적을 남기고 미래지향적인 조직으로 탈바꿈하기 위해 재독 태권도사범협회장으로 연임하며 사단법인화를 강행했다.

나는 사단법인 등록에 대한 내용을 사범들에게 서신을 보냈다.

존경하는 사범님!

안녕하십니까?

선진국 독일 법치국가인 독일 법으로 인정하고 법으로 보존받고 법으로 해결할 수 있는 재독 대한민국 태권도사범협회가 법으로부터 인가를 받았습니다. 사범(師範)은 스승으로 모범을 보여야 하고 자기 스스로 모든 결정을 하여야 하기에 정신적으로 고독하고 육체적으로 고달픈 직업입니다. 그런데 같은 지역이나 도시에 살면서 이해 또는 화합하지 못하고 이질감과 갈등의식으로 서로 간에 대화의 소통이 없는 사범이 계신다면 그 문제는 사범이 아니라 우리 민족의 뿌리에 근원이 있습니다. 우리 협회는 사범들의 통합적 사고와 행동이 필요한 때입니다. 중국인은 옆집에서 똑같은 비단 장사를 하여도 가격 조정을 하며 상생(相生)의 장사를 합니다. 너도 살고 나도 살자. 일본인은 옆집에서 똑같은 음식장사를 하여도 가격경쟁으로 가격을 높이지 않고 만드는 기술을 바탕으로

장사를 합니다. 너 죽고 나는 살자.

한국인은 옆집에서 똑같은 술장사를 하면 옆집에서 술안주가 세 종류가 나오면 이쪽에서는 4종류가 나오고 저쪽에서 다섯 종류가 나오면 이쪽에서 여섯 종류가 나오고 저쪽에서 일곱 종류가 나오면 이쪽에서 여덟 가지 종류의 술안주가 나오는 적자(赤字)의 오기성(傲氣性) 장사를 합니다. 너 죽고 나 죽자의 삶의 방법은 우리 민족의 근성인지도 모릅니다.

인간은 자기를 둘러싼 세계를 인식하는 눈은 자기가 쓰고 있는 안경에 의해 구조(構造)되어집니다. 지금은 안경을 벗고 자기 눈으로 보고 확인하는 지혜와 안목이 필요합니다. 중국, 일본, 한국은 3가지의 공통점이 있는 문화의식이 공존하는 민족입니다. 도, 불, 유 문화를 융화시키고 한자를 사용하며 젓가락으로 음식을 먹는 민족이기에 역사학자들은 중, 일, 한을 비교하며 많은 연구를 하고 있습니다. 한국인 한 사람은 일본인 세 사람을 또는 중국인 두 사람을 어떤 시합이나 시험(두뇌, 사업, 힘)에도 이길 수 있습니다. 허나 한국인 열 사람은 일본인 세 사람한테 또는 중국인 두 사람한테 패배할 수밖에 없습니다. 왜냐하면 공동체의 협동과 질서를 무시하고 자기 이익의 초자아(Super ego)를 가지고 있는 민족이며 혼자는 용감하고 영리하고 비상한 민족인데 집단은 아주 비겁하고 야비한 민족이라고 말했습니다. 그러나 주어진 생활의 공동체 안에서 자기 중심을 찾는 민족의 국민은 멸망하지 않는다고 말했습니다.

영원한 외국생활의 이방인으로 우리는 뭉쳐야 합니다. 우리는 모범이 되어야 합니다. 우리 사범협회는 먼 훗날 독일 나라에서 태권도 역사의 증표가 되어야 합니다. 항상 사범님의 건강과 도장의 발전을 빌면서 우리 국기 태권도를 위한 협회에 관심과 참여를 바랍니다.

2006녀 12월 20일

존경하는 사범님!

선진국 독일 통일된 독일,

재독 한인사회의 조직에서 우리 사범님들의 협회만이라도 선진화된 협회, 통일된 협회의 모범단체가 되어야 합니나.

언제까지 구태(舊態)에 얽매어 헤어나지 못하고 조국의 40~50년 전에 뒤떨어진 사고(思考)와 행동으로 살아가야 하는지… 40년 전 과거의 우리와 21세기의 현재의 우리와 후세의 후배를 위한 미래의 우리가 되어서 먼 훗날을 설계(設計)하는 것이 역사성, 보존성, 영원성의 협회가 되는 것입니다. 협회 회원으로서 조직이나 협회에 문제가 발생하면 총회에 참석하여 대화와 토론을 통하여 조언이나 충고, 또는 질타(叱咤)를 하여야 합니다.

'협회의 전통을 무시한다, 협회를 산산조각냈다'라고 뒷전에서 협잡(狹雜)하고 모함(謀陷)하고 이간(離間)하고 유언비어(流言蜚語)를 날조(捏造)하는 작태(作態)는 이제 그만해야 합니다. 선진국 독일에서 살면서 무엇을 보고 듣고 알고 배웠는지 언제까지 너 죽고, 나죽자는 사고방식으로 살아가려는지...

재독 대한태권도협회 또는 재독 태권도사범협회 명칭의 문제에만 근시안적으로 생각할 것이 아니라 '왜' 라는 물음을 자신에게 되새겨보려는 정신이 중요합니다. 지금 세계의 황색(황인종) 바람을 불러일으킨 중국인 정치가 故 등소평은 검은 고양이든 흰 고양이든 쥐만 잡으면 된다고 말하였습니다. 고양이의 의무가 쥐 잡는 동물이라면 쥐만 잡아오면 되지, 고양이 색깔을 탓하지 말라는 흑묘론(黑猫論, 백묘론(白猫論)을 주장하여 세계 속의 중국이 아니라 중국 속의 세계가 되어가고 있습니다. 의식 전환이나 변화는 동전의 양면과 같습니다. 한 쪽에는 1유로라고 박

혀 있고 한 쪽에는 독수리 문양이 박혀 있습니다. 어느 쪽이든 주든 받든 1유로입니다. 1유로라고 박혀 있는 쪽만이 1유로가 아닙니다. 의식 전환의 발상은 자기의의 고정된 습관과 경험의 모순을 시대의 흐름에 맞추고 미래의 비전(Vision)에 맞추는 지혜를 말하는 것입니다. 가정집(협회)의 식모(회장)가 주인(회원)이 애지중지(愛之重之)하는 골동품 접시를 주인을 위하여 사용하다가 떨어뜨려 깨뜨렸다면 용서를 해야 합니다. 왜냐하면 주인의 밥맛을 돋우어서 장수를 바라는 마음이었습니다. 허나 깨질까 또는 깰까 두려워서 사용하지 않는다면 가정(협회)에는 미래가 없고 주인(회원)은 안일무사주의의 안주하기에 건강이 쇠약하여 사회생활의 낙오자가 되는 것입니다.

세상의 등불이 될 수 있는 목사(牧師)와 사범(師範)의 단어를 비교하여 보았습니다. 목사(牧師)의 목(牧)자는 칠 목 치우는 목, 사(師) 자는 '스승 사' 자이기에 양떼를 치는 사람이라는 뜻입니다. 사범(師範)의 사(師) 자는 '스승 사 지기 사' 범(範)자는 '법 범 항상 범' 자이기에 집단의 모범이 되는 사람이라는 뜻입니다. 같은 사(師)자를 사용하여도 본인은 영원한 사범으로 살고 싶고 죽고 싶은 소망입니다. 우리들이 사범이라는 위상(位相)을 스스로 지켜나갈 때 자신으로부터 타인으로부터 한인사회로부터 독일사회로부터 어떤 단체보다도 모범이 되는 것입니다. 항상 사범님의 건강과 도장의 발전을 빌면서 우리를 위한 협회에 관심과 참여를 바랍니다.

2007년 3월 15일

나는 사범협회가 영원한 이국생활에서 이방인으로 뭉쳐야 하고 모범이 되어야 한

2007년 4월 18일 표낙선, 서영철, 김종환, 본인(중앙), 김영식, 채수웅, 김철환

인사말 하는 필자

다고 생각한다. 공동체의 조직을 맴돌면서 권모술수와 이간질 그리고 자기의 이권을 위해 조직을 분열시키는 사람은 조직의 퇴보를 불러일으키고 사회에서 쓸모 없는 방해자이자 낙오자이다. 나는 조직의 3박자는 미래지향성, 재정의 투명성, 회원의 참여라고 생각한다. 삼위일체가 되어 독일 한인사회를 넘어 전 세계의 모범단체가 되길

바랄 뿐이다.

현재 독일에 있는 한국 사범님들의 활약상은 세계 태권도계에 위력을 발휘해 독일 태권도 협회의 강점이 되고 있다. 재독 태권도 사범협회가 자존심의 역할을 하고 오늘날 재독 태권도 사범협회의 중심축이 되며 사범들과의 세대의 간격을 좁히고 노(老) 사범들의 경험적 기술과 체험을 서로 공유하며 유기적으로 미래를 위한 공통분모를 만들고 있다.

단군이 조선을 건국하고 1988년 서울 올림픽까지 대한민국 외교사를 회고하여 볼 때 애족심을 가지고 대한민국 국호를 세계만방에 홍보한 개인이나 조직이 있었는가? 태권도 사범들은 관직 없는 대사로 묵묵히 세계 방방곡곡에서 활동하고 있다. 오늘도 도장 앞에 태극기를 걸어놓고 우리말로 구령하며 수련생을 가르치는 기합소리는 외교관도, 삼성, 현대 기업도 할 수 없는 태권도 사범들만이 할 수 있는 애국 정신의 발로가 아닌가 한다. 독일에 있는 태권도 사범들은 가라테의 회유와 협박 그리고 방해공작에 정신적인 시련을 겪으면서 한국 태권도를 보급하기 위해 생명의 위협까지 감수하고 각고의 심혈을 기울였다.

독일의 철학과 일본의 가라데 정신이 동일개념을 유지하며 동양의 신비스럽고 정신적인 도(道)문화 영향으로, 독일인들은 금세 가라데와 유도에 매혹되었다. 현재에도 독일과 일본의 문명과 문화는 동질감을 보이며 1945년 세계 2차대전 패전국으로 동병상련의 쌍방 우의 외교를 하고 있다. 일본의 유도가 1964년 올림픽 정식 종목으로 채택되어 일본 유도와 가라테는 동양무술과 무도의 발생지로 세계에 돌풍을 일으키며 전파되었다.

한편 독일 연방정부는 1970년 체육부 산하단체의 유도협회(Deutsch Judo Bund) 부속으로 태권도부를 신설해 관리하다가 1978년 독일 연방정부의 체육부 산하단체로 독일태권도협회(Deutsch T.K.D Union)를 구성해 자체 운영하게 되었다.

남북한을 잇는 태권도

1991년 1월, 북한 조선태권도위원회 정재훈 부위원장이 독일에 왔다. 기회가 되어 내가 운영하는 체육관에서 남북태권도 대회에 대한 의견을 잠시 나눴다. 그에게 남북 태권도 대회를 개최하자는 제안을 했다. 그러자 다음 해 1992년 북한에서 방문초청장이 왔다. 나는 통일태권도 시범대회를 독일에서 열면서 북한측에 초대 요청을 했었고, 한국측에도 태권도 선수를 보내달라고 부탁했다. 북한은 이에 수락했지만 한국정부는 거절했다. 북한이 수락한 이유는 통일 독일을 거점으로 정치적 입지를 확대하고 싶어했고, 통일 후에도 독일과의 관계를 유지하고 싶어했다. 통일 전 동독은 마스게임 등을 북한에서 배울 정도로 양국간 관계가 좋았고, 북한 또한 동독에 대한 향수가 있었을 것이다.

이전인 1986년 7월, 국기원에서 주관하는 유럽 태권도 전지훈련단 행사에 그 당시 공산권 유고슬라비아 수련생을 참가시킨 경험이 있다. 이어 1992년 9월에 평양에서 개최하는 제8차 국제태권도 대회에 수련생을 보냈었다. 그래서 통일태권도 시범대회에 대한 기대감이 있었다.

나는 베를린 콘크리트 장벽을 뛰어넘어 브란덴부르크(Brandenburg) 문을 밀치며 들어오는 동독 시민들을 두 눈으로 직접 보았다. 또한 벽을 넘는 동독인들에게 1인당 100마르크(DM)씩을 통합의 기념으로 나누어주는 것을 목격하면서 독일인들의 통일 의지를 실감했다. 그들을 바라보면서 통일의 상징인 베를린에서 남북 태권도 시범단과 선수들이 합동으로 경연대회를 한다면 정말 아름다운 하모니의 장이 될 것이라 생각했다. 그러던 중 1991년 5월, 세계 태권도연맹 총재 김운용 씨가 IOC 세계올림픽위원 자격으로 베를린을 방문했다. 나는 베를린에 거주하는 사범과 함께 김 총재를 만났다. 그에게 '베를린에서 남북 태권도 경연대회를 주최하고 싶은데 남쪽에서 태권도 시범단을 보내주시면 북쪽에 연락해 북쪽의 태권도 시범단과 시범 및 시합을 하겠다'고 말했다. 그러자 그는 '나의 역량은 한계가 있고 지금 박철언씨가 체육부 장관인데 허락을 받아야 하며 수속 절차가 복잡하다. 왜 굳이 정치성 있는 남북 태권도 대회를 하려고 하냐'며 그렇게 간단한 문제가 아니라고 답변했다. 하지만 나는 베를린 주재 북한 대사관에 방문해 대회 관련 설명을 했고, 그러자 1992년 2월 10일에 북한에서 초청장이 온 것이다.

초청장 내용은 아래와 같다.

베를린 태권도사범협회 회장 김태현 선생 앞

지난해 력사적인 북남합의서가 발표되어 나라와 민족통일의 대강령이 마련됨으로써 우리 민족의 세기적 숙망인 조국통일의 념원을 더욱 앞당겨 오게 될 새해 1992년을 맞으며 선생과 선생을 통하여 귀 단체의 여러 동포들에게 혈육의 따뜻한 인사를 보냅니다. 우리는 이억만리 땅에서도 민족의 넋을 가슴 속 깊이 간직하고 민족의 전통적 무술인 태권도를 발전시키며 태권도를 통하여 북과 남 사이의 화해와 단합을 이룩하고 조국 통일성업에 헌신하려는 선생의 애국 애족의 정신을 높이 평가하며 적극 지지합니다. 우리는 태권도 시범단과 기술교류문제를 협의하기 위하여 김태현 회장이 조국을 방문하도록 정중히 초청합니다.

경의를 표하며 1992년 1.15

조선민주주의인민공화국 조선태권도연맹

1995년, 나는 우여곡절 끝에 북한을 방문했다. 이 일과 관련 윤이상 선생 덕분에 북한 방문에서 큰 도움을 받았다. 당시 북한과 베를린 사이에는 직항이 있었다. 나는 대한민국 국적자이기에 국정원에 서류를 제출했다. 방북 허가가 떨어져야 가능했다. 나는 친북자도 아니고 북한에 가족도 없었다. 단지 태권도 대회를 성사시키기 위해 갈 뿐이었다.

북한 순안공항에 도착하니 운전수 한 명, 국가 관광총국에서 근무하는 위재걸, 해외동포 영접총국(보위부)에 근무하는 한창언이 공항에서 기다리고 있었다. 총 4명이 자동차로 이동하면서 숙소에 가기 전에 '주석님을 보시겠습니까'라고 묻기에 긍정의 대답을 하니 김일성 주석 동상이 있는 김일성장군만세기념탑에서 헌화를 하고 숙소로 이동했다. 호텔 방에서 자는데 옆방에 방을 비어놓고 누군가 지키고 있는 것을 느낄 수 있었다.

다음날 '나는 태권도 사범으로 매일 운동을 해야 한다'고 말하니 아침에 두 시간의 자유시간을 허락하면서, 평양시내 지도와 대동강의 산책로를 알려주고는 시간을 지

1995년 4월 20일 북한 방문동안 동행한 3人
좌측에서부터 한창언(영접총국), 위재걸(관광총국), 필자(김태현), 운전기사

켜달라고 말했다. 밖으로 나왔을 때 도로에서는 청소하는 사람들이 있었다.

군용차에 여러 명의 남녀를 싣고 고속도로에 진입 후 약 1km 지점에 빗자루를 들려주고 한 명씩 내리게 했다. 도로 청소를 하는 인부들 같았다. 이른 아침 구보를 하러 나가면 그들은 길 청소를 하며 노래를 불렀다. 문득 내가 오는 것을 알고 '자신들이 평화롭고 행복하다는 것'을 전시하는 보여주기식 방법이 아닐까 생각이 들었다.

건물 앞쪽에는 유리창으로, 사람들이 보이지 않는 뒤에는 비닐로 창문을 만들었다. 12층인데 엘리베이터가 없어서 계단을 이용하는 것을 보았다. 결론적으로 볼 때 북한은 정말 가난한 나라였다. 가난이 죄는 아니지만 정치적인 시스템 통치방법이 문제가 있다는 것을 짧은 시간에 인지할 수 있었다. 독일처럼 자유에는 책임감이, 민주주의에는 의무가 우선순위이자 필수불가결인데 아직도 북한주민들은 김일성, 김정일, 김정은까지 독재체제를 고수한다. 우리나라도 이승만, 박정희, 전두환이 독재정치를 약 40년 동안 이어왔다. 그러기에 우리나라 국민들은 책임과 의무는 알고 있는데 독재에 길들여져 실천하지 않고 제멋대로 자유민주주의 정치를 하고 있지 않나 생각이 든다.

길에서 만나는 평양시민들은 나에게 어디서 왔는지 물었다. 내가 '남쪽에서 왔습니다.'고 말하자 시민들은 하나같이 '고생 많습니다.'라고 했다. 그들에게 남한은 가난하고 힘든 곳이라고 생각하는 모양이었다. 내가 외지인이라는 것을 아는 것은 김일성 배지를 안 달고 다녔기 때문이다. 평양시민들은 모두 뱃지를 달고 있었다.

나중에 관광총국 직원에게 뱃지 하나 달라고 했더니 선언문을 쓰라고 하며 '당에 입당하겠냐'는 것이다. 그럴 생각이 전혀 없었기에 나중에 식당에서 일하는 아가씨에게 '뱃지 좀 달라'고 요청했다. 다소 시큰둥하길래 그 여성에게 생리대 '탐폰(Tampon)'을 선물했더니 어디서 구했는지 김일성 뱃지 하나를 건넸다. 이후 뱃지를 달고 다니자, 나에게 어디서 왔는지 물어보는 이가 없었다. 나는 북한에 가기 전 이미 선물용으로 탐폰 30개와 넥타이 20개, 고급 벽시계 5개를 샀다. 고려 말 충신 정몽주 흔적이 있는 선죽교를 갈 때 안내하는 여성들에게 탐폰을 선물했다. 그들은 작은 선물에도 무척 고마워했다. 난 3주 동안 북한에 머물렀다. 북한의 태권도 전당에서 약 2시간 동안 시범과 수련 모습을 관람했다. 그들은 겨루기 경기방법이 아니라 무도에 의한 극기수련을 연마하는 태권도를 수행했다. 동일 독일의 수도 베를린에서 남북 태권도 대회 성사는 조선태권도연맹은 허가를 했지만 한국의 세계태권도연맹은 개인이 주최할 수 없다는 이유로 반대를 해 나의 꿈은 좌절되었다.

1995년 4월 26일 금강산 세존봉에서

금강산 구룡폭포에서

1989년 베를린 장벽 붕괴로 인해 동유럽의 정치적 몰락과 소련연방 민족이 해체되었는데 왜 북한은 건재하며 존속되고 있는가, 의문이 들었다. 북한에 체류하는 동안 약 50명의 주민들을 만나면서 드는 생각은, 그들은 주체사상에 세뇌된 자들이라는 것이다. 하지만 그들은 대화를 했을 때 너무나 당당하다는 인상을 받았다. 김일성 주체사상은 국내문제를 강대국 러시아나 중국에 의존하지 않고 자신들의 주체의식 속에서 해결해야 한다는 주민들의 정신 무장이 있기 때문이 아닌가 생각한다. 남쪽의 박정희 대통령이 새마을 운동으로 시작해 굶주림을 해결했는지 몰라도 강대국 미국과 일본에 굴종적이었다. 하지만 북한의 김일성 주체사상은 아직도 경제적 궁핍은 있지만 뭔지 모를 당당함이 풍겼다. 중국과 러시아, 일본과 미국에 대해 동등하게 바라보는 북한.

2천 6백만 인구의 국가에서 세계의 강대국들과 대결하자는 담대한 정치적 행동을 하는 국가가 이 지구상에 또 있을까, 의문이 들었다.

평양 공항에서 세 명과 작별을 하면서 환전한 남은 돈과 봄 코트를 벗어주었다.

그들은 나의 호의에 '선생님은 공산주의자입니다'라고 말했다. 본질적인 공산주의는 자신이 가진 부를 주변에 나누는 사람이라는 의미라고 했다. 하지만 나는 공산주의 이론 자체는 수긍이 가지만, 그것을 이용해 독재를 일삼는 권력체계는 당연히 거부한다.

1995년 4월 23일
평양 칠골교회에서 목사 유병철과 필자

1995년 4월 30일 평양 봉수교회에서 예배하는 모습,
중앙 가운데 필자

우리 민족의 역사를 돌아보면, 서기 676년에 신라가 통일을 했고 936년에 고려가 통일을 이루었다. 독일은 1871년 비스마르크에 의해 첫 통일을 했으니 역사적으로는 우리가 독일보다 1100년 전 이미 통일을 이룬 선구자이며 경험이 있는 민족이다.

나는 북한을 다녀온 후 남북의 통일에 대해서 많은 생각을 했다. 특히 독일 통일의 산 목격자로, 철의 장벽이 무너지는 것을 보면서 상상할 수도 없는 현실을 직시했다. 통일은 쪼개져 있는 것을 하나로 합치는 것이다. 시대의 흐름에 따라 서로 통합할 수 있다는 사실을 인식하면서 남과 북이 통일을 위해 노력을 한다면 머지 않아 우리 민족에게도 그날이 오지 않을까 염원해본다.

한 민족, 한 혈통, 한 언어, 한 풍습을 갖고 있으면서도 서로 적대시하는 남과 북을 보면 참담하다. 언제쯤 한반도에 통일의 봄이 올지, 내 삶이 지속되는 동안 그날이 올까 생각하며 잠 못 이루는 밤을 보냈다.

개성 선죽교, 정몽주(1337~1392)

고려 박물관에서 안내원의 설명을 들으며

모란봉 을밀대에서

베를린 최초의 태권도장

나는 파독광부로 독일에 온 후 16일 만에 태권도를 시작했다. 의외로 태권도를 배우고자 하는 이들이 주변에 삼삼오오 모여들었다. 그러다 소문은 커져 점점 수련생 숫자가 늘어났다.

1970년 어느 날, 독일인 두 사람이 광부 기숙사에 찾아왔다.

사범 김(Meister Kim)이 누구지요?"

다른 한국인 동료가 나를 찾는다고 부르기에 통역자를 데리고 갔다.

"우리 가게에서 금요일과 토요일에 일을 해주면 하루에 80마르크(DM)를 주겠소"

그 당시 광산 월급은 230마르크였다. 나는 흔쾌히 일을 하기로 결정하고 나를 태워다준 통역자에게 함께 동행할 때마다 20마르크씩 주기로 했다. 20시에 출근해 새벽 1시에 끝나면 통역이 다시 나를 데리러 왔다.

내가 일하는 곳은 제법 규모가 있는 디스코텍(Diskothek)이었다. 아버지와 아들 부자가 운영하며 독일과 네덜란드(Niederland) 국경에서 300미터 정도 떨어진 위바흐 팔렌베어그(übach Palenberg) 라는 작은 도시에 있다. 그리고 그곳에서 7km 떨어진 곳에 경찰서가 있다. 디스코텍을 운영하는 시간 동안, 네덜란드에서 오토바이 폭주족들이 술을 먹으러 와서 돈도 안내고 도망간다는 것이다. 경찰을 부르면 이미 그들은 국경 밖으로 도주한 후였다.

내가 할 일은 오토바이 폭주족들이 더 이상 행패를 부리지 않도록 하는 것이다. 클럽 사장은 나를 방에 머물게 하고, 위급상황이 벌어지면 호루라기를 불겠다고 했다.

매일매일이 무슨 일이 일어날지 모르는 초긴장의 순간이었다.

어느 날 밤이었다.

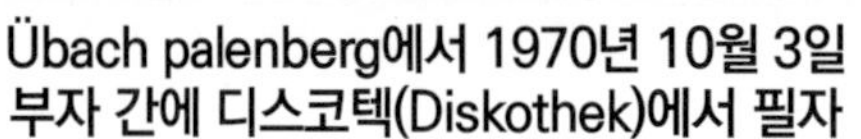

Übach palenberg에서 1970년 10월 3일
부자 간에 디스코텍(Diskothek)에서 필자

태권도 개인지도를 하면서

"김!"

사장이 소리를 질렀다. 드디어 올 게 왔다. 계단을 내려가서 보니 홀이 난장판이 되어 있었다. 일곱 명의 오토바이족들이 아래층 홀에서 판을 치고 있었다. 난 내심 속으로 덜덜 떨었다. 나는 혼자였기에 숫자적으로 열세다. 하지만 겁을 내는 표시를 해서는 안 된다. 그때 난 무슨 생각이 들었는지, 주인 아들인 디터(Dieter)에게 소리를 질렀다.

"디터! 병 가져와!"

그때 맥주 한 박스에 36개가 들어 있었다. 벽돌이 아닌 맥주병 깨기를 해야겠다고 생각했다. 나는 혼신의 기를 모으기 위해 호흡을 가다듬었다. 홀에 있던 200여 명이 숨소리도 내지 않고 쳐다보고 있었다. 나는 우레와 같은 기합을 넣은 후, 맥주병 7~8개를 이마로 내리쳤다. 어떻게 그런 용기와 초인적인 힘이 나왔는지 나도 잘 모르겠다. 그때 환호성을 지른 오토바이족 중 4명이 나를 들어올리고 헹가래를 쳤다. 그들 사이에서 우상이 되는 순간이었다. 그들은 순순히 맥주 값을 지불했다. 그곳에서 4개월을 더 일했다. 맥주병을 깬 이후로 오토바이족은 사라졌고 나는 더 이상 그곳에 있을 이유도 없었다. 주인 부자는 나에게 주는 월급으로 태권도를 배우겠다고 했다. 그들을 8개월 동안 가르쳤다. 그렇게 번 돈을 모두 한국으로 보냈다.

나는 한국에 살 때 태권도 전주 종합경기장에서 격파 시범을 보인 적 있다. 이마로 벽돌 격파를 수없이 했다. 하지만 독일의 디스코텍에서는 벽돌이 없었다. 맥주병으로 깬 것은 갑자기 떠오른 아이디어였다. 무엇보다 정신 집중을 하지 않으면 사실 죽을 수도 있는 상황이었다. 맥주병을 깰 수 있었던 것은 절대정신(Absolut Geist)이다. 이마로 단단한 것을 격파한다는 것은 잘못 하다간 몸을 상하게 할 수도 있다.

나는 요즘도 코피를 자주 흘린다. 의사는 나의 상태를 보고 말했다.

"도대체 인생을 사는 동안 이마로 무엇을 했습니까? 너무 위험합니다. 미세한 유리 조각 같은 것이 혈관을 타고 들어가면 더욱 위험합니다. 앞으로 격파하려면 붕대를 감고 하세요. 허허."

1971년 12월, 뷔르젤렌(Würselen) 수련 공동체에서 태권도 클럽이 탄생했다. 1972년 8월에 태권도 클럽은 독일 유도 연맹에 가입했다. 그리고 나는 대한태권도협회 국제사범 자격증을 받았다. 국기원이 있기 전이다. 1973년 1월 30일 독일 유도연맹(Deutscher Judo-Bund e.V)이 발행한 심사관 자격증을 받았다. 한국사범으로 최초였고 5단 이었다.

당시 독일 유도연맹은 모든 격투기의 경우 유도 연맹 소속이었다. 나는 심사를 받아서 합격했고, 자격증이 있으면 독일에서 모든 태권도 강습과 교육을 할 수 있었다.

그 당시 태권도 수련지역은 아헨(Aachen), 알스도르프(Alsdorf), 뷔르젤렌(Würselen), 아바일러(Ahrweiler), 바드 노이애나르(Bad Neuenahr), 쾰른(Köln), 뒤셀도르프(Düsseldorf) 등 3년의 광부생활 동안 10회 이상 태권도 시범을 했으며 더욱 내가 일하는 광산의 갱부조장(Steiger) 부부를 초대해 시범공연을 보여주었다.

1974년 나는 독일 베를린에 한국인으로서는 최초로 도장을 개설해 저변확대와 활성화에 일익을 담당했다는 자부심이 있다. 가라데(Karate)의 협박, 방해, 고발 등 파란만장한 경험을 마주하고 생명의 위험을 느끼며 사명을 다해 태권도를 개척했다. 그 당시 육지의 고도이자 인구 약 2백만 명의 인구를 보유한 서 베를린에 약 20개 이상 가라데 도장이 우후죽순처럼 난무했다.

1975년 9월 21일 베를린 가라데협회(Karate Institut Berlin)에서는 세계에서 유명한 가라데 프로선수를 초청했다. 1만 5천 명을 수용하는 체육경기장(Deutschland Halle)에서 가라데 프로선수들의 대결이 있었다. 미국의 프로선수 고든 프랑크(Gorden Franks)와 멕시코 프로선수 라미로 구주만(Ramioro Guymann)의 대결과 미국의 빌 보리스(Bill Wallace) 등 최상급 선수 등을 초청했다. 입장권은 10마르크에서 76마르크까지 예매가 가능했다. 가라데 대회 주최자 부뤼크너(Brückner)가 나에게 연락을 해왔다. '당신이 태권도 가라데 사범이면 이번 대회에 대결하라'는 내용이었다. 당시만 해도 태권도라는 명칭이 알려져 있지 않은 때라 '태권도 가라데'라고 포스터를 붙였다. 그러자 가라데에서 협박을 했다. 플래카드를 붙이면 어느새 다 찢어버렸다. 내가 '가라데 그로스 마이스터(가라데 대 명인/Karate Gross Meister)라고 쓴 것에 딴지를 걸기도 했다. 어느 때인가는 누군가 도장 문 앞에 페인트를 칠하고 도망가기도 했다. 나는 심적인 불안과 정신적인 긴장 때문에 며칠 동안을 고민하다가 사즉생(死卽生)의 결단으로 1975년 9월 11일 서신을 보냈다.

1) 나는 프로(Professionell)가 아니고 사범(Meister)인데 대결을 원하면 대전료를 지불하고 경기 규칙이 없는 대결을 계약하자

2) 당신의 가라데 수련생과 나의 태권도 수련생과 대결을 하자

3) 브뤼크너(Brückner) 당신과 내가 수련생들 앞에서 대결을 하자

이와 같은 3가지 조건 중 하나를 선택하라는 내용을 보냈다. 1975년 9월 15일 변호사를 통해 답신이 왔다. '당신이 요구하는 조건은 수락할 수 없다'는 내용이었다. 즉시 대결하는 자세와 내 자존심의 상처를 치유하기 위한 방법으로 1975년 11월 1일 2천명을 수용하는 노이 벨트(Neu Welt) 강연장에서 태권도 가라데(Taekwon-Karate)라는 이름으로 대회를 개최했다. 입장료는 8마르크에서 30마르크까지로 정했다. 경기 진행은 3명의 태권도 제자들과 네덜란드에서 3명의 킥복싱 프로 선수 3명을 4,500마르크에 계약을 했다. '주먹으로 얼굴은 공격하지 않고 모든 수단을 사용한다'는 조건이었다. 대회의 의도는 태권도의 우월성을 보여주기 위한 모험적인 결단이었다. 오스트리아에 있는 이경영 사범과 서독의 서윤남 사범을 초청해 주심을 부탁했으나 태권도 시합이 아닌 경기는 할 수 없다고 일언지하에 거절하는 것이다. 할 수 없이 내가 심판을 보았다. 경기 진행과 격파 시범도 하는데 심판까지 하는 등 촌음을 아끼는 분주한 프로그램이었다. 경기 결과는 2대 1로 태권도의 승리였다.

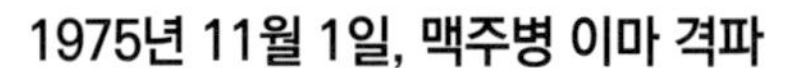

1975년 11월 1일, 맥주병 이마 격파

공중 회전 돌려차기 격파

이때 태권도학교(Taekwodo Schule)라는 용어가 최초로 사용되었다. 나중에는 김스포츠 스튜디오(Kims Sport Studio)로 이름을 바꾸었다. 가라데와 관련해 가장 힘들었던 사건은 1976년 10월 1일 가라데 사범(Meister)이 자기집 엘리베이터를 타다가 총에 맞아 피살된 것이다. 그는 내가 태권도를 가라데로 도용했다는 이유로 변호사를 통해 1만 마르크를 요구했다. 나 또한 용의선상에서 조사가 이어졌다. 그의 죽음으로 고소사건의 문제는 해결되었으나 3년 동안이나 경찰의 미행 등 고초가 뒤따랐다. 내 인생 중 가장 힘들고 두려웠던 시간이다. 당시 죽을 수 있는 상황이었다.

1977년에 세계에서 최초로 태권도 달력을 발행했으며, 1978년부터 독일의 사설경호회사(Deutscher-Schutz und Wachdienst)의 직원들에게 공격과 방어 호신술을 개인 지도했다. 세계에서 최초로 태권도 시범이나 시합을 진행할 때, 행사 프로그램에 고전무용을 함께 공연했다. 사실 간호사지만 고전춤을 추는 아내의 요구이기도 했다. 지금도 그렇지만 1978년 당시에도 인근 폴란드에서 노동자들이 서베를린에 일하러 왔다, 그들은 내 도장에서 태권도를 배웠다. 그들은 나에게 폴란드에 한 번 방문하라고 했지만 당시만 해도 공산국가라 비자가 나오지 않았다. 서베를린 주재 폴란드 영사관으로부터 비자신청을 거부한다는 서신이 왔기 때문이다.

1985년 3월부터 1988년까지 미군사령부에서 태권도 교육을 했다, 병사들을 가르치기도 하고 제자들을 데리고 가 1년에 한 번씩 시범을 보였다. 당시 서베를린에 주둔하고 있던 미군사령부에서 4년 동안 미군부대에서 시범경기를 해준 데 대해 감사를 표시하는 감사장을 1987년 9월 수여받았다.

참고로 이 즈음에 실시한 경기를 정리해본다.

1. 1987년 1월 서울 동성고등학교 태권도 선수단 시합대회

2. 1989년 2월 올림픽 태권도 선수단 시합대회

3. 1989년 10월 프랑스 파리 이관영 사범 제자들과 베를린에서 시합대회

4. 1990년 1월 한국대표 태권도 선수단 시합대회

5. 1991년 1월 경희대학교 태권도 선수단 시합대회

6. 1992년 2월 한국체육대학 태권도 선수단 시합대회

7. 1993년 1월 국군대표 태권도 선수단 시합대회

8. 1994년 2월 국립 경상대학교 태권도 선수단 시합대회

9. 1997년 5월 김스(Kims) 컵 대회

10. 2001년 5월주 독일 한국대사배 우승컵 대회

11. 2015년 5월 재독 태권도사범협회장 우승컵 대회

이와 함께 매년 한 번 이상 태권도대회, 시합, 시범, 강습, 극기훈련 등의 행사를 개최했다.

나는 항상 도장의 교훈과 사범에 대한 절대적인 복종과 규율을 통해 수련의 효과를 높여나갔다. 동시에 태권도는 단순한 육체 단련이 아닌 극기와 도를 추구하는 높은 경지의 무술임을 알렸다.

언젠가 일본 사범들의 가라데 강습을 본 적 있다. 300여 명이 모였는데 구령을 겨우 '어이!'하고 작은 소리로 하는 것이다. 그런데 이상하게도 다 알아들었다. 작은 소리로 하자 많은 사람들이 귀를 쫑긋하며 경청하는 것이다. 나는 일본인들에게 많은 것을 배웠다. 도에 관한 책을 많이 읽었고 공부를 했다.

'어디에 스승이 있느냐? 그곳에 진리가 있다'

독일어로는 'Wo der Meister ist, Da ist Wahrheit'다.

마이스터(Meister)를 통해 진리를 알도록 해야 한다는 것이다. 데카르트(Descartes Rene)는 이성이라는 말을 했고, 헤겔(Georg Hegel)은 절대정신으로 표현했다. 기원전 5백년 전에 노자가 도(道)라는 철학을 말하였다. 이성과 절대정신보다 우리 동양의 도가 훨씬 앞서 있다. 인위적인 것은 도가 아니며 물 흐르듯 자연스러운 것이 도의 정신이다. 도는 보이지 않고 들리지도 않고 냄새도 없는 것이다.

제자가 스승 노자에게 물었다.

“도가 무엇입니까?”

그러자 노자는 말했다.

“물이 흐르면 도랑이 생긴다. 도랑을 파서 물이 흐르게 하면 이미 도가 아니다. 즉 스스로 그러한 것, 자연스러운 것이다.”

제자가 스승 남전에게 물었다.

“도가 무엇입니까?”

그러자 남전이 말했다.

“그야 평상심이지.”

“평상심은 어떻게 이르지요?”

“이루려는 생각이 이르면 곧 삐뚤어 가느니라. 즉 생각이 없는 것과 비어 있는 것을 말한다”

제자가 스승 김태현에게 물었다.

“도가 무엇입니까?”

“사람 위에 사람 없다.”

“스승은 누가 되는지요?”

“항상 진리가 있는 곳이다.

도(道)는 이 세상에서 자연의 법칙과 인간의 문자와 언어를 포용하고 초월하여 활용할 수 있는 오직 하나뿐인 단어이다.

태권도의 도를 배우고 실천하다보니, 독일사회에도 어느덧 태권도의 입지가 확고해졌다. 많은 독일 젊은이들이 태권도를 습득하고, 배웠던 것을 터전으로 삼아 도장을 운영해 다음세대를 키운다. 뭐든 시작하는 이들이 힘든 건 사실이다. 개척하는 자들의 고뇌는 상상 이상이다. 하지만 고통의 언덕을 넘으면 보람의 열매가 기다린다.

스승과 제자 혹은 사범과 수련생의 관계는 각자의 삶에 정신적 연결고리가 있다고 생각된다. 나의 제자들은 다양한 직업을 갖고 있기에 우연한 재회가 있을 때 반갑고 즐거우며 생각하지도 않은 대접을 받는다. 길거리를 산책하다가, 식당에서 버스에서, 빵집에서 그들은 나를 기억하고 인사한다. '마이스터 김'(Meister Kim) 아니면 '사범님'이라고 부르며 다가온다. 사실 나는 그들이 잘 기억이 나지 않는다. 그럼에도 그들과 반갑게 포옹한다.

태권도를 하면서 내 인생에 두 가지 습관이 남아 있다. 첫째는 늘상 라면을 먹는다는 것. 그때 도장을 하면서 라면을 많이 끓여야 했다. 태권도 일을 마치고 집에 가서 밥을 못 먹고 또 먹을 시간이 없었다. 그리고 두 번째는 무조건 매일 샤워한다. 운동하면서 땀을 많이 흘렸기 때문에 매일 샤워를 하지 않으면 힘들 정도다. 라면과 샤워는 비록 어울리지 않는 단어지만 태권도에 얽힌 자잘한 습관으로 남아 있다.

1984년 3월, 심사를 끝내고
현재 어머니 무급, 아버지 9단, 딸 태권도 1단, 아들 태권도 5단

국기원 심사규정에 대한 충언

2000년 4월 10일, 국기원에 심사규정에 대한 충언을 담아 서신을 보냈다.

국기원은 1972년 설립되어, 태권도 중앙 도장으로서 세계 태권도 본부 기능을 수행하는 단체다. 대한민국 문화체육관광부가 주무관청인 특수법인으로, 오늘날 세계 태권도 연맹의 모체다. 또한 국기원에서는 품 단증과 각종 자격증을 발행하고, 태권도 인구 저변확대를 위하여 요구되는 연구, 교육 그리고 행사를 주관한다.

이전까지 태권도는 협회의 부정비리, 조직의 갈등, 승부조작, 승(품)단 부정 발급 등 비리 관련 문제들로 조용할 날이 없었다. 이런 가운데 과거 승(품)단 불법 서류심사에 연루돼 태권도의 명예를 더럽히고 있다는 생각이 들었다.

나는 태권도고단자 심사는 생(生)에 대한 경험과 경륜이 있고, 사물을 관조할 수 있는 연령으로 자신의 분별력을 확인하고 시험하는 계기가 되어야 하고 인격 형성에 대한 종합적 평가를 받을 수 있어야 한다고 생각한다. 형식상의 틀 안에 짜여진 방법은 지양되어야 한다는 것이다. 태권도 논문 제출과 4개의 품새 중에서 1개 필수, 1개 지정으로 심사위원들이 2개의 품새를 약 5분에서 8분간 눈으로 보고 합격과 불합격을 결정하는 것은 너무 안일한 심사규정이다. 심사위원들은 품새가 끝나면 즉시 가부를 알려주고 논문도 누가 점검했는지 본인의 설명과 더불어 강평도 해주어야 한다. 예를 들면 논문 5점, 품새 5점으로 10점 만점의 점수제가 되어 몇 점 이상은 승단이고 몇 점 이하는 승단 보류로 정해 논문도 돌려주어 보충 또는 삽입할 수 있게 해야 한다. 심사비도 반액을 돌려주든지 아니면 한정된 기한 내에 재심할 수 있는 기회를 주어야지 심사비 및 논문 제출을 1회용으로 사용 처리하는 것은 너무 비합리적이다. 심사 채점도 투명성이 없고 심사 발표도 공정성이 없으며, 심사에 대한 신청, 진행, 발표의 모든 절차가 편향적이라는 느낌을 받았다. 그래서 나는 당시 심사기준 설정에 대해 아래와 같이 정리해 보았다.

1. 현재까지 도장 운영과 사범으로서 활약상 확인

2. 국기원과의 연대 관계 확인

3, 해외거주 사범은 지역 주민은 물론 교포와의 유대관계 확인

4. 지도자 또는 사범으로서 자질과 철학 확인(면접과 구두시험)

5. 자도자로서 교육방법, 사범으로서 수련방법을 실기로 확인

6. 논문 제출과 동시 본인발표 및 심사위원 또는 점검위원의 강평

7. 품새 2개를 필수로 지정

8. 손동작, 발동작, 특기 확인

9. 기타 등등

본인의 도장 본관 및 지관의 유단자 심사는 아래와 같은 절차와 방식으로 실시한다.

1. 준비운동 10점

2. 손동작 10점

3, 발동작 10점

4. 품새(2개 필수) 10점

5. 일보 겨루기 10점

6. 겨루기 10점

7. 호신술 10점

8. 격파 10점

9. 필기 10점

10. 기타(출석표 및 수련자세) 10점

100점 만점을 기준으로 각 종목마다 7점을 받고 70점 이상이면 승단되고 70점 이하는 승단 보류로 7점 미달된 종목은 6개월 이내에 재심할 수 있고 모든 심사가 끝나면 의심점이 없이 설명과 동시에 발표를 하고 잘못된 점을 지적해야 한다.

또한 나는 국기원의 방향 설정에 대해서도 조언하는 글을 보냈다.

국기원은 의식을 개혁하든지 생각을 전환하든지 아니면 사물을 거꾸로 보는 뒤집어보는 지혜가 필요한 시대가 아닌가 합니다. 그리고 대담성 있게 행동에 옮기는 용기가 있어야만 영원한 세계의 국기원으로 거듭날 수 있습니다. 이번에 국기원은 본인을 조직의 일원으로써 단 심사를 하였지만 본인은 선진국 독일에서 30년 동안 태권도 사범과 관장으로 활동하면서 보고 듣고 느낀 사고를 가지고 국기원을 감사할 수 있었다는 것은 퍽 다행으로 생각합니다. 왜냐하면 진실을 충언했기 때문입니다. 국기원의 심사는 세계의 태권도를 관리할 수 있는 능력과 안목 그리고 큰 비전과 초 프로그램 개발에 심혈을 기울여야 합니다.

당시 국기원은 1년에 4번 고단자 승단심사대회를 실시했다. 대다수 태권도인들은 연령과 태권도 입문 순서에 따라 승단 노력을 하고 태권도계의 지위에 걸맞게 승단하는 것을 자랑스럽게 여기고 있다. 어떤 이들은 제자나 후배들이 승단할 때마다 같은 승급의 단이 될까봐 염려하기도 한다. 승단은 고귀하고 위엄하며 존엄하다. 하지만 자칫 승단을 위한 태권도 단의 가치를 실추시키고 권위를 퇴색시킨다면 문제의 심각성이 크다.

또한 염치와 체면을 뒤로 하고 승단을 위한 술수는 제자들과 후배들에게도 결코 좋지 않는 영향을 미치고 이것은 곧바로 태권도계의 변칙과 모순을 보여주는 것이라

해도 과언이 아니다. 그러나 유감스럽게도 고단자 승단심사에 응심하는 일부 몰지각 한 사람들은 논문 작성을 제3자의 것을 표절하고 암암리에 그 옛날의 관의식이 발동 하여 자신과 인연이 있는 심사위원에게 승단합격을 부탁한다고 한다.

나는 2000년 2월 국기원 강당에서 단독으로 9단 심사에 불합격하였으며 심사위원은 박해만, 이교윤, 김순배 3인이었으며 두 번째 심사는 2002년 5월 똑같은 방식으로 합격하였으며 심사위원은 이용우, 황춘성, 김순배였다.

나는 이러한 고단자 승단심사와 입양아에 대한 제언을 동아일보에 보냈는데 2009년 3월 동아일보로부터 소중한 제언에 고맙다는 답장도 받았다. 국기원이 이러한 충언에 힘입어 일취월장할 수 있길 간절히 바란다

우리의 역사를 보면 부정부패가 끊이지 않았다. 1960년 3월 15일 부정선거를 통해 4월 혁명이 일어났지만 60년이 지난 현재에도 부정선거가 자행된다. 지구의 종말이 닥쳐도 우리들의 뼈 속에 들어있는 부패의식은 영원히 살아있을 것 같아 염려스럽다. 더욱이 국기원이 비리 백화점이라는 말을 듣지 않도록 부단한 자성의 노력이 필요할 것 같다.

4

고국을 향한 고뇌와 제언

나는 책 내용 중 지멘스 사장과의 대화가 기억에 남는다.
그는 지멘스 사장에게 '독일인들은 무엇이든 천천히 받아들인다.
무언가 혁신하는 것에 둔감한 것인가?'라고 물었다.
그러자 그는 '우리는 무엇을 받아들이는지 시행착오가 있을지 모르니
면밀히 검토한 후 시행하기에 그렇다'고 답했다.
느리지만 꼼꼼하게 검증하는 자세가 엿보이는 독일사회를 언급한 것이다..

독일사회에 대한 70가지 생각

제1차 세계대전의 패배와 뒤이은 경제대공황 앞에서 독일 국민들은 절망했다. 그들은 혜성처럼 나타난 히틀러를 독일의 희망으로 신봉했다. 급기야 나치를 제1당의 반열에 올려놓는다. 프랑스의 철학자 질 들뢰즈(Gilles Deleuze/1925~1995)는 말했다. '파시즘은 독일 대중들이 원했던 것이다. 설명해야 할 것은 이데올로기가 아니라 욕망의 도착'이라고 지적했다. 독일 사회학자 테오도르 아도르노(Theodor Wiesengrund Adorno/1903~1969)는 무엇이 나치즘을 탄생시킨 것인가에 대해 물었고, 그 대답을 서양 철학이 쌓아올린 관념론 내부에 존재하는 이성의 폭력성에서 찾아냈다. 독일 지성들은 자신들이 광기와 합세한 까닭을 주입식 교육에서 찾았다. 획일적인 도식과 체계를 강요할 뿐 사유의 힘을 가르치지 않았던 것을 반성했다. 결국 68학생운동의 불길과 함께, '경쟁은 야만이다' 모토를 세우며 독일의 후예들은 교육부터 개혁했다.

니체(Nietesche)에 따르면, '신념은 거짓말보다 더 진리를 위협하는 위험요소다. 거짓말 뒤에는 감춰진 진실이 내포되어 있기라도 한다. 하지만 신념은 그 힘이 강해서 그 자체로 진리로 인식될 뿐 진실과 거짓의 판단 자체가 불가하다.'고 말했다.

독일인들의 내면 가운데는 뿌리 깊은 신념에 대한 신뢰가 강한 것 같다. 그들 스스로가 그것을 깨닫고 있기에 뼈아픈 자성도 가능했다. 그러한 변화의 자구노력은 독일강국을 만들어낸 일등공신이다. 나는 그들의 강도 높은 개혁 정신을 들여다보며, 독일사회를 꼼꼼히 정리해보았다. 반 백 년의 세월을 이곳에서 사는 동안, 객관적으로 바라보는 시선이 길러졌고 아울러 한국사회에 대한 생각도 할 수 있었다.

지극히 개인적인 관점이지만, 독일인들의 단적인 특징은 검소성(절약), 근면성(부지런함), 정확성(확실함), 진실성(솔직함), 준법정신(완벽성)이다. .

먼저 그들이 생각하는 사회 내 중벌에 해당하는 죄는 무엇일까? 그것은 세금탈세, 공문서 위조, 미성년 유괴, 납치, 강간이다. 무엇보다 부패 없는 투명한 사회를 위한 자구노력이 엿보이는 구석이다.

독일인들은 어떤 습성을 가지고 있는지 총 70가지로 정리해 보았다. 물론 현재 달라진 부분이 있을지 모르지만, 개인적인 소견이다.

1) 삶과 죽음에 초연하다. 죽음에 대해서도 지나치게 과장하지도 않는다.

2) 육체의 건강과 장애인의 차별이 없다. 장애인에 대한 사회구조적 지원책이 많고 장애인에 대해 특별한 시선으로 바라보지 않는다.

3) 직업에 귀천이 없다. 사회보장제도가 되어 있어 성실히 근무하면 어떤 직업이라도 먹고는 살 수 있다.

4) 매월 실업자 인원이 공개된다. 실업자에 대해 구체적으로 공개한다.

5) 전기줄과 전화줄은 지하에 묻혀서 연결되어 있기에 안전하다. 가스선도 지하에 연결된다.

6) 손님으로 초대되어 술을 마실 때 자가용을 집에 놓고 대중교통 또는 택시를 이용한다. 음주운전은 있을 수 없다.

7) 모든 대형 화물차나 작은 화물차도 컨테이너로 되어 있고 노출되어 있지 않다. 고속도로에서 물건이 떨어져나가 사고로 연결되는 것을 막는다.

8) 남자들이 가정에서 소변을 할 때 변기에 앉아서 사용한다. 소변의 오물이 곁에 떨어지지 않도록 조심한다.

9) 일방통행에 10m 거리도 통과하지 않고 200m 이상의 거리로 돌아간다.

10) 점심 후 휴식시간이 있다. 크고 작은 쉬는 시간이 있다.

11) 수영장은 어린이 수영장, 성인 수영장이 운영된다. 국가에서 운영하는 저렴한 수영장이 각 지역구마다 구비되어 있다.

12) 선거방식도 정당과 후보자에 투표한다.

13) 모든 선거는 일요일에 투표한다.

14) 가로수도 진찰하고 확인해 사고예방을 한다. 가로수 관련한 법들을 통해 수시로 점검한다.

15) 각 도시나 지방에 박물관과 전시관이 있다

16) 지금도 독일 전 지역에 동전으로 통화할 수 있다

17) 유치원부터 대학교까지 학자금 수업료, 등록금을 지불하지 않는다. 학기당 사회분담금 명목으로 300유로가 조금 넘는 돈을 낸다.

18) 종교인은 매월 종교세를 낸다. 회사를 들어가면 계약서에 종교 부분을 체크하는 것이 있다.

19) 사이비 종교가 없다.

20) 목사 또는 신부는 종교청에서 월급을 받는다.

21) 모든 종교의 성직자 수가 정확하다

22) 질서와 순서에 침착하다. 대중교통이 늦어도 결코 분노하거나 불평하지 않고 기다린다.

23) 모든 국민의 쏠림현상이 심하지 않다.

24) 모든 문제나 사건은 감성이나 느낌이 아닌 이성과 진실에 의해 해결한다. 상당히 논리적이고 합리적인 사고체계를 지닌 인간들이다.

25) 유행이나 혁신에 민감하지 않다. 그래서 느림의 법칙이 적용되는 나라다.

26) 형사사건은 확실한 증거가 수집될 때까지 범죄자를 소환 구금하지 않는다.

27) 층계를 말할 때 2층을 1층으로 말하고 문자로 사용할 때 2층을 1층으로 쓴다

28) 숫자를 말할 때 그리고 또(und)라는 말을 하고 문자로 사용할 때 그리고 또(und) 라는 문자를 쓴다

29) 물질을 위해 살지 않고 자기 삶을 위하여 살고 있다.

30) 식과 색에 몰두하지 않는다. 이것은 약간 개인차가 있지만 개인적인 생각이다.

31) 물건이 고장 나면 고칠 수 없을 때까지 사용한다. 독일인들은 쉽게 물건을 바꾸지 않는다. 떨어질 때까지 입거나 사용한다.

32) 음식점에서 공공장소에서 고성이 없고 난장판이 아니다. 어릴 때부터 대중 속에서의 질서를 배우는 편이다.

33) 사우나에서 자기가 앉은 자리에 수건을 깔고 앉는다. 휘트니스(Fittnis) 센터에서도 자신이 운동하고 난 후 꼭 소독을 한다.

34) 사우나는 남녀 공용으로 한다.

35) 아기를 낳아서 어떤 경우든 해외에 팔아서 돈을 받지 않는다

36) 시간을 말할 때 24시간을 말하고 숫자를 말할 때 24시간을 쓴다. 예를 들면 저녁 8시를 20시라고 한다.

37) 경사나 애사는 식구들끼리 간소화하게 치른다. 결혼식 등은 주로 가족이나 친한 벗 몇 명만 초대한다. 경조사비 등도 없다.

38) 빗자루 또는 걸레 혹은 공기청소기를 사용할 때 문에서 시작하여 안쪽으로 한다.

39) 연필을 깎을 때 안전성을 고려해 자기 쪽으로 당긴다.

40) 상대방과 톱질을 할 때 자기 쪽으로 힘을 주어 당긴다.

41) 돈을 주고받을 때 작은 액수부터 주고받는다. 유로(Euro)가 아닌 센트(Cent)부터 계산해서 주고받는다.

42) 쓰레기는 전 독일 16개 주가 분리수거한다

43) 신문 배달은 구독자가 병가 또는 휴가일 때는 양로원, 병원, 형무소 등에 배달한다.

44) 부부관계에서 또는 부모와 자식 간에 다툼으로 인한 구타 또는 폭력이 있으면 구청에 신고를 하면 비밀숙소를 제공하며 보호한다.

45) 독일인들은 살림살이의 모든 장롱 가구 등 완제품을 사지 않고(팔지도 않고) 재료를 사서 집에서 조립하는 인구가 약 60%이다.

46) 개인보다 공동체를 우선한다.

47) 명예시민은 국가조직이든 공공을 위한 단체든 약 20%가 무보수로 봉사한다.

48) 버스 승하차시 출입구가 15도 기울어서 안전하다. 그래서 휠체어나 유모차가 드나들기 쉽다.

49) 창녀들은 연금이 있고 건강보험에 들어 있고 실업수당을 청구할 수 있다.

50) 지하철 계단이 30개 이상이면 에스컬레이터(Escalator)가 되어 있다.

51) 국회에서 하는 모든 논의나 논쟁은 생중계된다.

52) 가장 가까운 인간관계는 존칭을 사용하지 않는다. 부모 관계도 너(Du)를 쓴다.

53) 소방차, 환자응급차, 경찰차, 경호차 등이 사이렌 소리를 내면 모든 운행차는 정지 또는 옆으로 비켜서 대기한다. 홍해 바다 갈라지듯 모든 자동차들이 서행하거나 옆으로 비켜 간다.

54) 모든 자동차는 정지하여 3분 동안 모터를 작동할 수 있다.

55) 자동차의 경적소리는 비상시 사용할 수 있다

56) 자동차를 소유하려면 보험 가입 영수증이 있어야 한다.

57) 자동차 타이어는 3mm 이하면 새로 바꾸어야 한다.

58) 자동차의 타이어는 봄, 가을에 두 번 바꾸어야 한다.

59) 독일 고속도로에서 속도 위반을 하면 꼭 사진과 함께 벌금 통지서가 온다.

60) 미성년자 또는 처녀가 아기를 낳아도 사회 또는 시민의식에 불평등이나 부정한 행위로 보지 않는다

61) 남녀노소 불문하고 알몸으로 다닐 수 있는 공원이 있다.

62) 3유로에서 5유로를 자동기계에 넣으면 혼자서 자위행위를 할 수 있는 영화관이 있으며 휴지도 있다.

63) 사람이 모이면 줄을 서야 하는 장소에는 어느 장소든 번호표를 뽑는 기계가 있다.

64) 자기 소유 집안의 나무를 자를 때 허가를 받아야 한다.

65) 50년이 지난 집안의 기계 부속품도 회사에 주문하면 보내준다.

66) 미성년자와 성 교제를 한 성인은 돌이킬 수 없는 강력한 법적 처벌을 받는다.

67) 공공장소나 공중질서에 대한 공동체에 문제점이 발견되면 지체 없이 신고하는 시민정신이 있다.

68) 학교나 직장 또는 어떤 직업에서도 노골적인 왕따 등 비인간적인 행위가 거의 없다.

69) 전 세계에서 두 번째로, 중국 2296명, 독일 736명으로 국회의원 수를 보유한 국가다.

70) 독일에는 원자력발전소가 없다.

위에서 언급한 것처럼 독일인들은 자신들 스스로 공동체의 질서 속에서 공존하며 살아간다. 개개인이 톱니바퀴처럼 맞물려 서로의 필요성을 채워간다. 누구에게 책임을 전가시키거나 내가 그 짐을 떠안는 형식도 아니다. 한국인은 공동체의 수장이 되면 으레 밥을 사야하지만 독일인들은 각자가 지불한다. 그러기에 비리도 없다. 선배가 후배 밥을 사주는 경우도 그렇게 흔하지 않는다. 각자 하나의 개체로서 존재하기에 내 밥그릇도 내가 스스로 책임진다.

나는 확실히 독일은 선진국이라고 생각한다. 미국은 선진국이 아닌 강대국이다. 딸은, 2001년 9월 뉴욕 세계무역센터가 테러로 폭파될 당시 실습생으로 미국에 가 있었다. 그래서 미국에 대한 견해를 자주 이야기하곤 한다. 언젠가 흑인 노숙자를 뉴욕에서 본 적이 있는데 백인 경찰이 마치 쓰레기를 치우는 것처럼 흑인 노숙자를 질질 끌고 가더라는 것이다. 그때부터 딸은 미국에 대해 비판적인 시선이다. 자본주의 권력으로 경제는 강할지라도 문화 선진국은 아직 멀었다.

가끔 아내와 독일 내에서 단체 버스여행을 가곤 한다. 그럴 때마다 가이드가 공지를 해준다.

1. 마지막에 내릴 때 운전사에게 되도록 팁을 주세요.
2. 당신이 버스를 타면 앞에 좌석이 있어도 뒤에 타보세요. 자신이 앉고 싶은 자리가 있어도 다른 사람과 돌아가면서 탈 수 있도록 배려하세요.
3. 호텔에서 잠을 잘 자고 편안하게 보냈으니 종업원을 위해 1유로씩 베개 위에 놓으세요.

그래서 나는 여행을 가면 이 규칙을 지키려고 노력한다. 미국에서 한국인들과 패키지 버스여행을 한 적 있었는데, 그들의 모습은 실망스러웠다. 보통 첫날 버스 앞좌석에 자리를 잡으면 모자나 가방, 옷 등을 놔두고 내리면서 다음날도 그 자리에 앉는다. 마치 자기 영역인 양 꼭 지정해둔다. 그래서 나는 매번 뒤에 앉게 되었다. 또한 식당에 가면 먹을 것을 몰래 싸가지고 가는 것이다. 그래서 한인식당이나 중식당에는 '마음껏 드시고 가세요. 하지만 싸가지고 가지는 마세요'라는 안내문구가 유리창 또는 책상 앞에 붙어 있다.

2022년, 나는 영국인 저널리스트가 쓴, 존 캠프너(John Kampfner)의 독일이 왜 잘하는가라는 책을 읽은 적 있다. 저자는 독일이 지금까지 세계 모범국으로 떠오른 독일의 힘이 무엇인지 독일 현대사의 정점에서 독일의 정체성을 만든 네 번의 사건을 통해 들여다보았다. 1949년 「기본법」 제정, 1968년 68학생운동, 1989년 동서독 통일, 2015년 난민 수용 등은 독일의 시민의식에 큰 역할을 한 시점들이다. 그는 직접 독일에서 체험한 경험과 독일 지성 및 시민들과의 솔직한 대화를 통해 독일사회의 숨겨진 경쟁력과 회복력을 흥미롭게 전개하고 있다. 그는 책 속에서 제2차 세계대전의 전범국인 독일이 유럽을 넘어 세계 최대 선진국으로 떠오를 수 있었던 힘은 무엇인지 추적하며 객관적으로 살펴보고 있다. 그가 말한 독일이 잘하는 이유를 역사, 이민, 환경, 문화, 외교적 측면에서 다루고 있다.

첫째, 역사적인 측면에서는 홀로코스트(Holocaust)를 인정하고 과거 청산의 의지를 보인 점이다. 수도 한복판에 학살의 과거사를 반성하는 의미로, 죽은 사람의 2,711개 관을 연상시키는 홀로코스트(20,000m²) 기념물을 만들었다.

둘째, 이민의 측면에서는 유럽의 여러 나라가 난민들의 수용을 어려워할 때 독일은 백만 명 이상의 난민을 받아들였다. 이는 저출산 문제로 인구 증가를 고려하기 위한 처사일 수 있지만 무엇보다 인도주의 측면에서 추앙받을 만하다.

셋째는 환경적인 측면이다. 독일은 어느 나라보다 재생에너지 비율이 높다. 비근한 예로 녹색당이 중요한 통치세력으로 떠오른 점이다.

넷째는 문화적인 측면이다. 독일에서 예술에 대한 지원은 강력하고 지속적이다. 예술에 대한 시민사회의 관심 또한 지대하다.

나섯째, 외교적 측변을 들 수 있다. 독일의 외교능력은 세계 최상이다. 유럽과 이야기하려면 누구에게 전화를 걸어야 할까? 라는 질문에 단연코 그 대답은 한세대(30년) 동안 한결같이 독일이라고 말한다.

나는 책 내용 중 독일 유명 가전제품 회사인 지멘스 사장과의 대화가 기억에 남는다. 저자는 지멘스 사장에게 '독일인들은 무엇이든 천천히 받아들인다. 무언가 혁신하는 것에 둔감한 것인가?'라고 물었다. 그러자 그는 '우리는 무엇을 받아들이는지 시행착오가 있을지 모르니 면밀히 검토한 후 시행하기에 그렇다'고 답했다. 느리지만 꼼꼼하게 검증하는 독일사회를 언급한 것이다. 서두르지 않고 밑바닥부터 탄탄하게 성장을 이뤄왔던 독일이 앞으로 세계 전쟁과 기후위기 속에서 잘 버티어갈지 관심이 주목된다. 특히 우크라이나와 러시아의 전쟁으로 인한 에너지 가격 상승으로 영향을 받는 독일 경제의 미래도 염려된다. 언제까지 유럽 선진국의 리더로 지속할지도 궁금해진다.

인간적인 유대를 잊지 않으며

최근 독일 텔레비전 음악 프로그램에서 윤이상 작곡가를 조명한 다큐멘터리가 방영되었다. 아마도 선생님이 태어난 날에 맞추어 편성한 것 같았다. 방송에서는 1967년 동백림 사건 당시 한국 형무소에서 출소하는 모습까지 생생하게 보여주었다. 그의 일생 전반을 다루고 있어 다시금 그분에 대한 추억 속에 빠졌다.

나는 윤이상 작곡가를 지근거리에서 만났고 경험했다. 음악에 대한 지식도 없고 전공도 아닌 태권도 사범 김태현이 작곡가 윤이상 선생님을 알게 된 동기는 우연의 일치일까, 아니면 운명의 장난일까 생각된다.

처음 베를린으로 온 후 한인교회를 방문했다. 이 교회는 나의 사랑하는 아내를 만난 곳이기에 의미가 깊다. 또 무엇보다 윤이상 선생을 처음 알게 된 곳이다.

1973년 11월이었다. 을씨년스러운 겨울의 문턱에서 따스한 한인들의 온기가 있는 교회. 고 정하은 목사님은 생애 처음 교회를 찾아온 신도를 반갑게 맞이했다. 광산생활 3년을 마치고 베를린에 온 태권도 사범인 나를 소개하자, 교인들이 박수로 환영했다. 예배 후 교제시간에 윤이상 작곡가의 아들이 태권도를 배우고 싶다고 나에게 다가왔다.

"선생님이 하시는 것이 태권도에요? 가라데에요?"

연락처를 부탁하길래 주소와 전화번호를 알려주었다. 며칠이 지난 후 윤이상 선생으로부터 직접 전화가 왔다. 자신의 아들 문제로 만나고 싶다는 것이다.

"내가 동백림 사건으로 힘들 때 아이들을 방치했는데 그 사이 아들이 마약을 했습니다. 혹시 김 선생이 우리 아들을 좀 도와줄 수 있겠습니까?"

나는 안타까운 마음에 알겠습니다'라고 말했다. 결과적으로 윤이상 선생 아들은 어두운 마약세계에서 빠져나올 수 있었고, 이 때문에 선생은 늘 나를 고맙게 생각했다.

당시 나는 반공교육에 투철한 청년이었기에, 북한에 우호적인 윤이상 선생을 뵙기가 부담스러웠다. 불안함과 두려움에, 다음날 베를린 총영사관 국정원 김 부총영사에게 사실을 고백하기도 했다.

나중에 선생은 도장을 찾아왔다. 약 한 시간 동안 수련하는 수업을 보고 저녁시간에 근처 식당에서 대화를 할 수 있냐고 물었다. 수련시간이 21시 30분에 끝나기에 도장 뒷정리 청소를 하면 23시쯤 된다고 말했다. 그랬더니 선생은 다음 기회에 자신의 집에서 만나자고 하며 주소와 전화번호를 건넸다.

1974년 9월, 어느 토요일 선생님 댁에 초대를 받아 식사를 하게 되었다. 동백림 사건 당시 독일에 자식들을 남겨두고 2년 동안 한국에 납치되어 형무소 생활을 한 것에 대해 토로하며, 그때 자신의 부재로 아이들을 보살펴줄 수가 없었다고 했다. 그래

1976년 10월 윤이상 선생 자택을 방문하여

1985년 5월 베를린 필하모니(Berlin Philharmonie) 공연장에서
윤이상 선생 사모님과 나의 아내

서 아들이 불행하게 마약을 하게 되었다며 자초지종을 설명했다.

'병원에 입원시키거나 요양을 보내도 뛰쳐나와 문제를 일으키니 마약조직에서 빠져나올 수 있도록 도와달라'며 아버지로서 애절한 마음을 털어놓았다. 나는 그 사연을 듣는 순간, '선생님, 제가 최선을 다해 해결하도록 노력하겠습니다.' 라고 약속한 것이다.

그때부터 태권도장에서 숙식을 했고, 나는 그의 일거수 일투족을 주시하며 함께 했다. 그가 가는 마약상인, 디스코, 마약 술집, 마약 아지트를 따라다니며 여러 위험과 위기를 극복하고 마약조직에서 나올 수 있도록 최선을 다했다. 그러던 중 점차 마약을 끊게 되어 이후 요양을 떠났고, 건강을 되찾아 일상생활이 가능해졌다.

2017년 베를린에서는 작곡가 윤이상 탄생 100주년 기념행사가 열렸다. 8월 31일 베를린 필하모니 음악당에서의 전시회를 시작으로 9월 17일까지 독일에 있는 여섯

곳의 음악 홀에서 선생의 작품이 연주되었다. 세계적인 작곡가이자 남북한이 낳은 위대한 인물 윤이상 선생은 남북통일이라는 이상의 꿈을 안고 파란만장한 삶을 살다가 1995년 11월 3일 서거했다. 독일과 일본에서 명성과 명예와 보호를 받았고 미국과 북한에서는 특별히 환대와 존경을 받았다. 미국 뉴욕 브루클린 음악원의 음악당 건물 벽면에는 작곡가 윤이상 선생 이름이 동판에 새겨져 있다. 평양에서는 윤이상 음악연구소를 설립하고 해마다 기념음악제를 실시하며 기념관을 운영하고 있다. 반면 자기가 태어난 한국에서는 악랄한 모략과 박해를 받았다.

고향 통영에 윤이상 기념관이 있는데, 고 김대중, 고 노무현 정부 때는 정부의 지원금이 있었다. 하지만 이명박, 박근혜 정권 때는 지원금이 끊어져 근근이 명맥만 유지했다는 말을 들었다. 1961년 고 박정희 대통령도 현 국정원의 전신조직인 중앙정보부를 만들어 오늘까지 정권의 하수로 전락해 국가와 민족을 위한 본연의 임무인 대공사찰은 등한시하고 가짜 간첩단 사건을 조작했던 기관이 아닌가?

독일은 전체 약 3100여 개의 박물관과 기념관을 보유하고 있다. 박물관은 살아 있는 역사이기에 과거를 유추할 수 있고 오늘의 삶이 행복한가, 불행한가를 가늠할 수 있다. 미래를 예측하는 나침반이기에 정부의 적극적인 지원과 보호를 받는다. 정권에 의해 기념관의 지원금이 좌지우지 된다는 것은 경제개발협력기구(OECD) 국가에서 유일하게 한국뿐이다.

1967년 동베를린 사건부터 지금까지 윤이상 작곡가는 공산주의자, 빨갱이, 반국가 친북 주사파 등으로 낙인찍혀 있었다. 광부와 간호사로 독일에 온 동포들은 독일에서 두 눈으로 통일을 보면서도 무엇을 보고 듣고 배웠는지 한국의 50년 전에 고착된 사고방식으로 여전히 살아가고 있다. 세계 최대 복지국가인 독일에 살면서 양잿물도 공짜면 마신다는 민족성에 기인해 정부로부터 동정 받고 구걸하기 위한 광부 간호사들의 모든 단체와 그들을 위한 사회단체 및 어용조직의 행위는 너무 처절하고 비겁할 뿐이다.

윤이상 선생은 또 한 번의 어려움을 겪었다. 1992년 북한으로 가족을 데리고 망명한 오길남 이가 북한에 처자식을 두고 남한으로 재망명한 사건이다. 그 당시 나는 베를린 한인회 회장이었고 윤이상 선생으로부터 만나자는 연락을 받고 찾아갔다. 윤이상 선생은 제2대 재독 한인총연합회 회장을 역임했던, 동포사회에 큰 역할을 한 분이다. 그는 오길남에 대한 자초지종을 설명하면서 '한인회보에 기사화해서 독일에 거주한 동포들에게 진실을 알려야 한다'면서 손수 쓴 원고를 건넸다. 이 원고를 한인회 회보에 기사화하게 되면 베를린 총영사관 국정원 김 부총영사로부터 받는 정신적 고통과 시련을 감당할 수 있을까 고민했다. 하지만 양심의 결단을 저버리지 못했다. 결국 1992년 6월 초에 기사화하면서 총영사관으로부터는 부당한 대우를 받았다. 대사관 측에서는 한인회에 지원하는 지원금을 일절 주지 않겠다는 것이다.

오길남 사건으로 베를린에 거주하는 동포 3명이 연관되었다. 나는 1992년 6월호 한인회보에 오 씨 사건과 관련해 올렸고, 1992년 7월 8일자 한겨레 신문에도 보도되었다. 장문의 내용이라 여기서는 생략한다. 다만 한인회보에 기사화하면서 아래와 같은 내용으로 동포들에게 양해를 구했다.

존경하는 교민들께 드립니다.

1992년 5월 23일자 한국의 각 신문에 기사화된 사건은 베를린에 살고 있는 교민들로서는 충격적이며 아울러 많은 유언비어와 서로 간의 불신감이 팽배해지고 있습니다. 피해자들로부터 해명서와 독일 언론기관의 문의 전화가 수차례 있었고 또 회칙 제2장 목적 제4조에 '본회는 회원 상원간의 친목과 협조를 강화하고 회원의 권익을 옹호 증진한다.' 라는 정관 규정에 의해 신문에 보도된 내용과 피해자들의 해명서를 본 한인회지 6월호에 싣게 되었습니다. 만일 보도내용이 사실이라면 외교 통로를 통해 강제 송환을 하여 국가보안법에 처벌을 받아야 하고 아니

면 오길남을 베를린에 정부 주선으로 송환하여 피해자들과 대질시킴으로써 누가 진실이고 조작인지 밝혀질 수가 있지 않은가 합니다.

존경하는 교민 여러분

지금의 시대는 사상의 대결이 아니라 민족의 내결이며 영토 선생이 아니라 경제전쟁이 아닌가 생각됩니다. 아무쪼록 교민 여러분들의 사고와 판단이 있기를 바라면서 상호간의 친목과 협조를 위해 남북의 통일을 위하여 교민여러분의 넓은 이해를 바랍니다.

1994년 9월 서울, 광주, 부산에서 윤이상 음악제가 열리게 되고 예음 재단과 시민단체에서 윤이상 선생에게 초청장을 보내왔다. 그는 고국을 방문한다는 생각에 너무 좋아 귀국 준비에 여념이 없었다. 꿈에 그리던 고향, 상상만 해도 황홀감에 젖어 있던 그에게 안기부에서 연락이 오기를 '과거에 대한 반성과 정치활동을 하지 않겠다'는 서약서를 요구하면서 귀국을 반대했다. 그렇게 조국이 그리워 가고파 하다가 그런

북쪽에서의 판문점 정전협정 조인장 앞에서 필자

북한의 장교가 설명하는 모습

강요를 받았을 때 '선생은 정신적 허탈감과 마음에 상처가 얼마나 컸을까' 라는 생각이 든다. 북에 가서 강서고분 벽화를 보고 영감을 얻어 '이미지', '나비의 꿈', '광주여 영원하리' 작품을 탄생시켰듯이 만약 국정원이 '조건 없는 선생의 조국 방문'을 허락했다면 남한의 불국사를 보고 통영 앞바다에서 '조국의 꿈 조선이여 영원하리'의 작품을 만들지 않았을까 생각이 든다. 그는 '남한도 북한도 나의 조국이다'라는 신념을 지닌 분이다. 고 김대중, 고 노무현 정부는 미래지향적 통일정책을 추진하여 통일을 50년 앞당겨놓았는데 이명박, 박근혜 정권은 통일저해 정책을 실시해 통일을 100년 후퇴시켜 놓았다.

독일의 경우, 연방 총리 빌리브란트(Willy Brandt) 사민당 정부가 1970년 두 번의 동서독 정상회담을 통해 동방정책을 선언하고 헬무트(Helmut Kohl) 기민당 정부까지 통일 정책을 일관되게 추진하였기에 통일을 이룰 수 있는 결정적인 요인이 되었다. 우리 민족 뿌리의 근원은 '너 죽고 나 죽자' 의식구조로 되어있기에 남한은 하루에 약 40명씩 자살하는 막가파식 사고방식으로 살아가고 북한은 핵 실험과 탄도 미사일로 남한을 위협하는 벼랑길 사고방식으로 살아가기에 천지개벽이 오지 않는 한 남북통일은 요원한 듯 보인다.

독일은 나도 살고 너도 살고, 서로 살자는 공동체 사고방식으로 살아가기에 평화적인 통일을 완성했다. 아울러 통일 8년 만에 제14대 연방하원 의장에 동독인 볼프강 티어제(Wolfgang Thierse)를 선출했고 통일 15년 만에 연방 총리에 동독인 앙겔라 메르켈(Angela Merkel)을 당선시켰다. 이후 통일 20년 만에 연방 대통령으로 동독인 요하킴 가우크(Joachim Gauck)를 선출한 독일은 오시(Ossi/동베를린 사람에 대해 비꼬며 부르는 말), 베시(Wessi/서베를린을 비꼬며 부르는 말)의 융화와 통합을 이룩한 국민들의 저력을 남한이 조금이라도 닮아갈 수 있을까 생각해본다.

1995년 4월, 베를린의 윤이상 선생 자택을 방문했다,

"제가 북한을 갑니다. 조선 태권도연맹으로부터 초청을 받고 남북통일 태권도 시범경연대회를 베를린에서 유치하기 위해 갑니다. 선생님께서 저 개인에 대해 신원을 보증해 주신다면 설상가상의 정신에서 해방되겠습니다."

"걱정 말게. 내가 선이 닿는 대로 연락하겠네. 그럼 잘 다녀오게"

베를린 총 영사관 국정원 윤 부총영사에게 사실을 말하고 초청장 사본을 주었다, 1995년 4월 베를린 쇠네펠트(Schönefeld) 공항에서 고려민항 항공기를 타고 평양에 도착했다. 조선 태권도 전당을 안내받고 조선태권도연맹 부위원장 정재훈 씨가 '황봉영 위원장님이 오후에 들어오신다고 연락을 받고 자기가 참석하게 되었다'고 말하면서 '허심탄회하게 대화를 하자'면서 의자에 앉았다. 베를린에서 남북 태권도 시범경연대회와 전세계 태권도 활성화에 대해 약 2시간 동안 대화를 나누고 시범단 초청에 대해 적극적인 확답을 받았다.

북한을 다녀온 후 1995년 5월 25일 인사차 선생을 찾아뵈었다.

"잘 다녀왔습니다."

"일은 잘 되었는가"

"반은 성사가 되었습니다."

"잘 되길 바라네"

"선생님은 건강하십니까?"

선생은 그날 하펠(Havel) 호수가 보이는 응접실의 흔들의자에 앉아서 나를 가까이 오라고 했다. 그리고는 손가락으로 숲 사이에 지나가는 배를 가리키며 '몇 척의 배가 지나가는가를 셈하면서 소일하네'라고 말했다.

"자네에게 주고 싶은 것이 있네"

그는 옆에 놓인 책상에서 '나의 길과 광주여 영원하리' CD를 건네며 사인을 하고, '김태현 사범에게 늘 인간적인 유대를 잊지 않으며' 라고 아래에 썼다. 그는 무슨 예지가 있었는지 5개월 후 생을 마감했다.

나의 부친이 1918년 태어났고 윤이상 선생은 한 해 전인 1917년에 태어났다. 나는 매년 아버지를 만나는 기분으로 선생님의 묘소를 찾아가 인사를 드렸는데, 어느 날 그곳에서 처음으로 어느 한국인을 만났다. 그때가 2016년 9월이었다. 그녀는 한국인으로, 의사인 독일남편과 결혼했다. 그러다 남편 먼저 세상을 떴다고 했다. 그녀는 남편이 평소 윤이상 작곡가의 음악을 좋아하고 존경하였기에 그분의 묘지 앞 약 8m 거리에 매장을 했다고 한다.

2017년 한국에 사는 사촌 여동생이 라이프치히 니콜라이(Leipzig Niecolei) 교회에서 열린 마틴 루터(Martin Luther) 500주년 기념 콘서트에 참석한 후, 베를린에 와서 윤이상 선생 묘소를 찾아 뵙고 싶다고 해 묘소로 안내했다. 베를린 주정부에서 매년 묘를 관리하고 크리스마스 때는 화환을 놓는다.

그해 문재인 대통령 내외가 독일 방문 시 묘소를 참배했다. 동판으로 된 푯말에는

‘대통령 문재인 김정숙 여사’의 이름이 새겨져 있다. 선생의 묘에는 또 하나의 푯말이 있다. ‘명예시민’이라는 표식이다. 독일에서는 죽은 자의 업적을 기리기 위해 존경하는 마음으로 무덤 옆에 동판을 새긴다.

분단의 도시였던 베를린에서 위대한 한국의 작곡가 윤이상은 조국의 통일을 애타게 소망했다. 그는 살아서 독일의 통일은 보았지만, 조국의 통일은 보지 못하고 눈을 감았다. 아직 잠들지 못한 그의 영혼이 이 도시에 그림자처럼 머물러 있다.

독일 통일의 꿈이 이루어진 것처럼 언젠가 그의 꿈도 이루어지길 바래본다. 다행히 독일 베를린 공원묘지에 묻혔던 윤이상 선생의 유해를 사후 23년 만인, 지난 2018년 통영으로 이장했다. 고향 바다가 보이는 곳에 묻히고 싶다는 윤이상 선생의 생전 바람에 따라 위치를 선정했다고 한다. 유해가 묻힌 곳에는 봉분을 대신하는 너럭바위가 있고, 베를린 묘비에 새겨져 있던 사자성어 ‘처염상정’(處染常淨; 진흙탕 속에서 피어나지만 결코 더러운 흙탕물이 묻지 않는 연꽃)이 새겨져 있다.

1995년 5월 25일
김태현 사범에게 늘 인간적인 유대를 잊지 않으며 카세트(Cassette)에 써주신 친필

한인 입양인에 대한 짧은 소회

1987년의 어느 날, 주 독일 한국 총영사관에서 연락이 왔다. 베를리너 자이퉁(Berliner Zeitung)이라는 신문에 게재된 광고내용을 보여주면서 어떻게 해야 할지 문의를 해왔다. 내용은, 어느 젊은 한인여성이 올린 매춘광고였다.

나는 매춘광고를 올린 한인 여성을 찾아갔다.

"아가씨의 부모가 누구인가요?"

"모릅니다"

그녀는 다름 아닌 21살의 한인 입양인 여성이었다. 이런저런 이야기를 나누고 돌아왔는데 이후 그녀의 광고가 사라졌다. 갑자기 생각지도 않게 한인 남성이 찾아오자, 입양인인 그로서 수치심이 일었는지도 모를 일이다. 근황이 궁금해 나중에 유고슬라비아 친구와 함께 찾아갔다. 하지만 그녀의 모습은 찾아볼 수 없었다. 그녀의 처지가 안타까워 오래 동안 뇌리에 남았다.

독일은 2002년 1월 성매매자보호법이 발효되어 성매매 합법화는 물론, 성매매 종사자들의 권리 보호에 목적을 두고 있다. 사실 독일은 기독교를 바탕으로 도덕적 잣대로 여성들을 성녀와 창녀로 구분해왔다. 점차 성매매 여성의 인권이 증대되었고 녹색당의 제안으로 연금제도, 건강보험, 실업제도까지 생겼다. 독일엔 현재 약 20만 명의 직업적 성매매 종사자가 있다. 무조건 한국식으로 막는 것보다 오히려 그 업종에 대해 양성화한 것이다. 약 80%가 동유럽의 여성들이다.

현재 베를린 할렌제(Halensee) 근처에 5층 건물이 매춘아파트로 알려져 있다. 약 240여 명이 3교대로 8시간씩 근무하며 가격은 입장권이 90유로(식사, 음료, 술 등은 무료)다. 국제무역전시장 옆에 있기에 한국인들이 호기심에 많이 다녀간다고 한다.

독일인들은 해외여행에 여름 해수욕 휴가를 제외하고 해외에 일상적인 휴가 또는 업무에 의한 여행으로 여유가 생기면 박물관 전시장 또는 고궁을 찾아가는데 한국인들은 전통적인 습관으로 행동으로 사창굴을 찾아가서 즐기는 것이 못내 한탄스럽다.

오래 전, 독일 남부지역 라우펜(Laufen) 시의 카톨릭 공동묘지에서는 27세 나이에 세상을 등진, 한국 출신 입양아 마르코스(Marokos)의 음독자살과 관련 장례식이 있었다. 마르코스는 부산 출신으로 독일에 입양 당시 2살이었고, 한복 한 벌과 검정 고무신 한 짝이 전부였다. 독일 양부모는 부유한 편이었다. 하지만 성장하면서 평소 자신이 입양되었다는 것에 불만이 많았고 친구가 없었다고 한다. 평소에도 무기력한 생활로 신경안정제를 장기 복용해 늦은 시간까지 잠자리에서 일어나지 않았다. 어느 날 그를 깨우려고 양어머니가 방문을 열었을 때 술과 함께 과다복용한 신경안정제로 이미 숨이 멈춘 상태였다고 한다. 안타까운 소식에 한인사회가 술렁거렸다. 입양인 또한 우리의 뿌리를 가진 한 민족인데, 그동안 한국사회에서 소외된 것 같아 마음이 안타까웠다.

우리나라 첫 해외입양은 1950년 6월 25일 한국 전쟁으로 인한 폐허와 굶주림에 참담한 현실을 보고 순수한 인간의 존엄성과 인도적인 정신에 입각해 미국인들에 의해 시작되었다. 세계에서 아이 수출국 1위라는 불명예를 가지고 있다. 유럽은 유난히 한국인 입양인들이 많다. 지금은 다행히 해외 입양사례가 예전처럼 아니어도 여전히 많은 아이들이 해외로 입양되고 있다. 그들 중 정체성의 혼란이나 힘든 시기를 거치지 않고 성장한 이들도 있지만 대부분 힘든 시기를 거친다.

지금도 핏덩어리 어린 아이를 세계 각국에 수출하는 고국의 현실을 안타까워하며 놀랍게 성장한 국가의 체면과 위상과 자존심도 없이 자기가 낳은 자식도 양육할 수 없는가, 개탄스럽다. 경제적인 여건과 한국에서 입양아들을 키울 수 있는 시민의식도 없다면 국가에서 정책적인 차원으로 해결해야 한다고 생각한다.

세계에서 가장 많은 교포를 갖고 있는 중국. 이스라엘, 이태리도 국가에서 입양아들을 해외에 보내지 않는다. 인간의 기본이 되는 혈육에 대한 도덕성과 존엄성을 무시하고 세계 각국으로 입양아를 수출한다면 세계는 물론 독일인들의 선입견과 잠재의식 속에 우리나라는 분명 야만 후진국일 수밖에 없다.

당시 나의 태권도 도장에 태권도와 육체미 운동을 배우기 위해 입양아들이 오곤 했다. 언젠가 한독가정(한국인과 독일인이 결혼한 가정)에 초대받아 몇 잔의 술을 나누며 이야기를 나누던 중이었다.

김사범(Meister Kim)북한에는 어린이를 낳아서 굶주림에 죽어가고 있어요. 남한은 어린이를 낳아서 세계 각국에 팔고 있습니다. 당신은 그것에 대해 어떻게 생각하느냐?"

독일인 남편이 나에게 뼈 있는 농담으로 질문을 해왔다. 나는 태연하게 설명을 시작했다.

"기원 전 350년 경 중국의 사상가 맹자는 인생에 사는 맛은 식과 색이라고 갈파했습니다. 그래서 북한은 색이 발달했고 남한은 식과 색이 최고로 발달되어서 북한은 전 세계에 구걸을 하고 남한은 세계 각국에 입양아를 수출하고 있습니다. 사실 그것이 문제입니다."

나로선 현답이라고 생각했지만 그는 허허, 하고 웃을 뿐이었다.

2004년 2월 18일 독일 카니발 행사 텔레비전 프로그램에 코미디로 각본을 만들어서 '섹스는 너희들이 즐기고 책임은 세계인들한테 전가시키는 민족이 한국인들이다'라는 내용이 방영되었다. 당시 관중들은 박장대소하며 흥분의 도가니였다. 얼마나 한심하고 창피스러운 일인지 화면을 들여다보는 나는 얼굴이 화끈거렸다.

2012년 2월에는남한의 독일주재 문화원장이 술에 만취되어 운전을 하고가다가 주차된 차량4대를 파손하였고 북한의 독일주재 대사관 외교관이 허가되지 않은 장소에서 낚시를 하다가 시민들의 신고로 발각되어 독일의 일간지 모르겐 포스트(Morgen Post)신문에 대서특필되고 RTL에 방영되었다.

2013년 5월에는 독일주재 한국대사관공사 참사관이 술에 만취되어서 운전을 하고 집으로 가다가 식당에 돌진하여기물파괴가 되었고 독일의 일간지 타게스 스피겔(Tages spiegel)신문에 치외법권 때문에 벌금이나 벌점을 부과 할 수 없는 부당성을 지적하는 기사 내용이다. NTV에 방영되었다.

당시 어린아이를 입양할 때 수속비용이 작게는 3천 유로에서 5천 유로가 있어야 하며, 장애인 입양아는 더 많은 지출이 필요하다고 했다. 노동력이 부족해 동남아에서 인력을 수입하고 있던 때라, 해외에 입양시키는 어린이들을 잘 키워서 산업전사로 수용하면 될텐데 의구심이 들었다. 아프리카와 아마존의 밀림에 살고 있는 원주민도 성생활의 부산물이든 종족번식의 수단이든 자식을 사랑하든 하지 않든 자기들이 낳은 자식들을 의도적으로 입양보내지 않는다. 절대로 입양은 없다. 아니 입양을 모른다.

인구 감소가 국가의 흥망성쇠를 좌우한다면 저출산 문제를 생각해보자. 전문가도 아니고 학자도 아니고 연구하는 통계사도 아닌 나는 당연한 해답을 제시한다. 아기를 출산할 수 있는 능력이 있는 여성들을 국가와 사회가 인정해주어야 한다. 처녀가 아기를 낳아도 미성년이 아기를 낳아도 불구자가 임신을 해도 이해할 수 있는 의식구조를 개조해야 한다. 또 정부에서는 이를 위해 모든 것을 뒷받침하는 정책이 마련되어야 한다. 정부는 아기를 낳은 당사자에게, 그리고 미성년자의 경우 부모와 어떻게 해결할 것인가 논의를 거쳐 아기가 18세가 될 때까지 성장할 수 있는 재정을 뒷받침해주고 만약 싫다면 정부에서 보모를 두어 키우는 정책을 실시하면 된다. 우리나라에서는 처녀가 아기를 낳으면 여전히 사회적 부정의식이 도사린다. 미성년이 아기를 낳으면 집안 망신이라는 의식이 팽배하다. 특히 농촌지역, 늙은 총각 또는 성인이 동남아 필리핀, 베트남, 중국 기타 나라에서 데려온 여자들한테서 태어난 아이나 여성을 천대하는 의식은 고쳐져야 한다.

방송이나 신문에서 아기를 낳아서 병원에 버리고 도망가고 남의 집 문 앞이나 교회에 버리고 심지어 살인행위까지 하거나 사설복지재단에 보내어 세계 각국에 입양아, 인신매매 수출을 하는 것은 지양되어야 한다. 더욱 놀라운 사실은 7세에서 12세 아동들을 돈 몇 푼으로 꼬여서 성욕구를 해결하는 사회, 미성년자 강간은 중동국가를 제외하면 세계 선진국이다. 아동과 미성년자가 강간을 당해도 집안의 위신과 체면 때문에 쉬쉬하며 비밀로 한다. 핑계는 '어린이 장래를 위해서'라고 말한다. 경찰에 신고를 하지 않는다. 그래서 객관적 통계를 알 수가 없다. 영원히 비밀이 된다. 선진국 독일에서는 재발 방지를 위하여 신고를 한다. 아기를 왜 안 낳느냐고 말하면 한국 젊은이들은 교육비 때문이라고 말하며, 이에 전문가들도 힘을 보탠다. 얼토당토 않는 사기성 속임수 말장난이다. 차라리 자식을 낳아서 자살하는 것을 볼 수 없기에, 라고 말하는 게 정답이 아닐까?

국가는 민족의 100년 후의 존속을 위하여 미래를 예지하고 착안하고 계획하는 정부가 되어야 하지 않는가. 사탕발림의 근시안적 정책은 근본적인 해결방안이 아니며 젊은이들이 눈앞의 이익을 위해 발광할 뿐이다.

우리나라 해외 입양정책의 역사는 70년이 넘어서고 있다. 이승만 정권(1948~1960년) 때는 정책으로 많은 혼혈아들을 해외로 입양을 보냈다. 중앙입양원에 따르면, 1955년부터 1961년까지 4185명의 혼혈아동이 해외입양 됐다. 이들 중 대다수는 미국으로 입양됐다. 1960-70년대 박정희 정권 시절 제도화된 해외 입양은 1980년대 전두환 정권에서 '이민확대 및 민간외교'라는 명분 하에 크게 급증했다. 한국 정부의 저출산고령사회위원회에 따르면 1980년대 10년 기간 동안 6만 5000여 명이 해외로 입양되었다.

보건복지부의 통계에 따르면, 한국은 1953년부터 2021년까지 68년 간 16만 9000여 명을 해외로 입양 보냈다. 한편 매년 국제입양의 통계를 공개하는 ISS(International Social Service)에 따르면, 2020년 기준으로 한국의 해외입양 규모는 세계에서 콜롬비아(387명)와 우크라이나(277명)에 이어 3위를 기록했다.

어느 날 한인 입양인 수련생이 인삼차 50봉지 선물을 들고 찾아왔다.

"사범님 제가 한국을 다녀왔습니다. 나라가 잘 살고 화려하며 미인도 많고 좋은 구경을 했고 대접도 잘 받았습니다. 그런데 왜 그들은 지금도 독일에 입양을 보냅니까?"

나는 그의 질문에 당황스러웠고 어떻게 설명을 해야 할까 고민하다 '나도 모르겠다. 그것이 문제일세!'라고 얼버무렸다.

독일인들보다 더 철저하게

독일에 살면서 특유의 꼼꼼한 성격 탓에 이웃들과 의견 교류 과정에서 분쟁이 있는 경우가 왕왕 있다. 대부분 공동 연립주택 주거자들의 피해를 줄이고자 하는 의도에서 비롯되었다.

일례를 든다면 우리집 들어오는 입구에 큰 나무가 있었다, 그 나무는 45도로 기울어 있어 바람이 세게 불면 넘어질 것 같았다. 소 잃고 외양간 고치면 안 될 것 같아 세 번이나 건물 관리사무소에 연락했다. 그러자 관리자는 이웃집 모두 만장일치로 동의를 해야 그 나무를 자를 수 있다는 답변이었다. 사실 사비로 나무를 베어볼까, 생각한 적도 있다. 하지만 모두가 함께 사는 공동체인데 나 한 사람이 섣부르게 행동하는 것도 좋지 않았다. 현관 앞 푸른가문비나무를 베는 것도 공동체가 투표를 해야 했다. 이뿐만이 아니었다. 사생활 침해에 대한 의견을 편지로 보낸 적 있다. 옆집에 독일인 젊은 변호사 포겔(Vogel) 씨가 살고 있다. 그들은 이곳으로 이사 온 지 5년밖에 안되었다. 평소에 인사도 잘 하지 않고 거만했다. 그들은 저녁에 동료들이나 친구들과 함께 그릴파티를 하는 등 불을 피웠고, 새벽이 다 되도록 소란스러웠다.

태권도 가르칠 때 수강생 중에 한 명이 나에게 해준 말이 있다.

인생에서 건강을 위해 지켜야 할 3가지가 있다는 것이다.

1. 맑은 공기

2. 규칙적으로 몸을 움직이는 것

3. 규칙적인 식사와 취침이다.

그 말이 일리가 있어 이후로 겨울에도 창문을 열고 자는 습관이 생겼다. 하지만 이웃의 왁자지껄 소리가 창문을 통해 들어와 잠을 설칠 때가 많았다. 나이가 들어서는 수면의 장애가 있기에 작은 소리에도 민감하다. 급기야 그 젊은 부부에게 말을 했다.

"당신이 밤새 노는 것은 좋지만 그래도 예의는 지켜달라."

그러자 이웃이 대뜸 하는 말이 "Na und?(그래서요?) 라고 기분 나쁘게 대꾸하는 것이다. 그러던 중 내가 정원의 나뭇가지를 자른 적이 있었다. 그러자 대뜸 그 이웃이 '다음부턴 정원을 손대지 말라'고 하는 것이다. 나는 화가 나 신중하게 관리인에게 편지를 썼다. 그랬더니 2021년 5월 7일 이웃인 포겔 씨에게서 편지가 왔다.

관리인 슈라이버(Schreiber) 씨에게 보내신 글과 관련해 제가 다시 한 번 알려드리는 바 귀하가 질책하시는 그 성가신 연기는 오른쪽 왼쪽에 사는 이웃들에게서 유래한 것입니다. 그들에게 가끔씩 그릴 화로 안에서 불을 피우는 것을 하지 말라고 금지시킬 수도 없는데요. 그건 허가된 일이기 때문입니다. 그리고도 제가 아는 바로는 우리 주택소유자 공동체는 호숫가 그릴 장소를 약 7개월 전부터는 사용한 적이 없으며 있다 해도 단지 몇 분 정도만 사용했습니다. 귀하가 말씀하신 내용과 같이 정원을 그릴 장소로 사용하는 일이 심하게 늘어났다거나 오랜 동안 정원에 머무는 모습을 저로서는 현재는 목격하지 못하고 있습니다. 지난 가을에 나무를 베고 나서 생긴 목재를 버리는 일은 반드시 해야하는 사항은 아닙니다. 제가 나무를 쪼개서 쌓아두었으므로 누구나 사용할 수 있습니다. 귀하의 현관 앞 푸른가문비나무들을 베자는 요청과 관련해 저는 투표로 결정하자고 제안하는 바입니다. 이를 위해 빠른 시일 내에 투표 용지를 돌릴 것이니 그렇게 되면 푸른가문비나무를 벨지 말지 여부를 주택 소유자들이 투표로 결정할 수 있을 것입니다. 이 나무를 베고난

뒤 텅 비게 될 지점과 관련해서는 적당한 식물을 골라심는 것에 관해 다시 투표를 진행해야 할 것입니다. 저는 이 일을 위해서 정원사의 조언을 듣기를 제안드립니다. 이 편지를 통해 귀하가 언급하신 몇 가지 점들이 해명되었기를 바랍니다.

이후 2021년 7월 12일에 포겔(Vogel) 씨에게 다시 편지를 썼다.

안녕하세요. 2021년 5월 7일 날짜의 서신내용을 설명하기 위해 글 내용에 1에서 7까지 번호를 나열합니다.

1) 우리가 이곳에 살고 있는 날수가 당신보다 오래 되었는데 오른쪽과 왼쪽에 살고 있는 이웃들에게서는 밤 10시부터 새벽 5시까지 나무를 불태우면서 큰소리로 떠드는 소리를 한 번도 눈으로 보지도 듣지도 못했다.

2) 우리가 말하는 것은 그릴 화로 안에 불을 피우는 것을 지적하는 것은 아니다. 22시부터 새벽 5시까지 나무를 불태우는 것을 누가 허가를 하였느냐의 질문이다.

3) 우리가 이곳에서 지금까지 살고 있는 동안 6가족의 주택 소유자가 22시부터 새벽 5시까지 정원에서 나무를 불태우는 것을 한 번도 보지 못했다. 코로나로 약 7개월 동안 조용했다. 코로나가 해제되니 2021년 5월 30일 새벽 5시까지 떠드는 소리에 우리는 잠을 들 수가 없었다.

4) 당신은 6가족이 투표도 하지 않고 허락도 없이 2020년 6월 17일(나무 베기 4개월 전) 관리사무소의 슈라이버(Schreiber) 씨한테 토막토막 자른 나무를 정원에 놓아두라고 지시했다. 당신은 6가족

이 투표도 하지 않고 허락도 없이 샬다흐(Schaldach) 씨의 정문 옆에 있는 제더(Zeder) 나무를 또 테라세(Terasse)앞에 줌피프레세(Sumpfzy presse) 나무를 검사까지 해 베어버렸다. 2020년 7월 2일 나무를 베기 3개월 전 샬다흐 씨의 나무를 검사할 때 우리 정원 앞 나무(Fichte)의 안전의 위험성을 알면서도 검사를 빼놓고 했다. 당시 나무 검사비용 522유로를 지출했다. 강풍에 또는 허리케인(Hurricane) 때문에 나무가 쓰러져서 불의의 사고에 인명피해나 재산 피해가 발생하면 누가 책임을 질 것인가? 왜 당신 혼자서 결정하고 지시하고 명령할 수 있는 권리가 있는가.

5) 우리 정원에 있는 모든 나무의 98%가 청색이다. 반절이 2m 50cm의 콘크리트 벽으로 차단되어서 뿌리가 정상적으로 땅 속에서 성장하지 못하고 반쪽만 뿌리가 있기에 강한 바람이나 허리케인으로 쓰러질 경우에 대비해 나무 감정인의 안전검사 확인서를 슈라이버 씨에게 요구했고 또 우리에게 답장을 해야 할 의무다. 생명의 위험성이 있는 문제이기에 6가족의 찬성과 반대로 결정할 수 있는 사건이 아니다. 나무의 안전검사가 안전성의 결론이 나오면 약 30년 이상 자란 나무를 베어야 할 이유가 없다. 모든 조건은 안전검사 요원이 결정할 사건이다.

6) 우리 정문 앞에 서 있는 나무(Fichte) 옆에 1m 거리에 무화과나무가 2m 이상 높이로 자라고 있다. 나무를 심을 수 있는 위치와 장소가 아니다. 우리 일곱 가족이 살고 있는 땅은 정글이나 원시림이 아니다. 정원은 꽃이나 나무를 심는 것도 필요하지만 정돈하고 가꾸고 보살피는 것이 더 중요하고 필요하다.

7) 프랑스 소설가 에밀 졸라는 말했다. 진실이 지하에 파묻히면 언젠

가는 폭발한다.

참고로 베어버릴 나무가 있다면 2곳이나 3곳 회사의 견적서를 받아서 대조하고 확인하고 저렴한 견적서를 슈라이버 씨에게 보내면서 계약을 하고 일을 하라고 해야 한다.

이러한 일들이 진행된 후 2021년 11월 29일 슈라이버(Schreiber) 씨에게 편지를 보냈다.

2021년 11월 3일에 보낸 당신의 서신 잘 받았다. 2020년 7월 2일 리트크테(Liedkte) 회사가 에어바흐(Erbachstr.) 집에 왔을 때 나무의 뿌리가 절반이 2m 50cm 콘크리트 벽으로 막혀 있어서 뿌리가 한쪽으로 성장해 바람이 불면 나무 전체가 흔들린다. 나무가 쓰러질 수 있는 안정성을 질문하니 위험하다. 나무의 윗부분을 약 5m 이상 자르면 안전하다고 말했다. 그래서 2020년 10월 24일 당신에게 서신을 보냈다. 질문이 있다.

1) 일곱 집이 사용하는 정원에 있는 나무가 위험에 노출되어 있기에 사고를 미연에 방지하기 위해 나무가 서 있는 장소에 대한 안전검사 확인서를 안 해주려면 나무를 베어달라고 했는데 왜 우리가 돈을 지불해야 하나?

2) 보내주신 글 내용은 정상적인 공동체의 규칙이 아닌 몰상식하고 비논리적이며 잘못된 방법을 요구하는 것이다.

3) 만약 나무가 쓰러져서 우리의 생명이나 재산에 피해가 생긴다면 함부르크 만하이머(Hamburg Mannheimer) 보험회사와 계약된 주거건물보험의 사건처리와 별도로 반대를 주장한 사람을 법적으로

고소해 소송을 통해 정신과 물질의 피해보상을 받겠다.

참고로 2022년 2월 28일까지 아래 3조건 중 한 가지가 해결되기를 바란다.

1) 나무가 서 있는 장소의 안전검사확인서

2) 리트크테 회사가 말하는 나무의 윗부분 약 5m 이상을 잘라주기

3) 나무를 베어버리는 것

나는 이곳에 오래 살면서, 어떤 일의 공사를 맡길 때 견적서를 여러 개 제출한다. 하지만 관리사무소에서는 습관적으로 일하고 사무비만 받으면 된다는 식이다. 저렴하게 하려고 하지 않는다. 지붕에 고장이 나 물이 샜다. 두 번을 공사하는 데 5천 유로가 들어갔다. 견적을 세 군데나 보낸 후 적절한 곳을 찾아 수리를 했다.

언젠가 이웃인 변호사 포겔(Vogel) 씨네 집에 도둑이 들었다. 내가 목격자였다. 그림자가 비췄는데 세 남자가 후다닥 뛰어가는 것이다. 내가 도둑을 쫓아주었는데 그들은 집에 들어가지도 못하고 애꿎은 문짝만 때려부수고 도망갔다. 그 이후로 포겔 씨와도 조금씩 풀어졌다. 그들은 아들 뻘 되는 독일부부인데 내가 조금더 이해하자고 생각했다.

일련의 집 관련한 과정을 겪으면서 느낀 생각은, 독일인들은 정치인, 기업인, 언론인 각 분야의 조직의 장 혹은 개인이든 잘못 하면 즉시 시인하고 사과하며 이해를 구한다. 그리고 객관적으로 올바른 방향으로 모든 사건을 행동하고 처리한다.

독일, 일본 그리고 한국에 대하여

육체적인 늙음에서 오는 초라함과 그리움은 고국으로 발길을 돌리게 한다. 나는 이방인의 고독감을 달래고자 자주 고국을 방문했다. 하지만 갈 때마다 괴리감을 느낀다. 국민들의 거만함, 조작된 허영, 지나친 명품 사치, 사기성 돈에 집착, 불로소득, 도박, 이기주의, 외국인 학대와 5법(불법, 탈법, 편법, 악법, 위법)이 통용되는 고국의 상황. 그런 소식을 듣거나 접할 때 우울하고 슬프다. 고향에 대한 애착심과 자긍심이 무너지고, 오히려 타국인 독일에서 살고 있다는 것에 안도감이 생긴다.

독일인들이 인정하는 세 민족이 있다면 이스라엘, 일본, 몽고다. 히틀러(Hitler Adorlf)는 유대인을 학살했지만 유대민족은 결코 멸망하지 않고 살아남았다. 몽고는 소련을 점령했다. 나폴레옹(Napoleon Bonaparte)과 히틀러가 다른 시대에 소련을 정벌하러 갔지만 모두 패배했다. 그래서 독일인들이 징기스칸(Jinghis Khan)의 후예인 몽고를 우러러본다고 한다. 일본에 대해서는 2차대전 패전국으로 동질감을 가지고 있다. 독일은 1873년에 일본과 외교관계를 체결했다. 그들은 일본을 우방으로 존중해주고, 또한 경쟁국으로 일본을 생각한다. 한국은 그야말로 독일에게는 막둥이 동생뻘이다. 한국이 성장했다고 하지만 국제사회에서 아직은 피라미드(Pyramid) 중간도 미치지 못한다. 인간성장이 되지 않았기 때문이다.

개인적인 생각에 우리나라가 직접적으로 경제적 성장을 이룬 이유는 4가지라고 생각한다.

첫째는 베트남(Vietnam)전에서 피의 대가로 받은 종자돈이다. 이 대가로 약 5,300여 명의 청춘이 목숨을 잃었다.

둘째는 파독광부와 간호사들 약 18,000명이 한국으로 보낸 송금액이다.

셋째는 사우디와 리비아 노동자의 일사병 외화벌이다.

넷째는 1973년 통행금지를 해지해 국책사업으로 성문화를 통해 일본의 관광객들이 대거 한국으로 몰려와 매춘해준 대가다.

네 가지 모두 육체를 활용한 대기 지불이다. 그런 벌이를 통해 대한민국이 빠르게 경제 성장을 이뤘는데 폐해도 뒤따른다. 밑에서부터 탄탄하게 이뤄낸 성숙한 민주주의는 아직도 요원해 보인다. 이네들에게 국가보훈부의 응분의 보상이 있었야 한다.

나는 이곳에 사는 재독 한인들을 보면 화가 치민다. 오직 한국 소식에 대한 관심거리로 듣고 알면서 히죽거린다. 스스로 외딴 섬에 살고 있는 따분한 교민들이다. 연금이란 무엇인가? 장기 근속자에게 주는 제도다. 교민들 대다수 장기 근속자가 없다. 배알이 꼴리면 직장에서 나와 영세보조금을 받는다. 그러면서도 골프를 치면서 노는데 열중한다. 우리처럼 광부 노동자로 이곳에 온 튀르키예(Turkei)인들은 1세대에서 3세대까지 약 4백만 명이 거주하며 자국에 음양으로 도움을 주고 있다. 무시할 수 없는 단결력과 강한 자부심은 독일사회에서도 또다른 강력한 힘이 되고 있다.

2017년부터 아내와 다니기 시작한 사우나(Sauna)가 있다. 실내 전경이 아름드리 고목으로 장식되어 화려하다. 재료를 스리랑카(Sri Lanka)에서 수입했다고 한다. 1200여 명이 수용되는 사우나로 가격도 저렴하진 않다.

그날도 자동차를 타고 사우나를 하러 가던 중 창밖으로 시선을 돌리니, 독일 청년들이 차도에서 집회를 하는 모습이 보였다. '마지막 세대'(Letzte Generation)라 불리는 단체에서 벌이는 집회로, 환경에 대한 문제였다. 손을 땅바닥에 접착제로 붙여놓고 데모를 한다. 젊은이들이 한창 놀 나이에 환경이라는 거시안적 주제로 몸을 희생한다 생각하니 가슴이 뜨거워졌다. 차에서 내려 주머니를 털어 작은 기부를 했다. 이후 사우나에 들어서니 또다른 젊은이들이 누워 즐기고 있었다. 문득 뜨거운 햇볕 아래 집회에 참석한 청년들이 떠올랐다. 그곳에 있던 청년들과 지금 사우나를 즐기는 이 청년들은 얼마나 생각과 가치의 온도차이가 있는 것인가?

이 사우나 홀에는 여러 나라의 음식을 파는 식당이 있다.

일본은 음식에 있어서 이미 세계화 수준이다. 스시는 독일인들이 즐기는 고급 식품이다. 우리의 김치는 이제야 인정받고 있지만 일반화된 글로벌 음식이 되기엔 아직 멀었다.

일본과 독일의 기술력은 세계 최고다. 일본은 약삭빠르게도 기술 전수에 욕심이 많다. 1927년 독일에서 렌즈기술을 터득한 일본은 지금 세계 최고의 기술력을 자랑한다. 렌즈기술과 관련되어 회자되는 에피소드가 있다. 당시 독일 자이스(Zeiss) 회사에서는 일본의 기술자가 렌즈 기술을 배우고 일하는 대신, 죽어서야 일본으로 돌아간다는 조건을 걸었다고 한다. 렌즈 기술이 일본으로 유출되는 것을 막기 위해서였다. 그때 일본인 기술자는 7년 동안 열심히 배워 기술 관련 정보를 종이에 적어 작은 조가비속에 넣어서 먹고는 가미가제처럼 죽음을 택한다. 계약서상 죽음 후에야 본국에 돌아갈 수 있었기에 일본 측에서 일본 기술자의 시신을 달라고 해서 송환되었다. 시신을 해부해보니 렌즈 기술에 대한 내용이 상세히 적힌 비밀 종이가 있었던 것이다. 그렇게 해서 일본 렌즈가 독일보다 앞선 계기가 되었다는 것을 들은 적 있다. 일본은 남의 것을 모방해서 자기 것으로 만드는 데 재주가 뛰어난 민족이다.중국의 부채를 작게 접는 줄부채도 만들었고 독일의 우산을 2단으로 접는 작은 우산을 만들었고 미국의 라디오를 작은 트랜지스터(Transister)라디오로 만들었고 백제시대에 도자기 장인들을 끌고가서 도자기 기술을 발전시킨 과거가 있지 않는가?

왜구들은 호시탐탐 한반도를 넘보았다. 결국 임진왜란을 일으켰고 을사조약을 통해 한반도를 통째로 집어삼켰다. 일본 전문가인 명지대 한명기 교수는 언젠가 '일본인들이 부산 사람들과 화간해서 그 지역에 친일파가 많다. 그들 30%에 일본인들의 피가 섞여 있다'고 말한 적 있다. 조선 선조 때 왜구들이 대마도에서 자주 침범을 해와 울산의 땅을 내주었다고 한다. 일본인들은 공공연히 '위안부, 1973년 기생관광, 일본 가와사끼 성매매 집창촌' 등에 대해 이야기한다. 1970-1980년대 일본인을 대상으로 기생관광은 주요한 외화 수급원이 될 정도로 붐이 일었다. 1971년 10만 명에 불과하던 일본인 관광객은 1979년 65만 명으로 늘어났으며 이 중 85%가 남성이었다고 한다.

독일 또한 2차대전 후 소련군에 의해 많은 여성들이 성폭행을 당했지만 쉬이 드러내지 못한다. 전범국으로서의 자괴감 때문이다. 하지만 일본의 위안부 문제는 전쟁 중 약소국에 대한 강제적인 행태다. 그러한 일본의 논리에 저항하지 못하고 수동적 자세를 취하는 우리 정부를 보면 한탄스럽다.

지난해 독일에서 통일 관련 강연회가 열렸다. 남북 통일을 언급하면서도 반대로 북한을 비난하는 내용 일색이었다. 북한을 외면하면서 어떻게 평화적인 것을 바라는 것인지 오리무중이었다. 아니면 위정자들 스스로 적대적인 자세로 적화통일을 원하는 게 아닌가 생각이 들 정도였다. 반공사상을 주입시키는 초등학교 교실에 앉아 있다는 착각이 들 정도였다. 듣다 못해 손을 들었다. 강연 중간에 손을 든 건 다소 미안했지만 그러지 않고서는 강연이 계속되는 걸 막을 도리가 없었다. 물론 나 또한 이야기를 꺼내는 것 자체가 무례한 건 아닌가 고민을 했지만 말이다. 안건을 내는 것이 매너가 있는 행위인가 생각했지만 더 이상 쓸 데 없는 강연을 경청해야 할 이유도 없었다.

한국은 정부가 바뀔 때마다 통일정책이 수시로 바뀐다. 국민 모두가 통일에 대한 열망을 가져도 어려울 판에 국가권력기관이 조령모개(朝令暮改)의 행정을 지속한다면 국민은 불행하고 남북통일은 할 수가 없다.

강연자는 말을 시작하면서 비꼬듯이 운을 뗐다.

"독일 오니까 너무 어수선하다. 한국 따라오려면 아직도 멀었다."

한국이 국가 성장을 이룬 것은 얼마 되지 않았다. 경제 발전에 대해 자만할 때가 아니다. 그는 독일의 시스템을 잘 알지도 못하면서 외관만 보고 지저분하다고 평가했다. 그렇다. 한국은 인천공항 등 외형은 화려하다. 반대로 독일은 외형은 초라하지만 전국 11개의 공항에서 꼼꼼한 안전검사를 실시하며 설계를 할 때 여름의 냉방시설과 겨울의 난방장치의 전력공급절약과 대형사고에 환자들의 병원이송등의 기준에 의한 건물크기를 결정하며 외형보다 내실이다 . 독일은 시리아 난민 110만 명을 받아들였다. 난민을 받아들이는 이유는 인구 증가를 위한 내밀한 이유가 있다. 유럽에 인구 1억이 넘는 나라가 없다. 이들은 인구 1억을 만드는 것이 소원이다. 팔아먹을 상품은 많은데 노동력이 부족하다. 그래서 난민을 받아들인다. 왜 인구 1억을 넘으려고 하는가? 아시아 국가나 미국은 1억이 넘는다. 인도네시아, 파키스탄, 중국, 일본, 소련, 미국, 브라질, 인도 등. 독일도 인구 팽창을 위해 난민을 받아들인다는 것이 저변에 깔린 의도다.

우크라이나 전쟁난민이 1백10만 명이 유입되었다. 그중 10만 명만 일을 한다. 나머지의 난민들은 정부에서 주는 난민정착금으로 살아간다. 이웃의 필리치(Piellisch) 씨가 투덜댄다. 난민들 중 남자들은 고급 승용차를 타고 여자들은 매니큐어를 바르고 놀고 먹고 한다고 비아냥거린다.

독일시민들은 대통령이나 총리를 믿지 않는다. 그들은 스스로를 믿는다. 한국은 아직도 '대통령이 임금님'이라는 군주적 가치관을 가지고 있다. 대통령이 다 해줄 거라는 생각이다. 하지만 정치의 관문을 뚫고 피라미드 꼭대기에 올라가면 자신의 자리를 지키기 위해 전전긍긍하거나, 당선 전부터 주변 지지자들에 의해 정해진 시나리오대로 수행하고 산전수전의 정치적 경험과 능력이 안 되는 인간이 대통령을 하게 된다.

게르만 민족들의 특성을 보면 끈질기게 물고 늘어진다. 그래서 현재에 머물지 않고 연구하고 발전시킨다. 통상 기업들은 소비자들이 새로운 제품을 구매하도록 유도한다. 소비를 촉진시키기 위해 제품의 질을 어느 한계치로 놓고 재구매를 이끈다. 하지만 독일 제품은 오래 가고 튼튼하다. 왜냐하면 독일인들은 고장 나고 망가지기 전까지는 새로 구입하지 않는다. 옷도 마찬가지다. 구멍 나고 헤질 때까지 버리지 않는다. 처음에는 그게 비합리적으로 보였지만 지금 생각하면 독일 소비자들의 끈질긴 성향을 기업이 알고 있는 것이다. 재구매를 유도하려 제품의 질을 낮춘다는 것은 기업 이미지까지 실추시킨다는 것을 아는 것이다. 따라서 제품의 질과 성능을 오래 가게 만들고 생산자로 하여금 무책임하게 엉성한 제품을 만들지 못하도록 소비자인 독일인들 스스로 제동장치를 만든다.

2008년 5월, 비교적 고가인 밀레(Miele) 식기세척기를 구입했다. 그런데 13년 만인 2021년 5월에 고장이 났다. 뜯어봤더니 다른 곳은 괜찮은데 모터에 이상이 온 것이다. 이만하면 오래 사용했기에 새로 구입해야겠다고 생각했다. 그런데 밀레 회사 쪽 서비스센터에서 온 직원은 '모터만 갈면 10년을 더 사용할 수 있는데 새로 살 것인지' 재차 묻는 것이다. 새로 구입하면 1800유로지만 수리만 하면 700유로 정도가 소요된다는 것이다. 통상 제품을 새로 구입할 것을 권유할텐데 객관적으로 비교하라고 말한다. 담당자는 나에게 잠시 고민하라며, 자신은 집 주변을 한 바퀴 산책하고 오겠다고 했다. 결론은 구입이 아닌 고치기로 했다. 돈이 아까워서 고쳐 쓴 게 아니다. 밀레 직원은 자신의 제품에 대해 당당했다. 결국 구매 권유를 통한 일시적 판매보다 오히려 장기적으로 상품의 이미지를 더 살리는 일이었다. 단순히 물건을 파는 것이 아닌, 고객과의 신뢰를 확보하는 것에 주력한다는 것을 느꼈다. 그리고 굳이 더 쓸 수 있는 것을 버리고 사는 것은 사회적 낭비라는 것을 깨달았다. 소비자가 한 번 고장 난다고 매번 구입한다면 제품의 질은 점점 나빠질 것이다. 왜냐하면 기업주 입장에서도 물건을 파는 것에 연연할테고, 그러려면 제품의 내구성에도 신경쓰지 않을 것이다. 나는 밀레(Miele) 제품을 신뢰한다. 당연히 가격은 비싸지만 그만큼 대가를 지불할 만큼 가치가 있고 오래 사용 가능하다.

2007년에 5년된 음료수 냉장고를 베를린 한인회에 기증한 적 있다. 2017년에는 6년된 가정용 냉장고를 베를린 간호협회에 기증했는데 현재까지 아무 이상없이 사용하고 있다.

독일사회는 투명하고 신뢰감이 있다. 언젠가 독일 생필품 매장 중 하나인 카이저(Kaiser)에서 빈 병을 판 영수증을 소비자에게 돌려주지 않아 5,75유로(한화 약 8,000)원 때문에 해고된 직원 기사를 매스컴에서 읽은 적 있다. 독일에서는 정치인들의 뇌물 혹은 부패는 가장 큰 범죄행위다. 겨우 5.75유로로 매장에서 해고된 경우를 보면 정직을 추구하는 사회의 단면을 읽을 수 있다.

작은 것에도 꼼꼼한 독일인들이 가장 많은 액수를 지출하는 품목이 있다면 여행이다. 집도 초라하고 자동차도 소형이다. 하지만 여행 경비로는 1년 가계지출 중 제법 많은 액수를 지불한다. 말 그대로 여행에 진심인 사람들이다. 그들은 일상의 노곤함을 휴가와 여행을 통해 풀고 재충전한다. 1년에 6주 정도의 긴 휴가를 자랑하는 그들이지만 일의 효율에 있어서는 타의 추종을 불허한다. 휴가를 다녀와 충전된 에너지로 고도의 집중력을 업무에 쏟는다. 전 세계 어느 곳이든 여행에 의한 비행기, 선박, 기차 등 대형사고에는 독일인들이 항상 승객 명단에 들어가 있다. 유한한 인생이지만, 세계문물을 접하고 자기 삶의 영역을 확대하며 각 개인의 인간 철학을 발달시킨 독일인들이다.

나의 조국 자화상

모든 지구상에 생물체에는 자기나름데로 냄새를 가지고 있다. 나의 조국을 올때마다 간절히 느끼는 인간냄새의 이성이 마비 되어가고 있의며 감성에 의한 사회 환경은 더욱 위험한 결과를 초래하며 미래가 없는 민족으로 전락 할 것이다.

초등학교 도덕시간에 또는 가정에서 배우며 지켜야 할 기초적인 예의 범절을 공공기관의 공공장소에 또는 개인사업장소에서 지켜야 할 낙서, 하지 말아야 할 낙서, 금지사항의 문자들이 난무하며 사회의 구석구석에 괴상한 낙서가 만연된 국가는 유일하게 한국일 것이다.

지하철 자동계단기(escalator)를 이용하는데 30가지의 금지 낙서가 있고 아파트 승강기(elvator)를 이용하는데 20가지의 지켜야 할 낙서가 있다.

◎ 인천 국제공항에 가방(짐)을 찾는 운반대에 이런 낙서가 있다.

1) 가방 바뀜의 사례가 있습니다.

2) 수하물표를 확인하여 주시기 바랍니다.

3) 수취대에 앉거나 올라타지 마시오.

4) 안전거리 지키기.

5) 카트 대기선.

6) 벨트(belt)에 손위험에 주의 하세요.

◎남자의 화장실 벽에 이런 낙서가 있다.

1) 아름다운 사람의 머문 자리도 아름답습니다.

2) 내가 머문자리 나의 인격입니다.

3) 한발만 앞으로 오세요 기분까지 좋아 집니다.

4) 한발만 더 가까이 다가서 주세요.

5) 한발만 앞으로 다가서면 깨끗하고 쾌적한 공간이 됩니다.

6) 남자가 흘리지 말아야 할것은 눈물만이 아니죠.

남자가 흘리지 말아야 할 것은 눈물만은 아니죠. 가로 20cm 세로 30cm의 변기에 조준할 수 없는 인간이라면…

아름다운 사람은 머문 자리도 아름답습니다. 한발만 앞으로 다가서시면 깨끗하고 쾌적한 공간이 됩니다. 행정자치부

혹자는 말한다 친절하고 세심하게 안내하는 것을 시비한다고

나는 말한다 국민의 의식수준과 직결된 무지의 발상이며 정신착란과 환경

몇십명의 생명의 안전을 책임지는 운전기사를 폭행하는 사회 비참하다.

전세계 어디를 다녀도 교차로는 신호등으로 교통정리가 된다. 한국사회는 신호등도 필요없다. 한심스럽다.

오염의 공해를 유발 하며 더욱 개인사업의 포스타(Poster)가 매스컴(Mass communication)과 지하철 버스 건물벽 시내 길거리에 저급한 홍보가 무분별하게 독버섯 처럼 번식되어 있는 사회는 정부가 공공성을 침해 하기에 강력하고 엄정한 규제가 있어야 한다.

우리 고유의 한글 문자와 언어는 무슨 의미가 있는가. 모든 고층 건물, 상가, 아파트 등 꼬부랑 글자를 짬뽕으로 사용하는 저질적인 국민의식은 국제화라는 미명 아래 민족의 자긍심을 저버리고 야만과 선진이 공존하는 미국 언어 식민지를 학수고대하는 가련한 민족.

다시 대한민국. 새로운 조국건설. 인간 선진국.

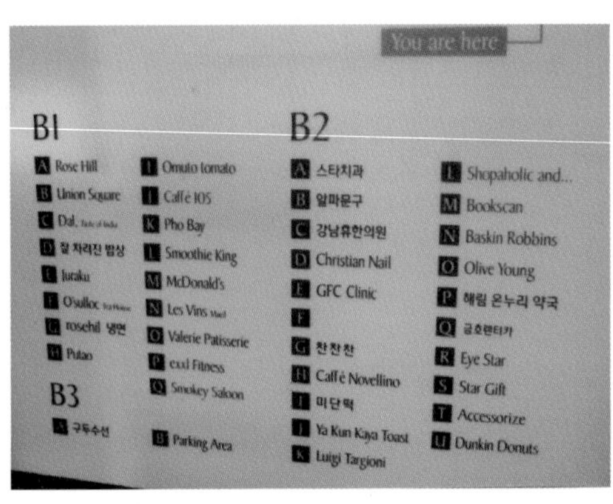

지하상가에 39개의 점포가 있는데 30개 점포가 영어로 쓰여있고 9개의 점포가 한글로 되어있다. "민족의 혼 한글은"

한국에서 숙박할 수 있는 곳에 주차장이 장막으로 가려져서 불륜행위의 신분을 감추기 위해 만들어진 가림막이다. 처절하다. 지아코모 지롤라모 카사노바(Giacomo Girolamo Casanova)가 132명의 여자와 성관계를 하여 역사에 바람둥이가 되었다. 한국의 정명선은 1만명의 여자관계는 누구의 책임인가

비스마르크의 조언

2023년은 한독수교 140년이 된 해다. 이를 기념해 독일의 각 지방에서는 한국 정부의 지원 아래 크고 작은 행사가 열렸다.

1883년 11월 26일, 조선은 독일과 통상우호조약을 체결해 외교관계가 시작되었다. 당시 독일의 재상 비스마르크(Bismarck von Ott Edward 1815~1893)는 외교정보를 통해 조선의 군사, 경제, 외교의 전반적인 상황을 입수하였으며 그는 일본과 중국이 조선에 대한 점령의 야심이 있다는 것을 간파했고, 지형적으로 일본과 중국의 각축장이 되며 러시아까지 삼파전의 난장판이 된다는 것을 예지하였다.

2년 후 1885년 3월, 외교부 총영사 젬부쉬(Zembusch)와 부들러(Budler)를 통해 영세중립국(예. 스위스)을 선포해 일본이나 중국에 종속되지 않고 미래 지향적으로 살아갈 수 있는 방향 설정을 조언하였으나 조선의 왕 고종(1852~1919)은 비스마르크의 진실된 충언을 묵살했다. 하지만 독일은 1885년 11월에 우리나라가 기근에 허덕이는 어려움을 알고 은 10만 냥을 차관하여 주었으며 1885년 거문도사건(영국 침략)으로 위기에 몰리자 고종의 고문 독일인 뮐렌도르프(Müllendorf)를 일본에 특사로 파견해 사태를 수습해주었다.

안타깝게도 9년 후 1894년 1월에 전봉준의 동학혁명이 발발했을 때 우리 스스로 해결하지 못한 왕실은 일본과 중국에 진압해 줄 것을 애원하였으며 결국 일본군은 인천에, 중국군은 아산만에 고종의 허가 하에 침략해 전봉준에게 교수형을 집행하고 농민들을 학살하였다. 16년 후인 1910년 8월 29일, 결국 한일합방조약으로 일본의 식민지가 시작되었으며 한반도의 지정학적 위치는 주변 강국들이 호시탐탐 넘보는 각축장이 된 것이다. 그것은 주변 국가들의 약육강식적 사고도 있지만 우리 국민의

무지함에 원인이 있다. 자성과 각성이 필요한 부분이다. 춘원 이광수의 조언도 틀린 말은 아니다. 개화론자이며 현대문학의 선구자 이광수는 당시 일본에 유학해 일본인들의 음흉한 정신상태를 터득하고 있었다. 12년 후 1922년 5월에 민족개조론을 주장하며 의식구조 개혁을 울부짖었으며 그는 피를 토하며 민족을 아끼는 발언을 했지만 해방 후에는 친일파로 지탄을 받았다. 6.25 전쟁시 인민군에 의해 1950년 7월 12일 납북되어 1950년 10월 25일 사망하였다. 그의 무덤은 평양에 있으며 춘원 이광수라는 비석이 세워져 있다. 그럼에도 그의 민족 개조론 자체는 나에게 큰 감명을 주었다. 우리 민족에게 피와 살이 되는 촌철살인의 명언이라고 생각된다.

그가 말한 민족 개조의 내용은 개괄적으로 8개로 나뉜다. 그는 조선민족을 어떤 모습으로 개조하자는 것일까?

1. 거짓말과 속이는 행실이 없게

2. 공상과 공론은 버리고 옳다고 생각하는 바, 의무라고 생각하는 바를 부지런히 실행하게,

3. 표리부동과 반복(反覆)함이 없이 의리와 허락을 철석같이 지키는 충성된 신의 있는 자가 있게,

4. 고식(姑息), 준순(浚巡) 등의 겁냄 등을 버리고 옳은 일, 작정한 일이어든 만난(萬難)을 무릅쓰고 나가는 자가 되게,

5. 개인보다 단체를, 즉 사보다 공을 중히 여겨 사회에 대한 봉사를 생명으로 알게,(이상은 덕육방면)

6. 보통 상식을 가지고 일종 이상의 전문학술이나 기예를 배워 반드시 일종 이상의 직업을 가지게, (이상 지육방면)

7. 근검 저축을 상(尙)하여 생활의 경제적 독립을 가지게, (이상경제방면)

8. 가옥, 의식, 도로 등의 청결 등, 위생의 법칙에 합치하는 생활과 일정 한 운동으로 건강한 체격을 소유한 자가 되게 함이다.

세월이 흘러 1963년, 독일은 파독광부와 간호사 인력을 한국으로부터 유입했다. 진실화해위원회의 2008년 보고서에서 파독광부 간호사들이 한국에 보낸 송금액이 1965년부터 1975년까지 총 1억 153만 달러라고 밝혔다. 1975년 한 해의 송금액은 그해 국내 총생산의 0.13%를 차지했다. 1964년 12월에 박정희 대통령이 독일 정부가 제공한 루프트한자 비행기를 타고 독일을 방문했다. 독일의 수상 에어하르트(Ludwig Erhard 1897~1977)는 박 대통령에게 경제부흥의 원동력은 고속도로를 건설하고 제철소 산업을 육성하고 자동차공업을 통해 생산성을 높이는 것이라 말했다. 우리 정부는 에어하르트의 충언을 실천해 오늘의 경제적 기반을 구축했다. 1998년, 국제통화기금 위기에도 미국이나 일본보다 적극적으로 투자를 하고 미국 뉴욕에서 외채협상에서도 한국을 옹호하며 대변자 역할을 해주었다. 3년 후 2001년 8월에 구제금융 580억 3500만 달러를 상환해 위기 극복을 하는 데 결정적 도움이 되었다.

만약 우리나라가 1885년 비스마르크가 가르쳐준 영세중립국을 선포하였더라면, 또한 1922년 이광수가 원했던 인간 개조가 되었다면 지구에 살고 있는 196개 유엔 가입 국가 중에서 이스라엘이나 독일 보다도 월등한 한국이 되지 않았을까 상상해본다.

나는 독일에 살면서 배워야 할 점이 무엇인가 생각했다. 또한 한국을 방문해서 잘못된 것은 사진을 찍어두었고, 가끔 이곳에 사는 한인들을 만나면 우리가 개선해야 할 부분에 대해 의견을 내놓을 때도 많았다. 누군가는 한국에 대해 그렇게 비판적이냐며 비아냥거리지만, 내 자식에 대해서 더 바른 말로 훈육하는 것이 아비가 할 일이다. 나는 우리 민족에 대해 아끼는 마음으로 한국에 사는 형제들에게도 조언을 하곤 한다.

우리나라 사람들은 교육열은 높은데 시민정신이 결여되어 있다는 것을 목격하곤 한다. 속도를 낸 산업화의 이면에는 제대로 배우지 못한 유아기적 사고가 고스란히 민족성처럼 고칙화되어 있다. 반면에 독일에서는 삶의 면면에서 배려와 질서라는 시대정신이 살아 있다.

언젠가 딸이 나의 지적욕구를 알고, 독일 '슈피겔(Spiegel)' 신문을 구독 신청해주었다. 하지만 가끔 휴가를 가서 집을 비우게 되면 신문은 그야말로 쓰레기가 된다. 나는 신문 배달원에게 며칠 동안은 보내지 말라고 부탁한다. 그러면 신문사에서 다시 편지가 온다.

'당신이 휴가 기간 동안 보지 않은 신문을 어디로 보내면 좋겠는가. 양로원, 형무소 아니면 병원으로 보내줄지 답해달라'

그래서 집을 비우는 동안 신문이 필요한 또다른 이들에게 전달된다. 이는 자칫 신문이 쌓여 폐지가 되는 것을 방지하고, 또다른 필요한 곳에 나눔을 실천하는 합리적이고 효율적인 방법이다.

언젠가 책을 통해 아베 노부유키의 기분 나쁜 예언을 접한 적 있다. 그는 일제 강점기 마지막 조선총독으로 조선의 해방과 일본의 패전을 동시에 본 인물이다. 1945년 9월 미군이 서울에 진주하게 되자 최후의 수단으로 할복을 시도했지만 실패하고 9월 9일 결국 ,존 리드' 하지 중장의 항복조인식장에서 항복 문서에 조인하게 된다. 그는 일본으로 돌아가며 이런 말을 남겼다고 한다.

"우리 대일본제국은 패전하였지만 조선은 승리한 것이 아니다. 내가 장담하건대, 조선인들이 다시 제정신을 차리고 찬란하고 위대했던 옛 조선의 영광을 되찾으려면 100여년이라는 세월이 훨씬 걸릴 것이다. 우리 일본은 조선인들에게 총과 대포보다 더 무서운 식민교육을 심어 놓았다. 결국 조선인들은 서로를 이간질하며 노예적인 삶을 살 것이다. 보아라! 실로 옛 조선은 위대하고 찬란했으며 현재의 조선은 결국은 식민교육의 노예들의 나라로 전락할 것이다. 그리고, 나 아베 노부유키는 다시 돌아올 것이다."

나중에 이 말은 루머라는 말이 떠돌았지만 어찌되었든 기분이 나쁜 건 사실이다. 그는 1953년에 사망했으니 그가 돌아올 일은 없겠지만, 그들 후예들의 망언이 떠도는 것을 보면 아베 노부유키의 망령이 되 살아 나고있다. 그래서 독도의 돌섬을 침략야욕의 계획적인 사건으로 문제화 하고있다.

1592년의 임진왜란을 거쳐 300년이 지난 1910년의 한일합방으로 이루지 못한 뜻을 300년이 지난 2200년에는 완전히 식민지를 하겠다는 의미있는 통찰을 한 것이다.

또 그는 조선인들은 팽이처럼 쳐야 말을 잘 듣는다고 했다. 그래서인가? 김일성도 이승만도 박정희도 국민을 팽이처럼 쳐서 독재를 했고 현재도 북한은 여전하다. 2020년 독일교육에 대한 김누리 교수의 강연을 들은 적 있다. 그는 우리나라에 교육혁명이 일어나야 한다고 역설한다. 대한민국의 불편한 진실을 여과없이 드러내는 그의 글과 말은 나에게 깊은 공감의 창을 열어주었다. 독일에서 유학생들이 학위를 마치고 고국으로 돌아가면 선진국 독일에서 학문적으로 체험하고 배운 것은 잊어버리고 한국식 공동체에서 자기 안일에 도취되어 살아가는 현실인데 김누리 교수는 다른 것 같다. 그의 한국사회의 교육에 대한 뼈아픈 통찰력과 미래지향적인 의식 개혁 주장에 고개 숙여 감사한다. 하지만 소귀에 경 읽기다. 더 잔인하게 말하면, 우리의 조상은 짐승에 다름 아니다. 짐승이 왜 인간으로 진화하지 못하는가를 연구해 인간 개조를 실천하여 주기를 바랄 뿐이다. 교수의 말대로 진실의 언어는 참혹하다고 말하였기에 말이다.

현재 남과 북은 140년 이전 과거의 환경 속에서 살고 있으며 남한은 초강대국 미국과 일본의 국방의존 종속국으로, 북한은 강대국 중국과 러시아의 경제 의존 속국으로 살고 있다. 우리나라가 과연 진정으로 잘 살게 되었는가? 지금도 한국에 사는 노인들 1만 5천 명이 폐지를 주우며 살고, 노인자살률은 심각하다. 누가 보아도 빈부 격차는 여전하다. 외롭게 남대문 뒤 쪽방에서 고독사를 하는 이들도 심심찮게 들을 수 있다.

물론 독일이 유토피아는 절대 아니다. 사회 곳곳에 희비와 명암이 갈린다. 밝음의 저편에 어두움은 존재한다. 하지만 내가 보는 독일은 그나마 개혁을 통해 부단히 노력하는 시민정신을 엿볼 수 있다는 점이다. 시민 스스로, 위정자들을 향해 돋보기를 들이대며 재단하고 평가한다. 시민의 힘이 정치를 압박한다. 정치가 시민의 부역으로 거듭나지 않는 한 정치인의 부패와 부조리는 100년이 지나도록 활개를 치고 사회는 처절하게 절망의 늪 속에서 허우적거릴 것이다.

나는 우리 민족의 영원한 정신적 스승이며 궁지에 몰려 가난에 허덕일 때 경제적으로 은혜를 베풀어준 선진국 독일에서 모든 것을 보고, 듣고, 알고, 배우고, 느끼며, 겸손한 자세로 항상 고개 숙여 감사를 잊지 않는다.

아아, 언제까지 우리 민족은 사대주의 정신으로 살아갈 것인가. 지금도 현재 진행형이다. 가련한 조국이여! 한탄스럽기만 하다.

5

신문기사화 내용

태권도 1966년도 교관요원교육

육군 태권도부 중앙본관 / 교관 요원 수련생 명단 51명

교관 요원 수련생 (37번 필자)

번호	소속	계급	군번	성명	현단	연령
1	정훈학교	소령	214672	이장형	2단	36
2	1군사령부	소령	17997	최범식	3단	35
3	의무기사	대위	40041	홍금식	1단	38
4	첩보교육	대위	45316	윤화진	3급	34
5	육사	대위	46149	정영의	4단	33
6	수기사	대위	48865	전동엽	1단	30
7	인쇄창	대위	49040	홍순칠	2단	30
8	군수학교	대위	49491	서상달	1단	32
9	2훈병참	중위	91315	조창식	2단	29
10	제일특공단	중위	92762	조남중	1단	29
11	수도경비사 30대대	중위	95105	이득간	3단	28
12	병기기계공작창	중위	95125	홍성태	2단	29
13	병기한약사령부	중위	96029	송상근	3단	27
14	보병제30사단	중위	234289	진병학	2단	29
15	육군공병학교	중위	233496	박도환	3단	26
16	수경사5헌병대	소위	241195	박호성	8급	25
17	병기학교	소위	241627	서정식	3단	24
18	헌병학교	소위	242281	김상섭	8급	26
19	8병참	소위	242748	최정일	2단	26

번호	소속	계급	군번	성명	현단	연령
20	군기사	소위	243772	정해수	3단	26
21	경비사33대대	중사	0773988	오춘선	2단	34
22	31사단	중사	9442640	김형원	1단	33
23	1고사포	중사	9768099	심창수	5단	36
24	조병참 36사단	중사	9792862	홍광석	1단	35
25	107연본중	중사	9741837	이용진	1단	30
26	206보충	중사	9856370	임창수	2단	33
27	37사단	중사	9820701	임상덕	1단	33
28	인천한국문화사	중사	9935218	안기수	4급	32
29	5관사 19경비중대	중사	9944153	강동길	2단	31
30	35사단	중사	9960027	황소정	2단	32
31	1군사령부	중사	10108192	이상진	3단	31
32	33사단	중사	10161416	홍대숙	3단	31
33	방첩교육	중사	10603410	남성기	4단	29
34	1군하교대	중사	10857569	윤청길	2단	28
35	육군대학	하사	10503105	김두홍	1단	27
36	통신학교	하사	11154180	김성주	2단	25
37	2군하교대	하사	11277360	김태현	3단	24
38	32사단수색중대	하사	11292644	최예봉	3단	24
39	수송기사	하사	11350413	박원길	1단	25
40	2화학근무	하사	2100260	김종성	3단	25
41	의무사령부	병장	11281674	장전준	1단	23
42	화학학교	병장	11315658	박한종	2단	24

번호	소속	계급	군번	성명	현단	연령
43	3관사	병장	11364241	조성달	3단	27
44	경비사 5헌병대	병장	11356630	정선호	3단	26
45	군성보시원대	병장	21016013	임동진	3단	27
46	육사	상병	11433334	이은준	4단	27
47	중앙경리단	상병	11444907	최진완	1단	27
48	육사	상병	11439947	김광림	3단	23
49	39사단	상병	11509808	유홍현	4단	23
50	3항만사 302대대	일병	11501974	정무정	3단	25
51	병참학교	일병	21029181	김정삼	2단	25

1966년 육군 교관요원 교육수첩, 육군 태권도부 중앙본관

Auch Bruchtest

Eine Karate-Demonstration

AACHEN/ALSDORF In der Turnhalle An der Schanz in Aachen findet am kommenden Samstag, 16. Januar, eine Karate-Demonstration statt, zu der der TAE-KWON-DO-CLUB Alsdorf einlädt. Die Veranstaltung soll dem Zuschauer einen Einblick in den Karatesport geben. Unter der Leitung des koreanischen Großmeisters TAE Hyun Kim (5. Dan TAE-KWON-DO) — unser Bild — werden sehr interessante Einzelübungen, Partnerübungen, Freikämpfe, Begriffe der Grundschule und beachtliche Bruchtests vorgeführt. Die Veranstaltung beginnt um 19 Uhr.

1971년 1월 16일 아헨(Aachener) 신문기사

1월 16일 토요일 아헨(Aachen)시 체육관에서 알스돌프(Alsdorf) 수련생들과 대사범 김태현 품세, 겨루기, 격파 시범을 한다,

AACHENER ZEITUNG

ITUNG RHEINISCH-WESTFÄLISCHE ZEITUNG UNABHÄNGIG - MEINUNGSFREUDIG NR. 14, 26. J. ACL 30 PF G 1008 A

Montag, 18. Januar 1971
Nummer 14

Aachene

Keine Angst vor Stärkeren

Mit einem kräftigen Schlag durchschlug der koreanische Karatemeister Kim sechzehn Dachziegel. Diese und noch viele andere „Künste" zeigten am Samstag in der Turnhalle an der Schanz die Mitglieder des Karateclubs aus Alsdorf.
NRZ-Foto: Kistermann

1971년 1월 18일 아헨(Aachener) 신문기사

Aachener Nachrichten
1971 1 18.(월) 14호

힘센 자 앞에서도 당당하게

한국 가라테 마스터 김사범은 기왓장 16장을 세게 내리쳐 격파함 이와 여러 다른 기교들을 알스도르프 가라테클럽의 멤버들이 지난 토요일 아헨 안데어샨츠 (Ander Schanz)에 있는 실내체육관에서 선보임

1971년 8월 18일

김광일 사범 서신 (원본 출판 기획)

김태현 사범님께 드립니다

8월 16일자로 보내주신 편지 고맙게 받았습니다.

그리고 제가 Aachen에 갈 예정이였는데 피치못할 사정으러 이행치 못한점에 대해 진심으로 사과의 말씀 드립니다.

그러면 김사범님의 무르심에 순서적으로 답변 해올리겠습니다.

첫째, 도복에 관한건, 도복은 제처가 집에서 만들어 팔고 있습니다.

크기는 아시는 바와 같이 소(1m60cm 부터 1m72cm까지)

중(1m70cm 부터 1m79cm까지)

대(1m78cm 부터 1m85cm까지)

가격은 크기를 막논하고 백띠를 포함해서 33.- 마르크이고 띠없이 32.- 마르크식 드릴 수 있으니 관원들한테는 39.-마르크 내지 40.- 마르크에 파시는 것이 전례입니다.

그리고 태극기는 저에게 없으니 대사관에 문의하시면 어떨가합니다.

복잡한 설명이 필요함으로 서신이나 전화로 이야기해드리기 어려운 점이 있어 일단 상면시에 하기로 하고 우선 참고로 제도장의 입관계약서 한 장 보내드립니다. 그리고 언제 시간의 여유가 있으시면 한번 제도장도 구경하시는 겸 또 여러가지 난점 서로 상의하는 겸사 또 슈트트가르트 구경도 하시는 겸 놀러 오시면 반갑겠습니다.

그러면 오늘은 이만하고 또 다음에 소식 드리기로 하고 끝으로 김 사범님의 건투를 빌면서 주리겠습니다.

김광일 드림

KIMS TAEKWON-DO AKADEMIE

Mitglied der International Taekwon-Do Federation

7 Stuttgart W
Weimarstraße 11
Telefon 07 11 / 62 25 16

Technische Leitung:
/Großmeister Kim Kwang-il (4. Dan)/

Herrn
Kim, Tae-hyoun

511 Alsdorf/Kr. Aachen

Baurstr. 4 C-19

Ihr Zeichen   Ihre Nachricht vom   Mein Zeichen   Stuttgart, den 18.8. 71

김 태현 사범님께 드립니다

8 월 16 일자로 보내주신 편지 고맙게 받었읍니다.
그리고 제가 Aachen 에 갈예정이였는데 미치못할 사정 으러
이행치 못한점 에 대해 진심 사과의말씀드립니다.
그러면 김사범님 의 무르심 에 순서적으러 답변 해올리겠읍니다.
첫째, 도복 에 관한건, 도복은 제처가 집에서 만들어 말고 있읍니다.
크기는 아시는바와같이 소(1.60 cm 부터 1.72 cm 까지)
중(1.70 cm 부터 1.79 cm 까지)
대(1.78 cm 부터 1.85 cm 까지)
가격 은 크기를 막논하고 백띠를 모함해서 34.– (36 / 33) 마르크 이고
띠없이 32.– 마르크식 될수있으니 관원들한데는 39.– 마르크 내지
40.– 마르크 에 마시는것이 전예 입니다.
그리고 태극기 는 저에게 없으니 대사관 에 문의 하시면 엇덜가 합니다.
그리고 도장 의 행정문제 인데 이문제에대해서는 ~~토론을할려면~~
복잡한 설명이 필요함으러 서신 이나 전화로 이야기 해드리기 어려운점
이 있어 일단 상면시에 하기로 하고 우선 참고로 제도장의 가입관계약서
한장 보내 드림니다.
그리고 언제 시간의여유가 있으시면 한번 제도장 도 구경하시는겸 또
여러가지 난점 서로 상의 하는겸사 또 슈트트가르트 구경도 하시는겸

놀러 오시면 반갑겠읍니다.
그러면 오늘은 이만하고 또 다음에 소식 드리기로 하고 끝으로
김 사범님 의 건투 를 빌면서 주리겠읍니다.

김 광일 드림

김광일

1971년 8월 18일

1) 도복 주문 서신, 2) 태극기 구할 수 있는 질문 서신

1971년 12월 10일

아헨(Aachener) 신문기사

2년의 태권도 클럽

뷔르젤렌 - 1971년 12월 뷔르젤렌에 수련 공동체로부터 태권도 클럽이 탄생했다. 뷔르젤렌에 이 한국 무술 스포츠의 초석을 다지겠다는 생각은 현재 5단 유단자인 김태현 사범에게서 왔다. 역시 2단 유단자인 그의 제자 만프레드 호이어가 대표를 맡았다. 처음에는 고맙게도 건물주 칼 프림스 씨가 제공한 루드빅스할레 뷔르젤렌(Ludwig Halle Würselen)에서 일주일에 이틀 수련을 실시했다. 1972년 8월에 태권도 클럽은 독일 유도 연맹으로 귀속되었다. 이것이 뷔르젤렌 도시 스포츠연맹 가입의 전제조건이었다. 1972년 이루어진 이 가입 후 태권도 협회는 도시 스포츠연맹에서 제공한 김나지움의 체육관에서만 수련을 실시했다. 여기서는 수련이 수요일과 금요일마다 20-22 시에 열렸다.

태권도란 무엇인가?

태권도는 한국에서 발전된 맹렬한 무술 스포츠, 격투 기술의 학문적 체계, 무기 없는 자기방어술이다. 역사적으로 태권도는 이미 1300 년 전에 언급되었다. 이는 자기방어를 위한 신체 단련 기술 이상의 스포츠이다 태권도는 자기신뢰와 침착함을 동시에 발전시키고, 정신적 규율 속에서 표현되는 최고의 도덕적 성격을 강화한다. 태권도는 한국의 국기(國技)이다.

독일연방국에서 태권도 스포츠는 독일 유도 연맹의 태권도 분과를 통해 실현되었다. 국가 챔피언경기에서 뷔르젤렌은 4위를 차지함으로써 아우그스부르크(Augsburg) 독일 챔피언경기에 참가자격을 얻었다. 수련시간이 늘어나면 향후 더욱 더 좋은 결과를 기대할 수 있을 것이다. 이 스포츠 종목이 이미 얼마나 인기가 있는지는 비약적으로 늘어나는 가입자 수가 말해준다.

2 Jahre Taekwon-Do-Club

WÜRSELEN. Im Dezember 1971 entstand aus einer Trainingsgemeinschaft ein Taekwon-Do-Club in Würselen. Der Gedanke, in Würselen einen Grundstein für diese koreanische Kampfsportart zu legen, kam von Tae Hyoun Kim, 5. Dan. Vorsitzender wurde Manfred Hoyer, einer seiner Schüler, der mittlerweile auch den 2. Dan besitzt.
Man trainierte zu Beginn an zwei Wochentagen in der Ludwigshalle Würselen, die vom Wirt, Karl Primbs, freundlicherweise zur Verfügung gestellt wurde. Im August 1972 wurden vom Deutschen Judo-Bund aufgenommen. Dies war die Voraussetzung, in den Stadtsportbund Würselen aufgenommen zu werden. Nach erfolgter Aufnahme im September 1972 trainierte der Verein nur noch in der Turnhalle Gymnasium, die vom Stadtsportbund bereitgestellt wurde. Hier findet das Training mittwochs und freitags jeweils in der Zeit von 20-22 Uhr statt.

Was ist Taekwon-Do?

Ein rasanter Wettkampfsport, ein wissenschaftliches System der Kampftechnik und Selbstverteidigung ohne Waffen, das in Korea entwickelt wurde. Historisch erwähnt wurde Taekwon-Do bereits vor 1300 Jahren.
Es ist mehr als eine Methode des körperlichen Trainings zur Selbstverteidigung. Taekwon-Do entwickelt zugleich Selbstvertrauen und Gelassenheit und schärft die höchste moralische Eigenschaft, die in der geistigen Disziplin ihren Ausdruck findet. Taekwon-Do ist Koreas Nationalsport.
In der Bundesrepublik wird der Taekwon-Do-Sport durch den Deutschen Judo-Bund Sektion Taekwon-Do repräsentiert. Bei den Landesmeisterschaften belegte der Würselener Taekwon-Do-Club den 4. Platz und qualifizierte sich zur Teilnahme an den Deutschen Meisterschaften in Augsburg. Sobald die Trainingsstunden erweitert werden können, erwartet man für die Zukunft noch bessere Ergebnisse. Wie beliebt diese Sportart im Stadtgebiet bereits ist, zeigen die sprunghaft gestiegenen Mitgliederzahlen.
Interessenten mögen sich mittwochs und freitags auf dem Training einfinden und hier einmal dem Training zuschauen. eb

1971년 12월 10일 아헨(Aachener) 신문기사

1972년 3월 12일

코플랜즈(Koblenz) 신문기사

벽돌과 판자가 부서진다

태권도 시범은 흥미진진할 수 있다

자기방어 스포츠 태권도(발차기 격투) 5단 그랜드 마스터인 한국인 김태현 사범이 아주 흔한 맥주병 하나를 든다. 조용히 호흡하면서 집중한다. 그러다가 기합을 넣고 이마로 맥주병을 산산조각 낸다. 라인강 주변에 위치한 어느 고등학교(Gymnasium)에서 있었던 자기방어시범의 여러 클라이맥스 중 그 하나였다.

수많은 관중이 열광하면서 시범을 따라간다. 가라테("맨손")의 현대적 해석이다. 그러나 태권도에서는 발의 운동에 중점을 둔다. 김태현 외에 여러 1단 마스터들이 함께 했다. 바트 노이엔아르 태권도 학교 트레이너 프란츠 요셉 바케스(알스도르프), 엘마 카르노프스키(쾰른), 만프레드 호이어(뷔르젤렌), 클라우스 뷰르샤르츠(알스도르프), 클라우스 리들(뒤셀도르프) 등 5명이다. 나아가 트레이너 프란츠 요셉 바케스는 처음으로 자신이 운영하는 태권도 학교를 일반대중에 소개했다. 약 15 명의 청소년이 정기적으로 트레이닝에 참석한다.

모든 참석자가 보여준 태권도의 기본동작시범을 통해서 주먹 지르기와 발 차기의 다양성이 잘 각인되었다. 김태현 사범은 한국어로 지휘를 했다. 마스터들은 품새를 선보여주었다. 품새는 아주 면밀하게 규정된 가상의 적에 대한 방어의 훈련이다. 훈련생이 1단을 취득하기 위해선 품새 9개를 마스터해야 한다.

자유 대련은 "실전"을 방불케 한다 마스터 두 명의 대련하고 김태현 사범이 유단자 2명과 대련한다. 자유 대련은 적의 실제적인 공격과 방어에 대한 훈련을 위한 것이다. 주먹 지르기와 발 차기는 위해적이다, 아니 위해적일 수 있다. 만약 상대방의 몸에 닿기 전에 제동하지 않는다면 어떤 충격이 이런 액션에 있는지는 인상적인 시범이 잘 증명해 준다. 판자, 병, 15장을 쌓아 올린 벽돌더미 등을 맨손, 아니면 맨발로 산산조각을 낸다. 그랜드 마스터 김은 기립한 다섯 명을 뛰어 넘어 판자를 부순다. 아무도 눈 하나 깜짝하지 않는다. 시범자들에게 거듭 박수갈채가 쏟아진다. 흥미진진한 관중 사리를 박차고 일어나 태권도를 연마하고 싶어하는 징조?

Ziegel und Bretter splitterten

Teakwon-Do-Demonstration kann begeistern

Kim Tae Hyun aus Korea, Großmeister und Träger des 5. Dans des Selbstverteidigungssports Taekwon-Do (Kampf mit den Füßen), nimmt sich eine ganz vulgäre Bierflasche. Er atmet ruhig, konzentriert sich – und dann – mit einem Schrei – zertrümmert Kim Tae Hyun die Flasche mit dem Kopf: Einer der vielen Höhepunkte bei der Selbstverteidigungs-Demonstration in einem Gymnasium am Rhein.

Zahlreiche Zuschauer gehen begeistert mit. Es handelt sich um die moderne Auslegung des Karate („bloße Hand“). Allerdings richtet sich beim Taekwon-Do das Hauptaugenmerk auf die Fußarbeit. Neben Kim Tae Hyun wirken weitere fünf Träger des Meistergrades 1. Dan mit: Franz-Josef Backes (Alsdorf), Trainer der Taekwon-Do-Schule in Bad Neuenahr, Elmar Karnowski (Köln), Manfred Hoyer (Würselen), Klaus Burchartz (Alsdorf) und Klaus Riedl (Düsseldorf). Zudem führt Trainer Franz-Josef Backes erstmals seine Schule der Öffentlichkeit vor. Ca. 15 Jugendliche nehmen regelmäßig am Training teil.

Die Demonstration der Grundschule durch alle Teilnehmer vermittelt einen Eindruck von der Vielfalt der Schläge und Tritte. Kim gibt die Kommandos – auf koreanisch. Die Meister führen Modelle vor, genauestens vorgeschriebene Übungseinheiten von Verteidigung gegen gedachte Gegner. Um den 1. Dan zu erlangen, muß der Kämpfer neun dieser Modelle beherrschen.

In Freikämpfen geht es „zur Sache“. Zwei Meister gegeneinander, Kim Tae Hyun gegen zwei Dan-Träger. Freikämpfe dienen der Übung in Angriff und Abwehr gegen einen Gegner, wie er leibt und lebt.

Der koreanische Großmeister Kim Tae Hyun (rechts) in voller Aktion.

Die Schläge und Tritte sind gefährlich, wären gefährlich, würden sie nicht rechtzeitig vor dem Körper des Gegners abgebremst.

Welche Wucht hinter den Aktionen steckt, beweisen eindrucksvolle Demonstrationen: Bretter, Flaschen, Stapel von 15 Ziegelsteinen werden mit bloßer Hand und blankem Fuß zertrümmert; Großmeister Kim springt ein zersplitterndes Brett über fünf Leute hinweg an. Niemand verzieht dabei das Gesicht . .

Immer wieder brandet Beifall für die Kämpfer auf. Vielleicht wird bei diesem oder jenem Zuschauer aus Mitgehen Mittun?

1972년 3월 12일 코플랜즈(Koblenz) 신문기사

1972년 9월 15일

아헨 낙흐리히텐(Aachener Nachrichten) 신문기사

태권도 행사

뷔르젤렌 - 1972년 9월 30일 (土) 저녁 7시 30분에 뷔르젤렌에 있는 루드비히 체육관에서 태권도 행사가 개최된다. 행사 주최는 김태현 (5단)과 만프레드 호이어 (2단)의 지도하 뷔르젤렌 소재 태권도 클럽이 맡았다. 또한 이 행사에서 뷔르젤렌 태권도 클럽의 학생들의 뷔르젤렌 선수권경기가 진행된다. 한국 그랜드 마스터 3인이 한국의 국기인 태권도의 완벽한 모습을 시범하기로 되어있다. 나아가 네덜란드(Niederlande) 유단자 5인과 독일 태권도 마스터 여럿이 흥미진진한 격파, 긴장감이 도는 자유 대련 및 자기방어를 보여줄 계획이다.

태권도가 우선적으로 집중하는 내용은 태권도 학생을 신중하고, 절도 있고, 자신 있는 사람으로 다듬어가는 것이다. 태권도는 단지 격투스포츠가 아니다. 또한 태권도에 포함되어 있는 자기방어 및 기능적 체조 요소 때문에 특히 여성과 어린이에 알맞는 스포츠가 된다. 근래에 독일에서도 역시 많은 사람이 추종하게 되었다.

Aachener Nachrichten

Überparteilich Politisches Tageblatt Unabhängig 1 A 1002 A

Taekwon-Do Veranstaltung

Würselen — Samstag, 30. September 1972, findet um 19.30 Uhr in der Ludwigshalle in Würselen eine Taekwon-Do Veranstaltung statt. Der Ausrichter der Veranstaltung ist der Taekwon-Do Club Würelen unter der Leitung von Kim Tae Hyoun (5. Dan) und Manfred Hoyer (2 Dan). Im Rahmen der Veranstaltung tragen die Schüler des Würselener Clubs ihre Stadtmeisterschaft aus. Drei koreanische Großmeister werden perfektes Taekwon-Do, das koreanischer Nationalsport ist, demonstrieren. Weiterhin werden fünf Danträger aus Holland und viele deutsche Taekwon-Do Meister interessante Bruchteste, spannende Freikämpfe und Selbstverteidigung vorführen.

Taekwon-Do hat in erster Linie die Aufgabe, den Taekwon-Do Schüler zu einem besonnenen, disziplinierten und selbstsicheren Menschen heranzubilden. Taekwon-Do ist nicht ausschließlich ein Kampfsport. Gerade wegen der darin enthaltenden Selbstverteidigungselemente und Zweckgymnastik ist diese Sportart auch für Frauen und Kinder geeignet. In letzter Zeit hat dieser Sport auch in Deutschland viele Anhägnre gewonnen.

1972년 9월 15일 아헨 낙흐리히텐(Aachener Nachrichten) 신문기사

1973년 3월 15일

아헨 낙흐리히텐(Aachener Nachrichten) 신문기사

태권도 심판원 교육과정 프랑크푸르트에서 개최

프랑크푸르트에서 태권도 심판원 교육과정이 진행되었다. 알스도르프 소재 태권도 클럽이 K. 리델(1단)과 K. 부르샤르츠(2단) 등 유단자 2인과 함께 참여했다. 이 두 사람은 교육과정을 성공적으로 이수하고 태권도 독일내 심판원 자격증을 받았다.

옆 사진은 참여자들 (왼쪽에서 오른 쪽으로): E. 코르노프스키, F. J. 바케스, K. 리델, 김태현, K. 부르샤르츠, 그리고 M. 호이어.

초보자를 위한 태권도 트레이닝과 자기방어 신청. 매주 월요일 샤우펜베르크(Schaufenberg) 학교 실내체육관 및 매주 수요일 마리엔슈트라세(Marien str.)에 있는 실내체육관. 저녁 8부터 10시까지

Taekwondo-Kampfrichter-Lehrgang in Frankfurt

In Frankfurt wurden jetzt Kampfrichter-Lehrgänge für Taekwondo-Kämpfer abgehalten. Der Alsdorfer Taekwondo-Club nahm mit zwei Dan-Trägern am Lehrgang teil: K. Riedel, 1. Dan, und K. Burchartz, 2. Dan. Sie konnten ihren Lehrgang erfolgreich abschließen und erhielten somit die Kampfrichterlizenz auf Landesebene.

Unser Bild zeigt die Teilnehmer v. l.: E. Kornowski, F. J. Backes, K. Riedel, Kim Tae Hoyng, K. Burchartz und M. Hoyer.

Anmeldungen zum Taekwondo-Training und zur Selbstverteidigung für Anfänger: montags in der Gymnastikhalle der Schule Schaufenberg, und mittwochs in der Turnhalle Marienstraße, jeweils von 20 bis 22 Uhr.

1973년 3월 15일 아헨 낙흐리히텐(Aachener Nachrichten) 신문기사

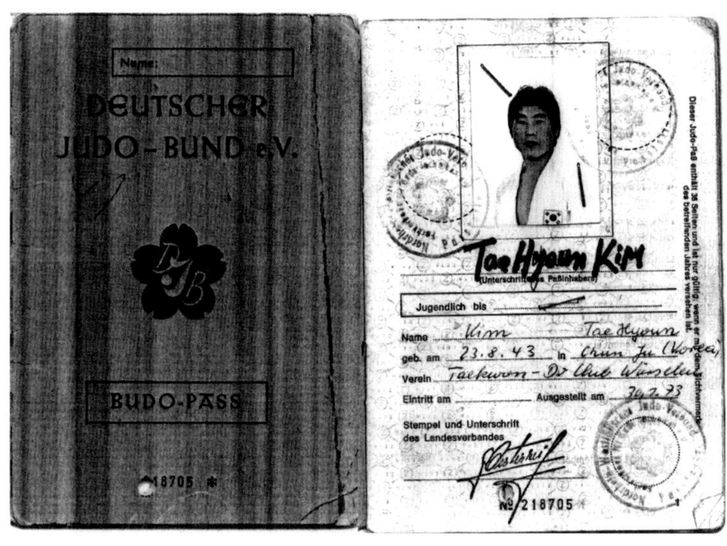
Name:
DEUTSCHER JUDO-BUND e.V.
BUDO-PASS
218705

Tae Hyoun Kim
(Unterschrift des Paßinhabers)
Jugendlich bis
Name Kim Tae Hyoun
geb. am 23.8.43 in Chun Ju (Korea)
Verein Taekwon-Do Club Würselen
Eintritt am — Ausgestellt am 30.1.73
Stempel und Unterschrift des Landesverbandes
№ 218705

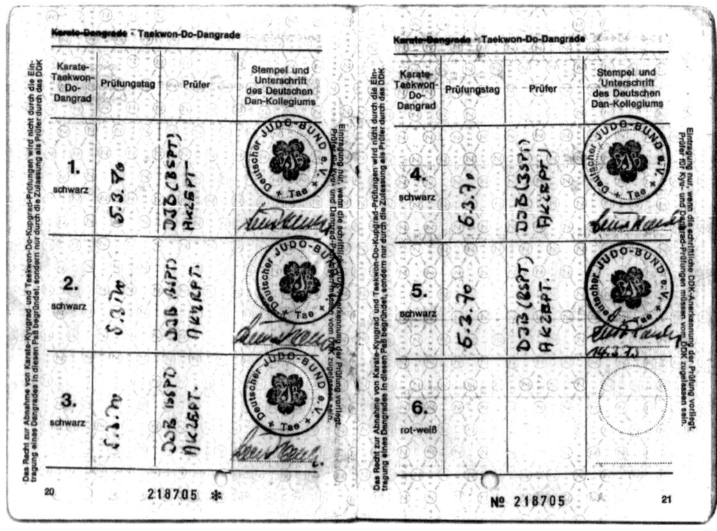
Karate-Dangrade - Taekwon-Do-Dangrade

Karate-Taekwon-Do-Dangrad	Prüfungstag	Prüfer	Stempel und Unterschrift des Deutschen Dan-Kollegiums
1. schwarz	5.3.70	DJB (BSPT) AKZEPT.	Deutscher JUDO-BUND e.V. Tae
2. schwarz	5.3.70	DJB (BSPT) AKZEPT.	Deutscher JUDO-BUND e.V. Tae
3. schwarz	5.3.70	DJB (BSPT) AKZEPT.	Deutscher JUDO-BUND e.V. Tae

20 218705

Karate-Dangrade - Taekwon-Do-Dangrade

Karate-Taekwon-Do-Dangrad	Prüfungstag	Prüfer	Stempel und Unterschrift des Deutschen Dan-Kollegiums
4. schwarz	6.3.70	DJB (BSPT) AKZEPT.	Deutscher JUDO-BUND e.V. Tae
5. schwarz	5.2.70	DJB (BSPT) AKZEPT.	Deutscher JUDO-BUND e.V. Tae 14.3.71
6. rot-weiß			

№ 218705 21

Kim's Taekwon-Do-Schule
Herrn Kim Tae-Hyon
511 AACHEN - ALSDORF
Baurstraße 4

DEUTSCHER JUDO-BUND
FACHBUND FÜR BUDO-SPORTARTEN
6000 FRANKFURT/MAIN
KAISERSTRASSE 5 A

1973년 1월 30일 독일 유도사단법인에서 발행한 심사, 교육, 강습, 훈련 자격증
한국 사범 최초로 획득

1972년 9월 28일

아헨폴크스(Aachener Volks) 신문기사

반회전 격파는 수련에 속한다

태권도 사범들이 아우디막스에서 기왓장과 나무판을 격파했다

아헨 - 태권도 추종자들에게는 실러의 "빌헬름 텔"의 황금 규칙이 적용된다. 집안에 "도끼를 두면 목수가 필요 없다" 태권도 수련자들은 목수도 도끼도 다 필요 없다. 발끝의 빠른 타격 한 번이면 혹은 손의 빠른 타격으로 도끼질과 같은 힘이 발휘된다. 두툼한 나무판과 기왓장들도 그들에게 아무런 장애가 되지 않는다. 가볍게 격파된다.

태권도 추종자들은 주말 아헨 공대의 아우디막스에서 그들 능력의 엄청난 증거를 보여주었다. 태권도는 한국에 널리 퍼져 있는 가라테 비슷한 무술이다. 알스도르프와 뷔르젤렌 부근 아헨 석탄구에서 일하는 한국인 노동자들은 이 스포츠 종목을 독일에서도 대중적으로 만들었다. 태권도의 핵심은 발차기 연습에 있다. 아우디막스의 저녁 시범 경기 개최자는 많은 사범들을 초청하여 관객들에게 모든 무술 기법들에 관한 훌륭한 개요를 보여줄 수 있었다. 관객들은 대부분 이 분야에 능통한 사람들로서 위험하기도 한 그들의 시범에 아낌없는 박수를 보냈다.

프로그램 첫 부분에는 찌르기 연습 몇 가지가 들어있다. 태권도에는 무엇보다 빠르기가 중요하다는 것이 여기서 이미 드러났다. 이어지는 1대 1경기에서는 발, 팔 그리고 몸의 동작으로 이루어진 빠른 동작들의 조합이 감탄을 불러일으켰다. 세 단계의 순간을 이용하여 찌르기와 때리기가 추가적인 힘을 발휘했다. 당연히 1 대 1경기는 가상의 대전이었다. 정말로 실행된 때리기는 상대가 이미 죽지 않는다면 어쩔 수 없이 중한 상처를 남긴다. 그래서 특수한 방어수련이 기본수련에 속한다. 다만 번개같이 빠른 피하기 동작만으로도 도움이 될 때가 많다.

노르트라인-베스트팔렌(Nordrhein-Westfalen)에서 온 한국 사범들이 펼친 1 대

1경기 외에도 격파 시범이 프로그램에 들어있었다. 기왓장과 나무판이 이마, 발, 손끝으로 파괴되어 버렸다. 김태현 사범은 13개의 기왓장을 주먹으로 격파함으로써 기록을 세웠다. 오로지 이 분야에 대해 잘 아는 사람만이 어떤 고된 훈련을 해야 이런 수련이 기능한지를 안다.

맥주병조차도 한국인 두개골의 강도를 이겨낼 한 치의 여지가 없었다. 한 한국인이 무섭게 빠른 속도로 맥주 병 두 개를 이마로 깼는데 본인은 전혀 다치지 않았다. 마지막으로 관객은 태권도 선수들에게 감사했고, 깊이 감동된 채, 그리고 자신의 유약함을 조금은 슬퍼하며 집으로 돌아갔다.

Auf der Flucht vor der Furcht (Seite 2)

Ausgabe B1

Aachener Volkszeitung

DEMOKRATISCH-CHRISTLICH-UNABHÄNGIG

G 1006 A

28. Jahrgang – Nr. 79 | Mittwoch, 4. April 1973 | Einzelpreis 40 Pfennig

Der Seitensprung gehört zum Training

Tae-Kwon--Do-Meister zertrümmerten Dachziegel und Holzplatten im Audimax

Aachen. — Für die Anhänger des Tae Kwon Do, einer Karatesportart, gilt sicher nicht die goldene Regel aus Schillers Wilhelm Tell „Die Axt im Hause erspart den Zimmermann". Die Tae-Kwon-Do-Sportler brauchen weder Zimmermann noch Axt. Ein schneller Schlag mit der Fußkante oder ein rascher Stoß mit der Hand hat bei ihnen die gleiche Wirkung wie ein Axthieb. Dicke Holzplatten und Dachziegel sind ihnen kein Hindernis. Sie werden mühelos zertrümmert.

Einen eindrucksvollen Beweis ihres Könnens lieferten die Anhänger des Ta Kwon Do am Wochenende im Audimax der Technischen Hochschule in Aachen. Tae Kwon Do ist eine Karatekampfart, die besonders in Korea weitverbreitet ist. Die zahlreichen koreanischen Gastarbeiter im Aachener Kohlenrevier um Alsdorf und Würselen haben diesen Sport auch in Deutschland schnell populär gemacht. Der Schwerpunkt beim Tae Kwon Do liegt bei Tretübungen. Der Ausrichter des Demonstrationsabends im Audimax, der Tae-Kwon-Do-Club Würselen, hatte zahlreiche koreanische Großmeister eingeladen, so daß dem Publikum ein vorzüglicher Überblick über alle Kampftechniken geboten werden konnte. Die Zuschauer erwiesen sich überwiegend als fachkundig und sparten nicht mit Beifall für die oft halsbrecherischen Übungen.

Zu Beginn standen auf dem Programm einige Uebungen im Stoßen. Hier zeigte es sich schon, daß es beim Tae Kwon Do vor allem auf Schnelligkeit ankommt. Bei den anschließenden Partnerübungen konnte man die rasche Kombination aus Fuß- Arm- und Körperbewegung bewundern. Durch die Ausnützung des Drehmoments erhalten die Stöße und Schläge eine zusätzliche Wirkung. Selbstverständlich waren die Partnerübungen nur Scheinkämpfe. Ein echt ausgeführter Schlag würde unweigerlich eine schwere Verletzung, wenn nicht den Tod des Gegners zufolge gehabt haben. Bestimmte Verteidigungsübungen gehören daher mit zum Grundtraining. Oft hilft auch nur der blitzartige Sprung zur Seite.

Neben den Partnerübungen, die von koreanischen Großmeistern aus ganz Nordrhein-Westfalen gezeigt wurden, standen auch Bruchtests mit auf dem Programm. Hier wurden Dachziegel und Holzplatten mit der Stirn, dem Fuß und der Handspitze zerschlagen. Einen Rekord stellte Kim Tae Hyoun auf, als er 13 Dachziegel mit der Faust zertrümmerte. Nur die Eingeweihten wußten, welch hartes Trainig die Voraussetzung für solche Übungen ist.

Auch Bierflaschen hatten keine Chance, vor der Härte der koreanischen Schädeln zu bestehen. Mit ungeheurer Schnelligkeit zerschlug ein Koreaner zwei Bierflaschen mit der Stirn, ohne sich zu verletzien. Zum Abschluß dankte das Publikum den Tae-Kwon-Do-Sportlern begeistert und ging etwas bekümmert ob der eigenen Schwäche nach Hause. Kö

1972년 9월 28일 아헨폴크스(Aachener Volks) 신문기사

1974년 3월

태권도도장 개관 당시 베를린에 가라데(Karate) 도장

Belin Karate Schule 1974

1 Nippon 니뽄

2. Oyama 오야마

3. Bushido 부시도

4. TakuDai 탁구다이

5. ShinTai 신타이

6. SaMurai 사무라이

7 Ko Do Kan 고도칸

8. Arashi 아라쉬

9. KiKokan 키코칸

10. Brükener 부르크너

11 Gerstenberger 가스텐베르그

12. Budo Kan 부도관

13. Satori 사토리

14. ChiKara 시카라

15. Lother Nest 로타네스트

16. Banzai 반자이

17 Gojo-Kai 고즈카이

18. RanDoRi 란도리

19. Kokugikan 코쿠기칸

1974년 3월

태권도 학교 개관 안내서

태권도 한국식 가라테

베를린의 구 크로이츠베르크와 템펠호프가 마침내 자기방어 학교를 갖게 되었다.

그랜드 마스터 김태현(5단)은 여러분을 오리지날 한국식 가라테, 즉 태권도를 가르치게 됩니다. 여러분은 역동적인 치기, 발차기, 그리고 방어기술을 아주 빠른 기간내에 연마하여 안전한 무기로 소유하게 될 것입니다. 태권도는 무기 없는 무기로서 항상 즉시 사용할 수 있습니다. 약간의 월회비 30 마르크로 확실한 생명보험에 가입하십시오.

베를린에서 가장 큰 트레이닝(Training) 면적을 갖춘 저희 스포츠학교를 한번 아무런 부담 없이 둘러 보세요. 자기방어 트레이닝 외에 체력, 근력 등 훈련을 하실 수 있습니다. 트레이닝을 마친 후에는 사우나에서 편안하게 근육을 풀 수도 있습니다.

또한 5세 이상의 어린이들을 위한 태권도코스도 있습니다. 오후 3시 이후 편향적인 학교수업의 억눌림에서 풀어주고 (심신의) 균형을 잡아주는 코스입니다. 여기에 태권도의 유희적인 요소가 딱 안성마춤입니다. 나아가 선수권대회, 승급심사 등이 패기를 북돋아 줍니다.

등록 접수 매일 오후 4시 이후

Taekwondo-Schule Kim

주소 1 Bln. 61, Meringdamm 20 전화 2512078

교통안내 지하철 - Mehringdamm/Hallesches Tor 역 버스 - 19, 24, 28, 41, 95 번

TAEKWON DO

Koreanisches KARATE

Neu eröffnet

Jetzt haben auch die Bezirke Kreuzberg und Tempelhof ihre eigene Selbstverteidigungsschule.

Großmeister Kim, Tae Hyoun 5. DAN und Lee, Pil Hoa 3. DAN unterrichten Sie im original koreanischen Karete, dem TAEKWON DO. Dynamische Schlag-, Tritt- und Abwehrtechniken werden auch Ihnen in kürzester Zeit als sichere Waffe zur Verfügung stehen. TAEKWON DO, die waffenscheinlose Waffe ist immer griffbereit. Erwerben auch Sie für einen geringen Monatsbeitrag von nur DM 30,– eine richtige Lebensversicherung.

Schauen Sie sich unsere Sportschule mit der größten Trainingsfläche in Berlin einmal unverbindlich an. Neben dem Selbstverteidigungstraining können Sie auch Fitness- und Krafttraining betreiben und nach dem Sport Ihre Muskeln in der Sauna entspannen und lockern.

Für Kinder ab 5 Jahren gibt es selbstverständlich auch TAEKWON DO-Kurse: Nachmittags ab 15.00 Uhr als Entspannung und Ausgleich für einseitige Schulbelastung. Dieser Sport ist durch sein Spiel geradezu ideal. Meisterschaften und Gürtelprüfungen fördern den Ehrgeiz.

Anmeldungen täglich ab 16.00 Uhr.

TAEKWON DO-SCHULE

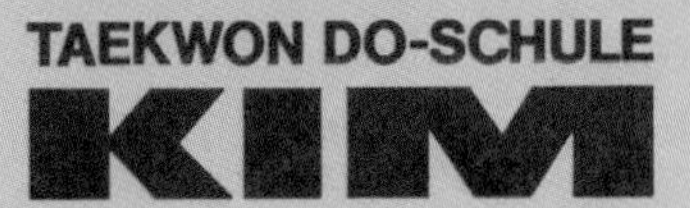

1 Bln. 61 · Mehringdamm 20 ☎ 251 20 78
Ecke Obentrautstr.

U-Bahn: Mehringdamm, Hallesches Tor
Bus: 19, 24, 28, 41, 95

1974년 3월 태권도 학교 개관 안내서

1974년 5월 18일

독일 미군부대에서 발행하는 월간 잡지에 기사화된 글

태권도 사범이 태권도를 홍보하다 서베를린에서

검은 띠 5단 김태현 사범은 현재 서베를린에서 태권도를 가르치고 있는 몇 안 되는 한국인 사범 중 한 명이다. 김씨는 현재 자신의 체육관에서 태권도 학교를 운영하고 있다. 그는 이곳을 '태권도 학교'라고 부르고 있으며, 이 학교는 독일의 전 수도의 1 베를린 61, 오벤트라우 스트라세, 1, 엑케 메링담에 위치하고 있다. 수천 명의 베를린 사람들이 이 인기 있는 무술을 배우고 싶어서 그의 강좌에 참석해 왔다. 그의 수련생 중에는 동베를린 사람들도 많이 있는데, 이는 적어도 이곳에서는 태권도를 통해 동서의 장벽이 없음을 보여준다. 김씨의 태권도 열성팬 중 한 명은 동베를린 주재 인도네시아 대사의 아들로 김씨의 학교에서 매일 수업을 받고 있다. 김씨는 미래를 향한 야심찬 목표 때문에 1970년대 초 독일로 건너갔다. 하지만 그는 외국에서의 생활이 많은 괴로움으로 가득차 있을 수 있다는 것을 너무 빨리 깨달았다. 생계를 유지하기 위해 그는 이 직업 저 직업을 전전하다가 마침내 서베를린의 한 술집에서 도어맨과 문지기로 취직했다. 고객이 소란을 피우지 않도록 하는 것이 그의 주요 임무였다. 그는 일을 잘 해내어 곧 주인의 존경과 신뢰를 얻었으며, 주인은 그 후 그에게 태권도 시범으로 손님들을 즐겁게 해주도록 했다. 이 시범 중 그의 향연에는 맨손으로 맥주병을 자르는 것, 손가락 끝으로 2인치 두께의 나무 판자를 쪼개는 것, 공중에 다양한 물건들을 던지고 뛰어차기 자세로 맨손으로 이들을 부수는 것 등이 있었다. 이번 시범의 특히 하이라이트는 방어와 공격, 막고 찌르기와 같은 동작을 어떻게 실행하는지 보여주기 위해 고안된 기본적인 일련의 태권도 동작들이었다. 이러한 시범을 할 때 그는 베토벤 교향곡 5번의 반주에 맞춰 이 치명적인 춤을 추곤 했다. 그의 공연은 항상 그의 손님들로부터 만장일치의 박수를 불러일으켰는데, 이들 가운데 많은 사람들이 외교관, 사업가, 성직자들이었다.

김 사범은 자신의 태권도 학교를 열기로 결정한 것은 바로 이 일 후였다. 태권도 시범을 통해 얻은 높은 명성과 그가 베를린 시민들 가운데 불러일으킨 이 무술에 대한 호기심으로 인해 김씨는 자신의 학교를 여는 것이 쉬운 일임을 알았다.

앞으로 김씨가 염두에 두고 있는 목표는 하나다. 태권도가 동베를린까지 확산되기를 간절히 소망하며 기도하고, 이를 위해 고통과 수고를 아끼지 않을 것이다. 그는 자신의 꿈이 가까운 시일 내에 이루어질 것이라고 확신한다고 말했다.

김태현 사범이 태권도 학교에서 치명적인 시범을 보이고 있다.

Instructor Promotes Taekwondo

In West Beriln

Kim Tae Hyoun, a 6th Dan Black Belt, is one of very few Korean instructors now teaching Taekwondo in West Berlin. Kim is presently operating his own Taekwondo school at his gym. He calls it the'Taekwondo Schule' and it is located at 1 Berlin 61, Obentraustr, 1, Ecke Mehring-damm, in the former capital city of Germany. Thousands of Berliners have been attending his course, aspiring to learn this popular martial science. Among some of his learners are many East Berliners, which shows that at least here, through Taekwondo, there is no barrier between the East and the West. One of Kim's Taekwondo enthusiasts is the son of the Indonesian Ambassador to East Berlin, who takes lessons daily at Kim's school.

Kim went to Germany in the early 1970's because of ambitious goals he had made for his future. He realized all too soon though, that life in a foreign country can be filled with many vexations. In order to make a living he shifted from job to job until he was finally hired as a doorman and gate-keeper at a bar in West Berlin. It was his main duty to keep the customers from becoming torouty. He did well and soon gained the respect and trust of his proprieter, who afterwards, allowed him to entertain his guests with Taekwondo demonstrations.

Some of his fetes during these demonstrations were severing beer bottles with his bare hands, splitting two-inch think wooden planks with his finger tips, and throwing various objects in the air and destroying them with his bare hands through jumping-kicking postures. The particular highlight of these demonstrations was fundamental sequences of Taekwondo actions designed to show how to executive such moves as defend and attack, and blocking and thrusting. When giving these demonstrations, he would perform this deadly dance to the accompaniment of Beethoven's 5th Symphony. His performances would always bring out a unanimous applause from his guests, many of whom were diplomats, businessmen and priests.

It was after this job that Kim, decided to open up his own Taekwondo school. With a high reputation that he had gained through his Taekwondo demonstrations and a curiosity he had created among Berliners about this martial science, Kim found it an easy task to open up his school.

Kim acquired West German citizenship in 1977 and now it seems like everything is going his way in life. For the future, Kim has one goal in mind. to sincerely hope and pray that Taekwondo will spread to East Berlin, for which he would spare no pains or inconveniences. He remarked that he is confident his dream will come true in the very near future.

Tae Hyoun Kim performs his deadly demonstration at his Sportschule.

1974년 5월 18일 독일 미군부대에서 발행하는 월간 잡지에 기사화된 글

1974년 9월 18일

아헨(Aachener) 신문기사

알스도르프 태권도 클럽의 대성공

오랫동안 태권도 트레이너로 일해온 태권도 2단 클라우스 부르샤르츠가 베를린에서 지금까지 가장 큰 성과를 거두었다. 그는 거기서 진행된 승단심사에서 태권도 그랜드 마스터 김태현 (5단) 및 심사원들에게 그가 가르친 태권도 상위급 (1급, 갈색) 6명을 선보였다. 심사는 4시간동안 진행되었다. 야밤에 심사지로 출발하였지만 승단시험 참석자들은 훌륭한 모습과 단련으로 주어진 과제를 잘 감당해냈다.

이 자리를 빌려 승단심사에 합격한 알스도르프 출신 Dieter Vogenbeck, Manfred Ogiermann, Peter Erberich, Gert Stein, Dieter Gülpen, 7 Senat Abduramani 에게 축하인사를 드린다.

태권도클럽 알스도르프는 특히 태권도 2단 트레이너 클라우스 부르샤르츠의 뛰어난 트레이너 성과에 감사의 말을 전했다. 그의 우수한 트레이닝 방법 및 지도가 이런 성과를 실현시키고 태권도클럽 알스도르프에게 미래를 위한 새로운 자극을 주게 된 것이다. 새로운 유단자들에게 행운을 빌며 그들에게 주어진 사명을 태권도 정신에 입각하여 잘 감당하기를 바란다.

트레이너 부르샤르츠는 앞서 진행된 승급심사에서도 좋은 성과를 올릴 수 있었다. 심사위원은 뷔르셀렌에 거주하는 만프레드 호이어와 클라우스 부르샤르츠가 맡았다. 아래와 같이 승급한 클럽멤버들을 축하한다. 2급 Renate Bald, 4급 Hans Liebl, Martin Ernst, Nicky Bjelobabich, Dieter Wegner; 5급 Georg Liebl, 6급 Siegried Wolters, Arno Scheffler; 7급. Willi Gülpen, Werner Sistig, Detmar Nellessen, Hubert Wiertz; 8급 Uwe Pohle, Bernd Kowalski, 9급 Birgit Hensellek, Mario Otten, Wilfried Maubach.

[사진설명] 위 사진은 왼쪽에서 오른쪽으로 트레이너 부르샤르츠 (2단)와 새로운 유단자 디터 컬펜, 페더 에어버리히, 만프레드 오기어만 (기립), 왼쪽에서 오른쪽으로 세나트 압두라마니, 디터 포겐벡, 게르트 슈타인 (무릎 꿇은 자세)

Große Erfolge des Taekwon-Do-Clubs Alsdorf

Der bisher größte Erfolg seiner langjährigen Trainerzeit konnte Klaus Burchartz, 2. Dan, in Berlin verbuchen. Dort führte er sechs seiner Hochgurte (1. Kup braun), dem Großmeister Kim Tae Hyoun, 6. Dan, und dessen Mitprüfern, zur koreanischen Danprüfung vor. Die Prüfungsdauer belief sich auf vier Stunden, und trotz nächtlicher Anreise meisterten alle sechs Teilnehmer in brillanter Manier und Selbstdisziplin die ihnen gestellten Aufgaben.

Hiermit gratulieren wir zur bestandenen Danprüfung den Alsdorfern Dieter Vogenbeck, Manfred Ogiermann, Peter Erberich, Gert Stein, Dieter Gülpen und Senat Abduramani.

Insbesondere dankt der Taekwon-Do-Club Alsdorf seinem Trainer Klaus Burchartz, 2. Dan, für die hervorragende Trainingsleistung. Seine gute Trainingsmethode und Menschenführung haben diese Erfolge eintreten lassen und dem Taekwon-Do-Club Alsdorf neue Impulse für die Zukunft gegeben. Wir wünschen den neuen Meistern Glück, und mögen sie die ihnen neu gestellte Aufgabe im Sinne des Taekwondo meistern.

Auch konnte der Trainer bei den vorangegangenen dritten Gürtelprüfungen Erfolge verzeichnen. Als Prüfer fungierten: Manfred Hoyer, Würselen und Klaus Burchartz. Wir gratulieren zur höheren Graduierung folgenden Taekwondo-Mitgliedern: 2. Kup: Renate Bald; 4. Kup: Hans Liebl, Martin Ernst, Nicky Bjelobabich, Dieter Wegner; 5. Kup: Georg Liebl; 6. Kup: Sigried Wolters, Arno Scheffler; 7 Kup: Willi Gülpen, Werner Sistig, Detmar Nellessen, Hubert Wiertz; 8. Kup: Uwe Pohle, Bernd Kowalski; 9. Kup: Birgit Hensellek, Mario Otten und Wilfried Maubach.

Unser Bild zeigt von l. n. r., stehend: Trainer Klaus Burchartz, 2. Dan, mit den neuen Danträgern Dieter Gülpen, Peter Erberich, Manfred Ogiermann; v. l. n. r., knieend: Senat Abduramani, Dieter Vogenbeck und Gert Stein.

1974년 9월 18일 아헨(Aachener) 신문기사

1975년 9월 15일

가라데(Karate) 학교에서 변호사를 통해 보내온 협박 초청장

수신 : 태권도학교 김

발신 : 베른하르트-디트리히 브렐로어 박사/변호사

주제 : 가라테학교 뷔르크너의 초대장

귀하의 1975. 9. 11 편지

1975년 9월 15일

친애하는 비이크님!

뷔르크너씨가 귀하의 1975년 9월 11일 편지에 답변을 대행하라고 요청했습니다.

제 의뢰인은 귀하를 어떻게 든 강요하여 1975년 9월 9일 제안을 수락하게 할 생각은 전혀 없습니다. 그러나 귀하는 상기 초대장을 분명 오해한 것 같습니다.

(중략)

그랜드 마스터 김태현과 라이트급 세계챔피언 빌 윌리스(Bill Wallace)와의 비교격투를 하자는 귀하의 제안은 제 의뢰인이 수락할 수 없습니다.

(중략)

경백

변호사 브렐로어

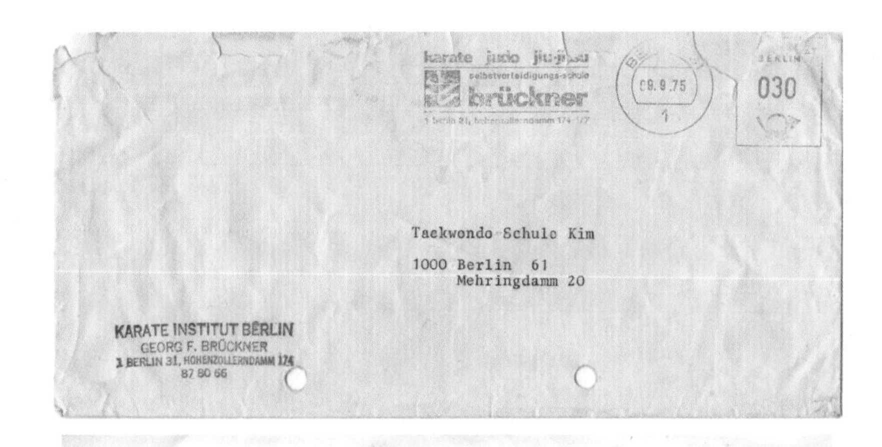
karate judo jiu-jitsu
selbstverteidigungs-schule
brückner
1 Berlin 31, hohenzollerndamm 174-177

09.9.75

BERLIN
030

Taekwondo Schule Kim

1000 Berlin 61
Mehringdamm 20

KARATE INSTITUT BERLIN
GEORG F. BRÜCKNER
1 BERLIN 31, HOHENZOLLERNDAMM 174
87 80 66

DR. BERNHARD-DIETRICH BRELOER
RECHTSANWALT
1000 BERLIN 19
WITZLEBENPLATZ 4-5
TELEFON (030) 307 70 77
SPARKASSE DER STADT BERLIN WEST
KONTO-NR. 025 001 028
BANK FÜR HANDEL UND INDUSTRIE AG
KONTO-NR. 673 866 700
POSTSCHECKKONTO BERLIN WEST
KONTO-NR. 2472 95-108

TAEKWON DO-SCHULE KIM

Obentrautstraße 1-21

1 Berlin 61

IHR ZEICHEN
IHR SCHREIBEN
UNSER ZEICHEN B-R
BERLIN, DEN 15. September 1975

Betr.: Einladung der Karate-Schule Brückner
Ihr Schreiben vom 11. September 1975

Sehr geehrter Herr Wieck,

Herr Brückner hat mich gebeten, Ihr Schreiben vom 11. September 1975 zu beantworten.

Keineswegs will mein Mandant Sie in irgendeiner Form zwingen, sein schriftliches Angebot vom 9. September 1975 anzunehmen. Offenbar haben Sie jedoch seine Einladung mißverstanden.

Die von meinem Mandanten veranstalteten Europa-Meisterschaften sind keine Vergleichskämpfe zwischen Karate-Schulen, wie Sie irrtümlich annehmen. An den Ausscheidungskämpfen, die in dieser Woche stattfinden, nimmt jeder teil, der die vorgeschriebenen Bedingungen erfüllt und zu einem fairen, sportlichen Kampf bereit ist.

Wenn es daher Ihr Wunsch ist, entweder persönlich oder mit Ihren "Großmeistern" oder mit Ihren Schülern an den Europa-Meisterschaften teilzunehmen, bittet mein Mandant Sie, die vorgeschriebene Ordnung der Veranstaltung einzuhalten. Sollten Sie oder die Mitglieder Ihrer Schule auf dem vorgeschriebenen Weg in die Endkämpfe gelangen,

- 2 -

1975년 9월 15일 가라데(Karate) 학교에서 변호사를 통해 보내온 협박 초청장

1976년 7월 7일

독일 제자 크라우스(Klaus)가 보내 서신

(편지) 알스도르프, 1976년 7월 7일

친애하는 마스터 김! 제자 클라우스입니다. 알스도르프에서 저와 제 아내가 스승님께 인사말씀을 보냅니다. 제가 운영하는 태권도 클럽에 발행한 문제로 인해 제가 어찌하지 못하고, 스승님으로부터 도움을 받을 수 있다고 희망하는 가운데 이렇게 편지를 올립니다. 저의 제자 6명이 태권도 1급 소유자입니다. 이 6인에 대한 승진심사는 모두 독일태권도협회에 의해서 규정대로 진행되었습니다. 제자들은 승단심사를 스승님께서 진행해 주실 수 있는지 여쭤보라고 저에게 부탁했습니다. 저와 마찬가지로 제 제자들은 한국의 그랜드 마스터에 의한 승단심사가 더 가치가 있다는 생각입니다. 스승님께서 제 요청을 거절하지 않으신다면 제가 제 제자들과 함께 기꺼이 오는 9월 베를린으로 올라가겠습니다. 그럴 경우 저에게 가능한 날짜만 알려주시면 되겠습니다. 회신시 승단심사의 비용도 알려주시기 바랍니다. 경외하는 스승님, 제 제자들은 도복에 베를린 클럽의 배지를 달고 있습니다. 제가 만프레드에게서 구매한 것입니다. 여분이 있으면 몇개 더 보내주시기를 부탁합니다. 소형 한국 배지도 빠지지 않았으면 합니다. 스승님.

태권도학교의 승용차 스티커도 구매하기를 원합니다. 만프레드는 저에게 종류마다 20개만 넘겨줄 수 있었습니다. 위 배지의 구매가격은 우편송금으로 스승님 주소로 보내겠습니다.

스승님의 답변을 기쁜 마음으로 기다리는 가운데,

스승님의 제가 클라우스 올림

ALSDORF DEN 7 7 1976

SEHRGEEHRTER MEISTER KIM! VIELE GRÜSSE AUS
ALSDORF, SENDET DIR UND DEINER FRAU, DEIN SCHÜLER
KLAUS. DURCH EINIGE PROBLEME IN MEINEM TAEKWON-DO-
VEREIN BIN ICH GEZWUNGEN, MICH AN DICH ZUWENDEN,
IN DER HOFFNUNG DAS DU MIR VIELLEICHT HELFEN KANNST
SECHS MEINER TAEKWON-DO SCHÜLER SIND INHABER DES
1 KUPS. ALLE PRÜFUNGEN DIESER GENANNTEN LEUTE SIND
VOM DEUTSCHEN TAEKWON-DO-VERBAND ORDNUNGSGEMÄSS
ABGENOMMEN WORDEN. MEINE SCHÜLER HABEN MICH GEBETEN
BEI DIR AN ZUFRAGEN, OB DU ALS GROßMEISTER IHNEN
DIE DANPRÜFUNG ABNEHMEN KÖNNTEST. SIE SIND DER
MEINUNG, GENAU WIE ICH, DAS EINE DANPRÜFUNG DIE VON
EINEM KOREANISCHE GROßMEISTER ABGENOMMEN WIRD
VIEL WERTVOLLER IST ICH WÄRE GERNE DA ZU BEREIT
IM SEPTEMBER MIT MEINEN SCHÜLERN NACH BERLIN ZU-
KOMMEN, WENN DU MEINE BITTE NICHT ABSCHLÄGST, DAS
DATUM MUSS DU MIR DANN NOCH MITTEILEN. DER PREIS
EINER DANPRÜFUNG KÖNNTEST DU MIR DANN AUCH IN DEINEM
BRIEF BEANTWORTEN LIEBER KIM, MEINE SCHÜLER TRAGEN
AUF IHREN TOBRUKS DEIN VEREINSABZEICHEN AUS BERLIN.
DIESE HABE ICH VON MANFRED GEKAUFT. ICH MÖCHTE DICH
DOCH BITTEN, MIR NOCH EINGE ZU SCHICKEN, AUCH DIE KLEINEN
KORENISCHE ABZEICHEN WÄREN SEHR WICHTIG. AUTOAUFKLEBER
DEINER TAEKWON-DO-SCHULE WÜRDE ICH AUCH KAUFEN.
MANFRED KONNTE MIR NUR VON jeDER SORTE NUR 20 ÜBERLASSEN
DAS GELD DIESER ABZEICHEN WÜRDE ICH DIR DANN PER POST
AN DEINE ADRESSE SCHICKEN. ICH ERWARTE MIT FREUDE DEINE
ANTWORT. DEIN SCHÜLER KLAUS!

1976년 7월 7일 독일 제자 크라우스(Klaus)가 보내 서신

1976년 10월 19일

베를린(Berlins) 신문 기사

B.Z. 1976년 10월 19일

이제 베를린에 첫 어린이 태권도 학교가 생겼다. 여기서 아이들은 자신 스스로를 방어하는 완벽한 방법을 배운다.

(오른쪽 사진 1)

그의 고향은 태권도가 탄생한 요람이다

김사범

라파엘라의 기법은 어른들에 못지 않다!

베를린, 10월 19일

아무리 강한 남자라도 라마엘라에게는 함부로 시비를 걸지 않는 게 좋겠다. 크로이츠베르크 출신의 이 귀여운 일곱 살 소녀가 그를 그대로 마룻바닥에 메다 꽂아버릴 테니까.

라파엘라 프리케는 태권도를 배우기 때문이다. 태권도는 한국의 자기방어 무술이다. 어쩌면 라파엘라는 언젠가 올림픽에 출전할 지도 모른다.

1980년 모스크바 올림픽 경기에서 태권도가 최초로 정식 종목으로 채택됐기 때문이다. 라파엘라의 사범은 한국인 김태현 사범이다. 그의 진술에 의하면 그는 베를린에서 역사가 2000년도 넘는 이 한국의 자기방어 무술을 가르치는 유일한 사범이다. 다섯 살이 되면 꼬마들과 어린 소녀들도 그에게서 수련을 시작할 수 있다. 어린이 코스는 6개월 간이며 일주일에 두 번 수련한다.

월 수수료는 35 마르크 (15세 이하 청소년 대상)

라파엘라는 손과 발을 노련하게 사용하여 스스로를 방어하는 법을 배운다. 이것은 라파엘라의 엄마가 크로이츠베르크 Obentrautstraße1에 있는 김 사범의 학교에 딸을 보낸 이유이기도 하다. “아이가 스스로를 방어할 수 있었으면 좋겠어요.”

(왼쪽 큰 사진 아래)

방어의 가장 큰 부분은 발차기로 해결된다 크로이츠베르크(Kreuzberg) 출신

엘마 지버트 (11세)가 적을 물리치는 법을 선보인다.

(오른쪽 사진 2)

라파엘라 프리케가, “포즈”를 취하고 있다.

일곱 살 소녀는 태권도로는 어떤 어른에게도 지지 않는다

(오른쪽 사진 3)

금발 소녀 라파엘라는의 주먹은 작고 귀엽지만,

이 아이는 그 주먹을 사용할 줄 안다.

35 Pf

B.Z.

Nr. 244 • 100. Jahr/Dienstag, 19. Okt. 1976 • A 2032 AX

Dänemark dkr 0,75 • Holland hfl 0,90 • Italien L 150
Österreich öS 4,- • Schweiz sfr 0,40 • Spanien pts 18

Die größte Zeitung Berlins

Der größte Teil der Verteidigung wird mit den Füßen erledigt. Elmar Siewert (11) aus Kreuzberg zeigt, wie man den Gegner besiegt.

Jetzt gibt es in Berlin die erste Teakwondo-Schule für Kinder. Hier lernen die Kleinen die perfekte Art sich selbst zu verteidigen

Seine Heimat ist die Wiege des Taekwondo: Lehrer Kim.

Raffaela trickst die Großen aus!

Berlin, 19. Okt. pa-

Mit Raffaela sollte sich auch der stärkste Mann nicht anlegen. Die zierliche Siebenjährige aus Kreuzberg schmettert ihn glatt auf die Matte.

Raffaela Fricke lernt nämlich Taekwondo. Das ist die koreanische Kunst der Selbstverteidigung. Und vielleicht ist Raffaela eines Tages sogar olympiaverdächtig.

Bei den Olympischen Spielen 1980 in Moskau ist Taekwondo nämlich erstmals als olympische Sportart zugelassen.

Raffaelas Lehrer ist der Koreaner Kim Tae Hyn (34). Wie er sagt, lehrt er als einziger in Berlin die über 2000 Jahre alte

Kunst koreanischer Selbstverteidigung.

Mit fünf Jahren dürfen Knirpse und kleine Mädchen bei ihm anfangen. Der Kinder-Kurs dauert sechs Monate, trainiert wird zweimal wöchentlich.

Monatliche Kosten: 35 Mark (für Jugendliche bis zu 15 Jahren).

Raffaela lernt, sich durch geschickten Gebrauch von Händen und Füßen selbst zu verteidigen. Das war auch ein Grund für ihre Mutter, sie in Kims Schule in die Obentrautstraße 1 in Kreuzberg zu schicken: „Das Kind soll sich wehren können."

Raffaela Fricke „in Pose". Die Siebenjährige schafft mit Taekwondo jeden Erwachsenen.

Die Faust ist zwar sehr zierlich, aber Blondschopf Raffaela weiß sie zu gebrauchen. Foto: Thierlein

1976년 10월 19일 베를린(Berlins) 신문 기사

1977년 11월 14일

독일 경호 주식회사에서 회사 직원들 태권도 교육(호신술) 문의 서신

Deutscher Schutz- und Wachdienst

(독일 보호 및 경비회사)

A. Oppermann & Sohn

수신 : Sportschule Kim (스포츠학교 김) 김태현 앞

오벤트라우트 슈트라세 1-21 1000 베를린 61

1977 11 14.

가라테 기초훈련 - 기초과정

친애하는 김태현 님,

우리 회사는 직원들을 위한 가라테 기본훈련에 관심이 있습니다. 관련하여 5-10명 정도로 구성된 그룹의 견적을 요청합니다.

기초과정 기간에 대한 정보 및 나아가 기초과정을 반복적으로 주문할 경우 그 가격 및 기간이 어떻게 되는지 함께 알려주셨으면 합니다.

귀하의 견적과 함께 훈련과정의 기술 또한 부탁드리는 바입니다.

귀하의 노고에 미리 심심한 감사의 말씀을 드립니다.

경백

Deutscher Schutz- und Wachdienst

(독일 보호 및 경비회사)

A. Oppermann & Sohn

Michael Oppermann

DEUTSCHER SCHUTZ-UND WACHDIENST

A. OPPERMANN & SOHN

Schutz und Bewachung von Behörden- und Privateigentum

Fernruf 822 89 97 - 822 85 56

gegr. 1924

Deutscher Schutz- und Wachdienst, Aachener Straße 34, 1000 Berlin 31

An die
Sportschule KIM
z. Hd. Herrn Tae Hyoun Kim
Obentrautstraße 1 - 21

1000 Berlin 61

Ihr Zeichen	Ihre Nachricht vom	Unser Zeichen	Datum
-	-	MOp/bg	14.11.1977

Übernahme von Sicherungsaufgaben in Zusammenarbeit mit der SECEUROP-Gruppe:

DSW FRANKFURT/M

DSW DÜSSELDORF

Nederlandse Veiligheidsdienst DEN HAAG

Sterling Security Services Ltd. LONDON u. LEEDS

Seceurop WIEN

Seceurop ANTWERPEN

Seceurop DEN HAAG

Wachtel-Technik BERLIN

S.E.V.I.P. PARIS

Grundausbildung - Grundkursus Karate

Sehr geehrter Herr Kim,

wir sind an einer Karate-Grundausbildung für unsere Mitarbeiter interessiert und bitten um Ihr Preisangebot für Gruppen von 5 bis 10 Personen.

Bitte, machen Sie uns Angaben über die Kursusdauer und geben Sie uns den Preis und die Dauer für Wiederholungslehrgänge an.

Mit Ihrer Offerte wollen Sie uns bitte eine Ausbildungsbeschreibung zukommen lassen.

Für Ihre Bemühungen danken wir Ihnen im voraus verbindlich.

Mit freundlichen Grüßen

Deutscher Schutz- und Wachdienst
A. Oppermann & Sohn

Michael Oppermann

Postscheckkonto: Berlin West Nr. 22657-107, BLZ 10010010 | Sparkasse der Stadt Berlin West, Konto-Nr. 091004020, BLZ 10050000 | Berliner Bank AG, Konto-Nr. 3572513300, BLZ 10020000

Erfüllungsort und Gerichtsstand Berlin.

1977년 11월 14일 독일 경호 주식회사에서 회사 직원들 태권도 교육(호신술) 문의 서신

1979년 3월 16일

인민공화국 폴란드 영사관에서 입국비자 신청 발급 불허 서신

{발신} 인민공화국 폴란드 주베를린 영사관 주재무관

주소 : 1 Berlin 33, Lassenstrasse 19/21

전화 : 89-03-76

1979.3.16.

{수신} 김태현

1 Berlin 61, Obentrautstr 21

서류번호 3321/

회신 시 서류번호 및 날짜 기재 요망

인민공화국 폴란드의 주베를린 영사관 주재무관이 폴란드의 유관부서가 귀하에게 인민공화국 폴란드 입국비자 발급을 허가하지 않았음을 알려드립니다.

경백

{직인 및 사인}

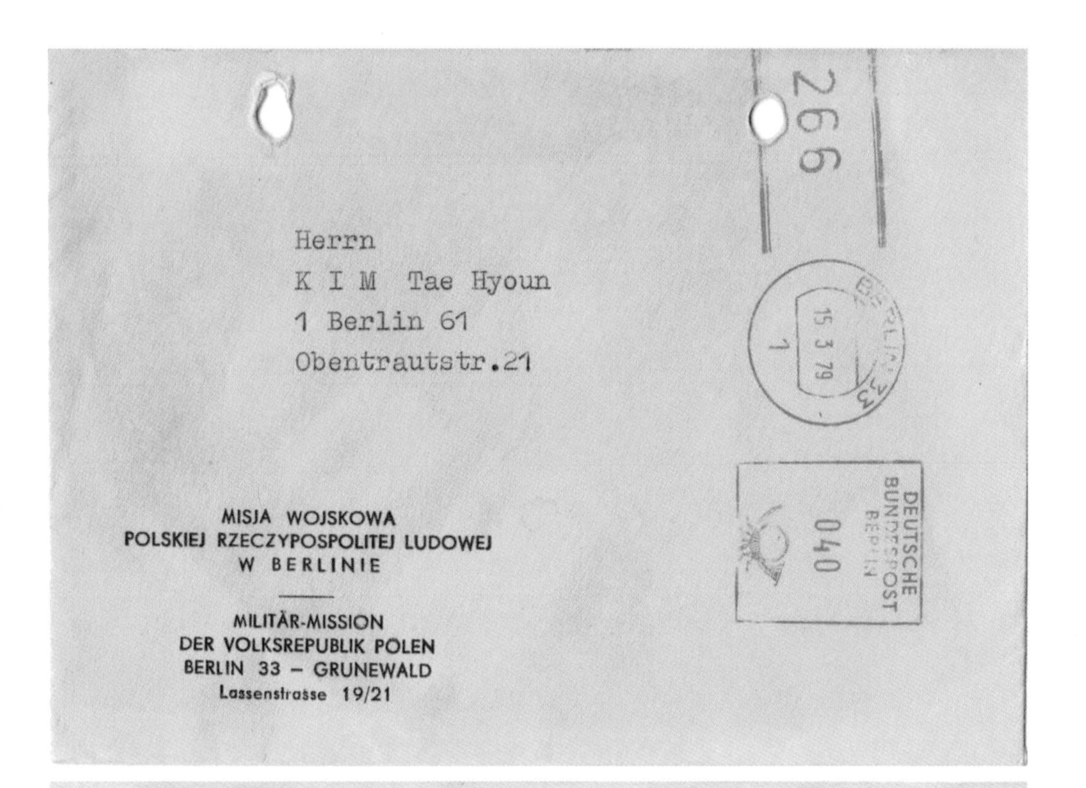

266

Herrn
K I M Tae Hyoun
1 Berlin 61
Obentrautstr.21

BERLIN 33
15.3.79
1

DEUTSCHE BUNDESPOST BERLIN
040

MISJA WOJSKOWA
POLSKIEJ RZECZYPOSPOLITEJ LUDOWEJ
W BERLINIE

MILITÄR-MISSION
DER VOLKSREPUBLIK POLEN
BERLIN 33 – GRUNEWALD
Lassenstrasse 19/21

MILITÄRMISSION
DER VOLKSREPUBLIK POLEN
in Berlin
Konsularabteilung
Az. 3321/
Bei Schriftverkehr bitte
Aktenz. u.Datum angeben

1 Berlin 33, den 16.03.1979r.
Lassenstrasse 19/21
Telefon: 89-03-76

An Herrn
Kim
Tae Hyoun
1 Berlin 61 Obentrautstr. 21

Die Konsularabteilung der Militärmission der Volksrepublik Polen in Berlin teilt Ihnen mit, dass die zuständigen Behörden in Polen Ihnen die Erteilung des Einreisevisums in die Volksrepublik Polen nicht genehmigt haben.

Za Kierownika Wydziału Konsularnego

Hochachtungsvoll

I Sekretarz Misji

1979년 3월 16일 인민공화국 폴란드 영사관에서 입국비자 신청 발급 불허 서신

태 권 도

베를린 태권도 사범 협회

회장 **김태현**

KIM'S Sportstudio
Reichenbererstr. 175
10999 Berlin
☎ 614 24 59

최종관

Sportschule CHOI
Mehringdamm 33
10243 Berlin
☎ 692 8471

강석선

Sportschule KANG
Alt-Moabit 74
10555 Berlin
☎ 393 0450

채수웅

Sportschule CHAE
Grunewaldstr. 18
110823 Berlin
☎ 216 1007

강종길

KANG'S Sportstudio
Lehrterstr. 46
10557 Berlin
☎ 394 2685

정병구

Sportschule JUNG
Schönhauser Allee161a
10435 Berlin
☎ 440 8796

표락선

Sportschule PYO
Alt-Reinringendorf 28
13407 Berlin
☎ 495 3883

정선채

Sportschule CHUNG
Lankwitzerstr. 42-43
12107 Berlin
☎ 705 0009

강성수

Sportstudio KOREA
Brunnenstr. 70
13355 Berlin
☎ 464 2022

장두환

Sportschule JANG
Warschauestr. 61
10243 Berlin
☎ 292 0287

배정욱

Sportschule BAE
Stromstr. 18
10551 Berlin
☎ 394 3900

1981년 ~ 2004년까지 베를린 태권도사범협회장 회장 김태현

1990년 11월 27일

베를린 한인회장 당선 한국일보 기사 내용

"공공기관사업유치·자녀교육충실" 등 金새회장 의욕적계획 약속

統獨수도 베를린韓人會선거 會長에 김태현씨 당선

3명 경합… 파인플레이 흐뭇하게

[베를린] 통일 독일의 수도인 베를린 한인사회를 이끌어 나갈 베를린 지방한인회의 새회장이 선출됐다.

지난 11월17일 오후 8시에 베를린공과대학교의 아우디막스홀(Audi Max Halle)의 105호 대강의실에서 열린 베를린 한인회 정기총회에서 한인회장 선거에 출마한 김태현, 김경용, 이산봉씨 등 3명의 회장 후보자가 치열한 선거운동 끝에 김태현씨가 당선됐다.

베를린 태권도사범 협회장으로 베를린에서 「김 스포츠스튜디오라는 태권도도장을 경영하고 있는 김씨는 이날 1차투표에서 4백17표를 얻어 2백37표를 얻은 전한인회장 이산봉씨와 2차투표에서 다시 대결했으나 차점자인 이씨가 입후보를 사퇴, 만장일치로 최다득점자인 김씨를 회장으로 추대, 당선되었다. 세 입후보자중의 한사람인 김경용 씨는 1차투표에서 2백표를 얻어 2차투표에 이르지 못하고 탈락됐다.

이날 베를린 한인회역사상 두번째로 가장 많은 8백78명의 교민들이 운집, 뜨거운 열기속에서 전 한인회장 정동양씨의 사회로 진행된 회장선거는 질서 정연하고 화기애애한 가운데 진행돼, 재독한인사회 역사상 가장 모범적인 축제로 한인회장 선거가 치러졌다고 참석자들 모두가 입을 모았다.

평소 한인회장 선거만 치르면 선거장에서 싸움과 욕설이 오가기 일쑤였던 각지방 한인회장 선거들의 전례에 비추어볼 때 이날 밤 베를린지방 한인회장선거는 가장 모범적인 선거로 타지역의 귀감이 될만했다고 베를린총영사는 소감을 밝혔다. 한편 회장에 당선된 김태현 회장은 선거공약으로 국가공공기관사업의 베를린유치, 2~3세 교포자녀들을 위한 모국어 학교 유치, 새로 유학오는 유학생들을 위한 안내, 남북한 통일을 위한 범교민적 토론 및 행사, 2중국적 취득을 위한 홍보활동, 교민문화예술활동 등을 내걸었는데 이들 약속 이행을 최대한 지키도록 최선을 다하겠다고 당선소감을 밝혔다.

현재 베를린에는 약 3천명에 육박하는 한인들이 주로 서베를린 지역에 거주하고 있는데 간호사, 회사취업자, 자영업자, 유학생 등 4개의 큰 부류로 나누어지고 있으며 통일독일의 정부가 수도 베를린으로 모두 옮기게 될 땐 많은 한국의 기관, 상사들도 이 곳으로 옮기거나 새로 사무실을 설치할 것으로 전망되고 있다.

한 국 일 보 구 주 판

제 90 호 1990년 11월 27일 (화요일)

(A1)

Heide Weg 8,6078 Neu-Isenburg • Tel: (069) 692663

"공공기관사업유치 · 자녀교육충실"등 金새회장 의욕적계획 약속

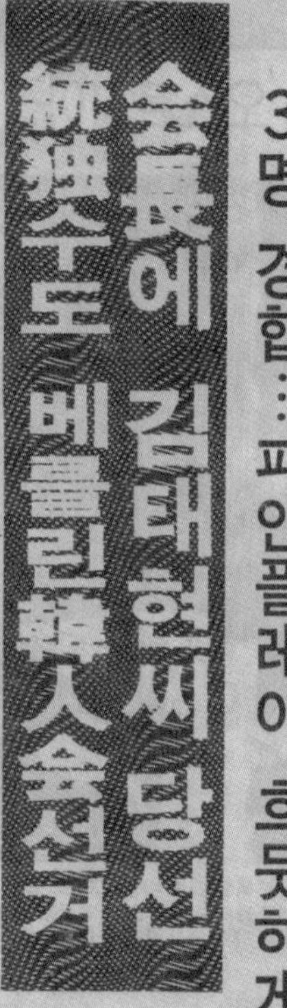

統独수도 베를린韓人会선거 会長에 김태현씨 당선

3명 경합…파인플레이 흐뭇하게

「**베를린**」통일 독일의 수도인 베를린 한인사회를 이끌어 나갈 베를린 지방한인회의 새회장이 선출됐다.

지난 11월17일 오후8시에 베를린공과대학교의 아우디막스홀의 105호 대강의실에서 열린 베를린 한인회 정기총회에서 한인회장 선거에 출마한 김태현, 김경용, 이산봉씨등 3명의 회장후보자가 치열한 선거운동끝에 김태현씨가 당선됐다.

베를린 태권도사범협회장으로 베를린에서 「김 스포츠스튜디오」라는 태권도도장을 경영하고 있는 김씨는 이날 1차투표에서 4백17표를 얻어 2백37표를 얻은 전한인회장 이산봉씨와 2차투표에서 다시 대결했으나 차점자인 이씨가 입후보를 사퇴, 만장일치로 최다득점자인 김씨를 회장으로 추대, 당선되었다. 세 입후보자중의 한사람인 김경용씨는 1차투표에서 2백표를 얻어 2차투표에 이르지 못하고 탈락됐다.

이날 베를린 한인회역사상 두번째로 가장 많은 8백78명의 교민들이 운집, 뜨거운 열기속에서 전 한인회장 정동양씨의 사회로 진행된 회장선거는 질서 정연하고 화기애애한 가운데 진행돼, 재독한인사회 역사상 가장 모범적인 축제로 한인회장 선거가 치러졌다고 참석자들 모두가 입을 모았다.

평소 한인회장 선거만 치르면 선거장에서 싸움과 욕설이 오가기 일쑤였던 각지방 한인회장 선거들의 전례에 비추어볼때 이날밤 베를린지방 한인회장선거는 가장 모범적인 선거로 타지역의 귀감이 될만했다고 박동규 베를린총영사와 정동양 전회장은 소감을 밝혔다.

한편 회장에 당선된 김태현 회장은 선거공약으로 국가공공 기관사업의 베를린유치, 2~3세 교포자녀들을위한 모국어 학교유치, 새로 유학오는 유학생들을 위한 안내및 소개소역 담당, 남북한 통일을 위한 범교민적 토론및 행사펴기, 2중국적 취득을 위한 홍보활동 전개, 교민문화예술활동 적극지원등을 내걸었는데 이들 약속 이행을 최대한 지키도록 최선을 다하겠다고 당선소감을 밝혔다.

현재 베를린에는 약 3천명에 육박하는 한인들이 주로 서베를린 지역에 거주하고 있는데 간호사, 회사취업자, 자영업자, 유학생등 4개의 큰 부류로 나누어지고 있으며 통일독일의 정부가 수도 베를린으로 모두 옮기게 될때 많은 한국의 기관, 상사들도 이곳으로 옮기거나 새로 사무실을 설치할 것으로 전망되고 있다.

1990년 11월 27일 베를린 한인회장 당선 한국일보 기사

1991년 10월 19일 19시

남북 태권도 대회를 준비하여 가상 포스타

남북 통일 태권도 대회

통일은 쪼개져 있는 것을 하나로 합치는 것.

한민족, 한혈통, 한언어, 한풍속을 갖고 있으면서 서로 적대시하고 있는 현실!

시대의 흐름에 따라 서로 합쳐질 수 있다는 사실!

남과 북이 통일을 위하여 서로 노력하고 있는 지금!

우리 태권도인에게도 작은 소명감에 통일을 위한 시금석이 될 수 있 다는 마음가짐에서 처음으로 남북 태권도 시범 대회를 개최하게 되었습니다.

존경하는 교민여러분!

부디 오셔서 자리를 빛내 주시고 격려하여 주시면 대단히 감사하겠습니다.

베를린 태권도 사범협회장

김태현 드림

시간 : 1991년 10월 19일 (일요일) 19시

장소 : Sporthalle Charlottenburg

Sömmeringstr. 29

1000 Berlin 10

1991년 10월 19일 19시 남북 태권도 대회를 준비하여 가상 포스타

1992년 1월 15일

북한 조선태권도연맹 초청장

베를린 태권도사범협회 회장 김태현선생 앞

지난해 력사적인 북남합의서가 발표되여 나라와 민족통일의 대강령이 마련됨으로써 우리 민족의 세기적 숙망인 조국통일의 념원을 더욱 앞당겨오게 될 새해 1992년을 맞으며 선생과 선생을 통하여 귀 단체의 여러 동포들에게 혈육의 따뜻한 인사를 보냅니다.

우리는 이역땅에서도 민족의 넋을 가슴속깊이 간직하고 민족의 전통적무술인 태권도를 발전시키며 태권도를 통하여 북과 남사이의 화해와 단합을 이룩하고 조국통일성업에 헌신하려는 선생의 애국애족의 정신을 높이 평가하며 적극 지지합니다.

우리는 태권도시범단과 기술교류문제를 협의하기 위하여 김태현 회장이 조국을 방문하도록 정중히 초청합니다.

경의를 표하면서

1992. 1. 15.

조선태권도연맹

1995년 5월 3일 조선태권도전당 앞에서

베를린 태권도사범협회 회장 김태현선생 앞

지난해 력사적인 북남합의서가 발표되여 나라와 민족통일의 대강령이 마련됨으로써 우리 민족의 세기적 숙망인 조국통일의 념원을 더욱 앞당겨오게 될 새해 1992년을 맞으며 선생과 선생을 통하여 귀 단체의 여러 동포들에게 혈육의 따뜻한 인사를 보냅니다.

우리는 이역땅에서도 민족의 넋을 가슴속깊이 간직하고 민족의 전통적무술인 태권도를 발전시키며 태권도를 통하여 북과 남사이의 화해와 단합을 이룩하고 조국통일성업에 헌신하려는 선생의 애국애족의 정신을 높이 평가하며 적극 지지합니다.

우리는 태권도시범단과 기술교류문제를 협의하기 위하여 김태현 회장, 리수광리사 선생이 조국을 방문하도록 정중히 초청합니다.

경의를 표하면서

1992. 1. 15

조선태권도련맹

1992년 1월 15일 북한 조선태권도연맹 초청장

1995년 4월 북한에서 외국인이 외화와 바꿔서 사용할 수 있는 지폐

1997년 5월 31일

김스컵대회 (Kims POKAL)
베를린 타게스 스피겔 신문기사 (Berliner Tagesspiegel Zeitung)

5월 31일 태권도 국제경기

힘과 유연성

5월 31일 오전 10시부터 저녁 8시까지 베를린 쇠네베르크 작센담 12번지에 위치한 실내체육관에서 대대적인 격투스포츠 태권도 국제경기가 있었다. 그랜드 마스터 김태현 사범은 운영하는 Kim's Sportstudio의 주최하에 개최되었다. 마스터 김은 태권도 9단 소유자로서 유럽에서 가장 높은 단 소유자이기도 하다. 베를린 노이쾰른에 있는 스포츠스튜디오 Gym 80 이 행사 지원을 하였다. 주빈으로 참여한 안드레아스 마르쿠바트(Andreas Marquardt)의 주도하 가라테 시범이 흥미진진한 격투분위기 행사의 한 부분으로 진행되었다. 안드레아스 마르쿠바트는 태-카-도 칸 가라테 7단 유단자다 그랜드 마스터 안드레아스 마르쿠바트는 제자들과 함께 유도와 태-카-도 칸 가라테의 기술을 시범하고 이어서 격파를 보여주었다. 행사 수입의 일부는 노이쾰른(Neukölln)에 있는 장애를 가진 0-6세 어린이 조기지원을 위한 특별어린이집에 기부된다.

사진 페터부르스

31. Mai: Internationaler Taekwondo-Länderkampf

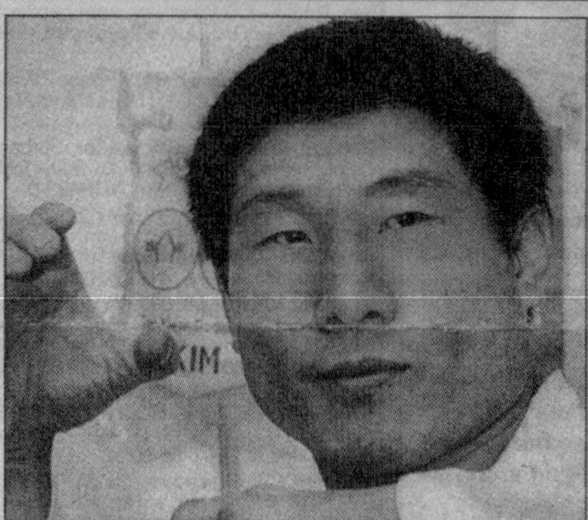

Kraft und Geschmeidigkeit

Am 31. Mai gabt es von 10 bis 20 Uhr in der Schöneberger Sporthalle, am Sachsendamm 12 einen großen internationalen Länderkampf in der Kampfsportart Taekwondo.
Veranstalter war Kim's Sportstudio mit Großmeister Kim.
Meister Kim trägt den 9. Dan Taekwondo, und ist damit höchster Danträger in Europa.
Unterstützt wurde die Veranstaltung durch das Neuköllner Sportstudio „Gym 80".
Ein Karate-Show-Teil, ausgeführt von Ehrengast Andreas Marquardt, Träger des 7. Dan Tae-Ka-Do Kan Karate wurde in die spannende Wettkampfatmosphäre eingebaut.
Mit seinen Schülern demonstriert Großmeister Andreas Marquardt Techniken aus Judo und Tae-Ka-Do Kan Karate mit anschließenden Bruchtests.
Ein Teil des Erlöses der Veranstaltung geht an die Neuköllner Sonderkita für Frühförderung behinderter Kinder von 0 bis 6 Jahren. Fotos: Peterburs

1997년 5월 31일 김스컵대회 (Kims Pokal)
베를린 타게스 스피겔(Berlin Tagesspiegel) 신문기사

1999년 8월 30일

태권도 신문 기사

세계연맹·대태협

남북 태권도 시범 경연대회 반대의사 표명

김태현 사범 국내 태권도 행정기관에 개최 의사 전달

통일독일의 역사적 배경 을 안고 있는 베를린에서 '남북 태권도 시범 경연대 회'를 추진중인 김태현 사범이 한국을 찾았다.

김 사범의 이번 한국방문은 '남북 태권도 시범 경연대회'를 성사시키기 위한 것으로 이금홍 세계태권도연맹 사무총장과 이승완 대한태권도협회 상임부회장을 지난 25일 직접 찾아가 이같은 대회 개최 의사를 전달했다.

그러나 김 사범이 추진중인 '남북 태권도 시범 경연대회'는 성사되기 어려울 것으로 보인다. 이는 세계연맹과 대태협의 견해차이가 심각하기 때문이다.

세계연맹측은 "김 사범이 한국 국적을 가진 대태협의 회원이기 때문에 국가를 회원으로 하는 세계연맹으로서는 도움을 줄 수 없다"고 했고 대태협측은 "북한과 태권도시범경연대회를 개최하게 되면 국제태권도연맹(ITF) 실체를 인정하게 돼 태권도 기구가 2원화할 가능성을 배제할 수 없다"고 답변, 서로가 기피하는 장면이 연출됐다.

김 사범은 지난 91년에도 세계태권도연맹과 대한태권도협회에 이같은 대회를 마련하고자 도움을 요청했으나 "임의로 결정할 사항이 아니다"라는 답변만 얻었을 뿐 대회를 성사시키지 못했다.

김 사범은 "베를린 장벽이 무너진 당시 서독과 동독의 통일을 지켜보며 감명 받아 태권도를 통해 남북한간 화합의 장을 마련해야겠다는 결심을 세웠다"고 취지를 설명한 뒤 “세계연맹과 대태협이 아니면 어디에 도움을 요청해야될 지 모르겠다”고 호소했다. 한편 김 사범은 이미 지난 92년 조선태권도연맹으로부터 초청장을 받고 한국정부의 허가를 얻어 북한을 방문, 조선태권도연맹측과 태권도 시범단 및 기술교류문제를 협의했다.

〈송기평 기자〉

키즈태권도

주간 세계 태권도신문

THE WORLD TAEKWONDO NEWS

1999년 8월 30일 월요일 (음력 7월 20일) 제129호 (송185호)

주간화제

태권도신문 3

세계연맹·대태협 '남북 태권도 시범 경연대회' 반대의사 표명

김태현 사범 국내 태권도 행정기관에 개최 의사 전달

통일독일의 역사적 배경을 안고 있는 베를린에서 '남북 태권도 시범 경연대회'를 추진중인 김태현 사범(61·사진)이 한국을 찾았다.

김 사범의 이번 한국방문은 '남북 태권도 시범 경연대회'를 성사시키기 위한 것으로 이금홍 세계태권도연맹사무총장과 이승완 대한태권도협회상임부회장을 지난 25일 직접 찾아가 이같은 대회 개최 의사를 전달했다.

그러나 김 사범이 추진중인 '남북 태권도 시범 경연대회'는 성사되기 어려울 것으로 보인다. 이는 세계연맹과 대태협의 견해차이가 심각하기 때문이다.

세계연맹측은 "김 사범이 한국 국적을 가진 대태협의 회원이기 때문에 국가를 회원으로 하는 세계연맹으로서는 도움을 줄 수 없다"고 했고 대태협측은 "북한과 태권도시범경연대회를 개최하게 되면 국제태권도연맹(ITF) 실체를 인정하게 돼 태권도 기구가 2원화할 가능성을 배제할 수 없다"고 답변, 서로가 기피하는 장면이 연출됐다.

김 사범은 지난 91년에도 세계태권도연맹과 대한태권도협회에 이같은 대회를 마련하고자 도움을 요청했으나 "임의로 결정할 사항이 아니다"라는 답변만 얻었을 뿐 대회를 성사시키지 못했다.

김 사범은 "베를린 장벽이 무너진 당시 서독과 동독의 통일을 지켜보며 감명 받아 태권도를 통해 남북한간 화합의 장을 마련해야겠다는 결심을 세웠다"고 취지를 설명한 뒤 "세계연맹과 대태협이 아니면 어디에 도움을 요청해야될 지 모르겠다"고 호소했다.

한편 김 사범은 이미 지난 92년 조선태권도연맹으로부터 초청장을 받고 한국정부의 허가를 얻어 북한을 방문, 조선태권도연맹측과 태권도 시범단 및 기술교류문제를 협의했다.

〈송기평 기자〉

1999년 8월 30일 태권도 신문 기사

2000년 1월

태권도 신문 기사

태권도를 통한 南北 화합 이뤄질 수 없을까?

송기평 기자

며칠 전 독일의 김태현 사범이 '남·북 태권도 시범 경연대회'를 베를린에서 개최하고자 고국을 방문했다. 하지만 김 사범은 세계연맹과 대태협으로부터 뚜렷한 답변을 얻지 못한채 울분을 삼켜야 했다.

김 사범은 지난 91년 이같은 대회개최의사를 세계연맹에 전달했다고 한다.

그러나 김 사범은 세계연맹측으로부터 "임의로 결정할 사항이 아니다"라는 답변을 얻었다. 세계 연맹은 김 사범이 한국 국적을 가진 대태협의 회원이므로 국가를 회원으로 하는 세계연맹이 이런 개인적인 문제를 다룰 수 없다는 입장이다. 대태협은 이에 대해 김 사범의 대회개최의사는 존중하지만 대태협차원에서 마련하 게 되면 북한태권도의 실체를 인정하게돼 2원화할 가능성을 배제할 수 없다고 답변, 성사되기 어렵다는 뜻을 김 사범에게 전달했다.

지난 91년 미국의 정우진 사범이 남·북 태권도 시범단을 구성, 미주지역을 순회하고자 대태협에 시범단파견에 대한 협조를 요청했던 적이 있었다. 그러나 이때에도 대태협은 북한측의 긍정적인 반응에도 불구하고 정책적으로 국익에 도움이 되지 않는다고 판단, 남·북태권도 시범단은 결성되지 못했다.

요즘 미국에서 활동중인 사범들이 남·북화합을 위한 태권도대회를 준비하고 있다고 한다. 그러나 이들은 국적여부에 따라 미국협회 차원에서 다루어지거나 아니면 개인적인 자격으로 대회를 준비할 수밖에 없는 실정이다.

이렇듯 태권도 기구를 통한 남북 화합의 장은 멀기만 하다.

태권도를 통해 남북통일의 물꼬를 터보겠다는 해외사범들의 뜻이 태권도 기구의 경직성에 막혀 성사되기 힘든 상황인 것이다.

1900년도를 마감하고 새천년을 준비하는 태권도이기에 더욱 안타까움이 남는다.

2 태권도신문

송기평 기자

태권도를 통한 南北 화합 이뤄질 수 없을까?

며칠 전 독일의 김태현 사범이 '남·북 태권도 시범 경연대회'를 베를린에서 개최하고자 고국을 방문했다. 하지만 김 사범은 세계연맹과 대태협으로부터 뚜렷한 답변을 얻지 못한채 울분을 삼켜야 했다.

김 사범은 지난 91년 이같은 대회개최의사를 세계연맹에 전달했다고 한다.

그러나 김 사범은 세계연맹측으로부터 "임의로 결정할 사항이 아니다"라는 답변을 얻었다. 세계연맹은 김 사범이 한국 국적을 가진 대태협의 회원이므로 국가를 회원으로 하는 세계연맹이 이런 개인적인 문제를 다룰 수 없다는 입장이다.

대태협은 이에 대해 김 사범의 대회개최의사는 존중하지만 대회개최를 대태협차원에서 마련하게 되면 북한태권도의 실체를 인정하게돼 2원화할 가능성을 배제할 수 없다고 답변, 성사되기 어렵다는 뜻을 김 사범에게 전달했다.

지난 91년 미국의 정우진 사범이 남·북 태권도 시범단을 구성, 미주지역을 순회하고자 대태협에 시범단파견에 대한 협조를 요청했던 적이 있었다. 그러나 이때에도 대태협은 북한측의 긍정적인 반응에도 불구하고 정책적으로 국익에 도움이 되지 않는다고 판단, 남·북 태권도 시범단은 결성되지 못했다.

요즘 미국에서 활동중인 사범들이 남·북화합을 위한 태권도대회를 준비하고 있다고 한다. 그러나 이들은 국적여부에 따라 미국협회 차원에서 다루어지거나 아니면 개인적인 자격으로 대회를 준비할 수밖에 없는 실정이다.

이렇듯 태권도 기구를 통한 남·북 화합의 장은 멀기만 하다.

태권도를 통해 남북통일의 물꼬를 터보겠다는 해외사범들의 뜻이 태권도 기구의 경직성에 막혀 성사되기 힘든 상황인 것이다.

1900년도를 마감하고 새천년을 준비하는 태권도이기에 더욱 안타까움이 남는다.

2000년 1월 태권도 신문 기사

2002년 10월 5일

태권도 강습회

베를린 태권도 가을훈련과정

2002.10.5.

담당자

김태현	9단 그랜드마스터
최수웅	8단 그랜드마스터
정선채	8단 그랜드마스터
정병구	8단 그랜드마스터
강석선	7단, 전 대한민국 군선수권자
표낙선	7단, 전 한국시범단
최진수	5단, 전 대한민국 챔피온
채한수	4단, 베를린 선수단
배종욱	4단
강종길	7단, 베를린대표팀 트레이너

장소 존 F 케네디 학교 실내체육관
Teltower Damm 87-93 14167 Berlin
(첼렌도르프) 첼렌도르프 전철역 주변

날짜 2002. 10. 5. (토)

신청마감 2002. 10. 3.

일정 토 10:00 - 17:00

참가비 20 유로. 당일 실내체육관에서 지불할 수 있음

신청주소 강종길, Bodo-Sport Kang, Warschauer Str 61, 10243 Berlin

전화. 030/29202 87 팩스 030/292 0288

아래 사항 제출 요망.

성명, 성, 나이, 급/단, 단체/학교

훈련내용 기본기술, 품세, 자기방어 (무기 사용, 무기 비사용), 1-2-3 단보 대련, 시범기술, 초현대적 시합 대련기술, 이론, 신경기규칙 (심판)

안내 Kims Sportschule, Sportschule Chae, Sportschule Chung, Sportschule Jung, Sportschule Kang, Sportschule Pyo, Sportschule Bae, Budo - Sport Kang

베를린의 그랜드 마스터들이 처음으로 함께 훈련과정을 지도합니다.

Taekwondo Herbstlehrgang in Berlin

Am 05.10.2002

Referenten:

Kim,Tae-Hyoun	9. Dan Großmeister
Chae,Su-Ung	8. Dan Großmeister
Chung,Sun-Chae	8. Dan Großmeister
Jung,Byung-Ku	8. Dan Großmeister
Kang,Suk-Sun	7 Dan, ehem. korean. Militärmeister,
Pyo,Rak-Sun	7 Dan, ehem. Mitglied im koreanischen National Demo Team
Choi,Jin-Soo	5. Dan, ehem. korean. Landesmeister
Chae,Han-Soo	4. Dan, Mitglied im Berliner Kader
Bae,Jong-Uhk	4. Dan
Kang,Jong-Kil	: 7. Dan, Landestrainer in Berlin

copyright K.T.A

Ort: **Sporthalle der John F. Kennedy Schule**
Teltower Damm 87-93 14167 Berlin
(Zehlendorf) nähe S-Bahnhof Zehlendorf

Datum: **05.10.2002 (Samstag)**

Meldeschluss: 03.10.2002

Zeitplan: Samstag 10:00-17:00 Uhr

Teilnahmegebühr: (20.- Euro) die Gebühr von 20 € kann in der Sporthalle bezahlt werden

Meldeadresse: Kang, Jong-Kil, Bodo-Sport Kang Warschauer Str. 61 10243 Berlin
Tel: 030/ 292 02 87 Fax: 030/ 292 02 88
Bitt mit folgenden Angaben:
Name, Geschlecht, Alter, Graduierung, Verein/Schule

Lehrgangsinhalte: Grundtechnik, Poomse, Selbstverteidigung(mit u. ohne Waffen)
1-2.3-Schritt-Kampf, Demo-Techniken, modernste Wettkampftechniken,
Theorie, NEUES REGELWERK (Kampfrichter)

Info: **Kims Sportschule. Sportschule Chae. Sportschule Chung. Sportschule Jung**
Sportschule Kang. Sportschule Pyo. Sportschule Bae. Budo - Sport Kang

Zum erstenmal geben die Großmeister von Berlin zusammen einen Lehrgang

2002년 10월 5일 태권도 강습회 포스타

2004년 11월 27일

독일 교포신문 기사

재독 대한태권도 협회 신임회장에 김태현씨 선출

뒤셀도르프) 재독대한태권도협회(회장 박길도)는 지난 20일 뒤셀도르프 소재 정금석사범체육관에서 정기총회를 열어 신임회장에 김태현(사진·베를린)씨를 만장일치로 선출하고, 감사에는 송천수, 김인형씨를 각각 선출했다. 박길도 회장이 건강상의 이유로 내년 1월로 예정된 정기총회를 앞당겨 태권도협회의 이번 정기총회에서 대의원들은 현재 정관의 문제점을 지적하며 새로운 정관개정을 위한 정관개정심의 위원 (고홍석, 김남수, 이근태, 정환규, 김태현)을 선임, 정관개정작업에 착수했다.

신임 김태현 회장 당선자는 1970년 광산근로자로 아헨광산에 내독하여 73년부터 베를린에 정착, 베를린한인회장, 재독한인 복지회위원 등 교민사회 활동도 활발하다. 국기태권도 공인 9단인 김당선자는 가족으로 부인 김연순(우리무용단장)씨와 사이에 1남 1녀를 둔 행복한 가장이다.

[베를린 최홍국 주재기자]

재독 대한태권도 협회 신임회장에 김 태 현씨 선출

뒤셀도르프)재독대한태권도협회(회장 박길도)는 지난 20일 뒤셀도르프 소재 정금석사범체육관에서 정기총회를 열어 신임회장에' 김태현(사진. 베를린)씨를 만장일치로 선출하고, 감사에는 송천수, 김인형씨를 각각 선출했다. 박길도 회장이 건강상의 이유로 내년 1월로 예정된 정기총회를

앞당겨 열은 태권도협회의 이번 정기총회에서 대의원들은 현재 정관의 문제점을 지적하며 새로운 정관개정을 위한 정관개정심의 위원(고홍석, 김남수, 이근태, 정환규, 김태현)을 선임, 정관개정작업에 착수했다.

신임 김태현회장 당선자는 1970년 광산근로자로 아헨광산에 내독하여 73년부터 베를린에 정착, 베를린한인회장, 재독한인 복지회위원 등 교민사회 활동도 활발하다. 국기태권도 공인 9단인 김당선자는 가족으로 부인 김연순(우리무용단장)씨와 사이에 1남 1녀를 둔 행복한 가장이다.

〔베를린 최홍국 주재기자〕

2004년 11월 27일 독일 교포신문 기사

샤를로텐부르크 구법원 1쪽 / 총2쪽

샤를로텐부르크 구법원, 사서함 14046 베를린, 14057 베를린

사서함 14046 베를린
암츠게리히트플라츠 1
14057 베를린
전화: 030 / 90177-0
팩스. 030 / 90177-447
면회
월-금: 8:30 – 13:00
목 (추가): 14:00 -15:00

사단법인 독일 한국태권도마스터 협회
전교(轉交) 김태현
마리엔펠더 알레 111
12277 베를린

베를린, 2006.12.8.

아래 등록 건

사단법인 독일 한국태권도마스터 협회
전교(轉交) 김태현
마리엔펠더 알레 111
12277 베를린

과 관련하여 서류번호 VR 26138 B 연속번호 1 아래 등록이 이루어짐

1. 등록의 번호
   1
2. 가) 단체의 이름
   사단법인 독일 한국태권도마스터 협회
   나) 단체의 소재지
   베를린

3.가) 일반 대표 규정
독일 민법 제26조에 따라 이사회는 회장, 경리책임자 그리고 서기로 구성됨 사단법인은 법정 및 법정 밖에서 이사진 회원 각자에 의해 단독 대표됨

3.나) 대표권자 및 특별대표권한
회장·
1.김태현 1943.8.23. 베를린

4.가) 정관
사답법인

정관 2006.2.11.
2006.12.4. 이사회에서 정관 제5조 (회원의 탈퇴), 제8조 (이사진), 제9조 (총회), 그리고 제13조 (일반사항, 경과규정, 정관효력발생) 등을 결의함

5.가) 등기일
2006.12.8.

5.나) 주의
정관 용지 7-11 결의 용지 15

이 서신은 무인 발급되었으며 서명없이 유효함

베를린의 상업등기는 이제 온라인으로 가능함·
상업등기부에서 비용을 절감하고 간소화된 방식으로 정보를 조회할 수 있는 방법을 온라인 등기부안내가 제공하고 있음 신청 및 조회에 대한 정보는 http://www.berlin.de/register-auskunft

2006년 12월 18일 베를린 지방법원에 재독 태권도 사범협회 등록허가증(한국어)

Amtsgericht Charlottenburg Seite 1 von 2

Postfach 14046 Berlin
Amtsgerichtsplatz 1
14057 Berlin

Tel: 030 / 90177-0
Fax: 030 / 90177-447

Sprechzeiten:
Mo-Fr 8.30 Uhr - 13.00 Uhr
Do zusätzlich: 14.00 Uhr - 15.00 Uhr

Amtsgericht Charlottenburg, Postfach 14046 Berlin, 14057 Berlin

Vereinigung der koreanischen Tae Kwon Do- Meister in Deutschland e.V., kurz "Vereinigung koreanischer TKD- Meister e.V "
c/o Tae Hyoun Kim
Marienfelder Allee 111

12277 Berlin

Berlin, den 08.12.2006

In der Registersache **Vereinigung der koreanischen Tae Kwon Do- Meister in Deutschland e.V., kurz "Vereinigung koreanischer TKD- Meister e.V."**
c/o Tae Hyoun Kim
Marienfelder Allee 111
12277 Berlin

erfolgte unter Aktenzeichen VR 26138 B mit der laufenden Nummer 1 die nachstehende Registereintragung:

1 Nummer der Eintragung
1

2.a) Name des Vereins

Vereinigung der koreanischen Tae Kwon Do- Meister in Deutschland e.V., kurz "Vereinigung koreanischer TKD- Meister e.V "

2.b) Sitz des Vereins

Berlin

3.a) Allgemeine Vertretungsregelung

Der Vorstand im Sinne des § 26 BGB besteht aus dem Vorsitzenden, dem Finanzreferenten und dem Schriftführer Der Verein wird gerichtlich und außergerichtlich vertreten durch jedes Vorstandsmitglied allein.

3.b) Vertretungsberechtigte und besondere Vertretungsbefugnis

Vorsitzender

1 Kim, Tae Hyoun, *23.08.1943, Berlin

KOPIE

Amtsgericht Charlottenburg Seite 2 von 2

Satzung vom: 11.02.2006

Die Vorstandsversammlung vom 04.12.2006 hat die Änderung der Satzung in § 5 (Beendigung der Mitgliedschaft), § 8 (Vorstand), § 9 (Mitgliederversammlung) und § 13 (Allgemeines, Übergangsbestimmung, Inkrafttreten der Satzung) beschlossen.

5.a) Tag der Eintragung

08.12.2006

5.b) Bemerkung

Satzung Bl.7-11 Beschluss Bl.15

Dieses Schreiben wurde maschinell erstellt und ist ohne Unterschrift gültig.

Das Berliner Handelsregister ist jetzt Online:

Eine einfache und kostensparende Möglichkeit, Informationen aus dem Handelsregister abzurufen, bietet die Online-Registerauskunft. Nähere Informationen zur Anmeldung und zum Abruf unter
http://www.berlin.de/register-auskunft

2006년 12월 18일 베를린 지방법원에 재독 태권도 사범협회 등록 허가증(독일어)

2007년 2월 17일

재독태권도사범협회 총회 회장 연임 인사말, 임원들과 사진 촬영
"우리신문" 기사

재독대한태권도사범협회 제16차 정기총회

제16대 회장 김태현, 감사 박길도·김인형 선출

빌레펠트】 도이칠란트에서 활약하는 태권도 사범들로 구성된 재독대한태권도사범협회가 지난 2월 3일 중부 도이칠란트 빌레펠트의 정한규 사범이 운영하는 태권도장에서 제16차 정기총회를 개최했다.

이날 회의에는 재독대한태권도사범회가 지난해 12월 8일 사단법인으로 등록된 것이 협회 활성화의 계기로 작용한듯, 총 58명의 회원 중 제2대 허종술 회장 및 제5대 이유환 회장, 제7대 채수웅 회장, 제14대 박길도 회장을 비롯하여 22명의 회원이 참석하는 성황을 이루었다. 특히 이날 회의에는 이범이 특별회원도 자리를 함께 하였다.

강석선 사범의 사회로 진행된 이날 회의에서 김태현 회장은,

첫째, 협회회원의 자격을 도이칠란트에서 태권도를 지도한 경험이 있거나 또는 현재 지도하고 있는 사범, 태권도장을 운영했거나 현재 운영하고 있는 사범으로 명확하게 회원의 자격을 규정하여 98명의 명단에서 58명으로 회원 명부를 재정비하고,

둘째. 공사(公私)를 구분할 수 있는 엄격한 영수증 처리 방법을 확립하여 재정의 투명화에 기여했고,

셋째, 도이칠란트 법원등기소에 본 협회를 사단법인으로 등록, 회비나 기부금에 대한 세금혜택 등 법의 보호를 받을 수 있는 길을 마련한 것을 15대 회장단의 업적으로 꼽았다.

재정보고를 통해 약 1,600유로의 흑자 재정에 대한 설명이 있은 뒤 감사보고에 나

선 송천수 감사는 특별히 감사할 내용이 없었다며 협회의 발전을 위해 회원과 임원들이 더욱 분투할 것을 촉구하고 태권도인에게 특별히 요구되는 품위유지에 대해 언급했다.

이유환 선거관리 위원장을 중심으로 진행된 회장과 감사선출에서 감사후보로 김형주, 송천수, 이유형 이유환, 정금석, 정용석, 채수웅 회원이 추천되었으나 본인들이 고사하여 박길도 회원과 김인형 회원이 감사로 선출됐다.

제16대 회장선거에서는 김태현 15대 회장이 16대 회장으로 연임됐다.

허종술, 정한규 회원이 16대 회장후보로 추천한 김태현 회장단일후보에 대한 무기명 찬반투표결과 총유효표 22표 중 찬성 21표라는 절대적인 지지로 김태현 현회장이 제16대 회장에 연임되었다.

김태현 회장은 이날 당선인사를 통해 참석한 회원들에게 거듭 감사함을 전하며 가정집 (협회)에서 식모 (회장)가 주인 (회원)이 애지중지하는 접시를 주인을 위해 사용하다가 깼다면 이는 주인을 위하는 마음이므로 접시가 깨질까 두려워 접시를 사용하지 않는 것 보다 낫기 때문에 접시를 깬 식모를 용서하여야 하듯이, 회장이나 임원들이 혹 잘못하더라도 회의를 통해 충고하며 대화를 통해 협회의 발전을 모색하는 것이 바람직하다면서 앞으로 더욱 열심히 할 터이니 회원들이 믿고 적극 협조해 달라고 당부했다.

또한 김 회장은 재독대한태권도사범협회의 사단법인화에 따라 앞으로 한국의 국기원과 지속적인 유대관계를 유지해 나가며 재정적 지원을 받을 수 있으리라 전망하고 협회의 발전과 회원간의 친목, 각종태권도 대회의 활성화를 위해 최선을 다할 것을 다짐했다.

회의를 마치고 회원들과 회원가족들은 협회발전을 위해 진지한 의견을 교환하며 김 회장이 희사한 한국 왕복 비행기표가 걸린 복권놀이, 즐거운 레크레이션 등으로 밤늦게 까지 즐겁고 정다운 시간을 보냈다.

제16대 고문, 회장단, 이사명단

고문 : 서윤남, 이범이, 허종술 / 명예회장 : 고의민

회장 : 김태현 (섭외, 기타) / 부회장 : 신부영 (교육, 시범)

부회장 : 정한규 (재무, 상벌) / 부회장 : 이강현 (심사, 심판)

부회장 : 김철환(기술, 경기) / 전무이사 : 강석선

이사 : 강종길, 표낙선, 조금일, 손국환, 박모아, 김종길

감사 : 박길도, 김인형

사진설명 : 재독대한태권도사범협회 제16차 정기총회에서 김태현 회장의 인사말 하는 모습

2007년 2월 17일 토요일 | 동포사회 | 우리신문 제142호 11

재독대한태권도사범협회 제16차 정기총회

제16대 회장 김태현, 감사 박길도·김인형 선출

빌레펠트】 도이칠란트에서 활약하는 태권도 사범들로 구성된 재독대한태권도사범협회가 지난 2월 3일 중부 도이칠란트 빌레펠트의 정한규 사범이 운영하는 태권도장에서 제16차 정기총회를 개최했다.

이날 회의에는 재독대한태권도사범협회가 지난해 12월 8일 사단법인으로 등록된 것이 협회 활성화의 계기로 작용한 듯, 총 58명의 회원 중 제2대 허종술 회장 및 제5대 이유환 회장, 제7대 채수웅 회장, 제14대 박길도 회장을 비롯하여 22명의 회원이 참석하는 성황을 이루었다. 특히 이날 회의에는 이범이 특별회원도 자리를 함께 하였다.

강석선 사범의 사회로 진행된 이날 회의에서 김태현 회장은,

첫째, 협회회원의 자격을 도이칠란트에서 태권도를 지도한 경험이 있거나 또는 현재 지도하고 있는 사범, 태권도장을 운영했거나 현재 운영하고 있는 사범으로 명확하게 회원의 자격을 규정하여 98명의 명단에서 58명으로 회원 명부를 재정비하고,

둘째, 공사(公私)를 구분할 수 있는 엄격한 영수증 처리 방법을 확립하여 재정의 투명화에 기여했고,

셋째, 도이칠란트 법원등기소에 본 협회를 사단법인으로 등록, 회비나 기부금에 대한 세금혜택 등 법의 보호를 받을 수 있는 길을 마련한 것을 15대 회장단의 업적으로 꼽았다.

재정보고를 통해 약 1,600유로의 흑자 재정에 대한 설명이 있은 뒤 감사보고에 나선 송천수 감사는 특별히 감사할 내용이 없었다며 협회의 발전을 위해 회원과 임원들이 더욱 분투할 것을 촉구하고 태권도인에게 특별히 요구되는 품위유지에 대해 언급했다.

이유환 선거관리 위원장을 중심으로 진행된 회장과 감사선출에서 감사후보로 김형주, 송천수, 이유형, 이유환, 강금석, 정유석, 채수웅 회원이 추천되었으나 본인들이 고사하여 박길도 회원과 김인형 회원이 감사로 선출됐다.

제16대 회장선거에서는 김태현 15대 회장이 16대 회장으로 연임됐다.

허종술, 정한규 회원이 16대 회장후보로 추천한 김태현 회장단일후보에 대한 무기명 찬반투표결과 총유효표 22표 중 찬성 21표라는 절대적인 지지로 김태현 현회장이 제16대 회장에 연임되었다.

김태현 회장은 이날 당선인사를 통해 참석한 회원들에게 거듭 감사함을 전하며 가정집(협회)에서 식모(회장)가 주인(회원)이 애지중지하는 접시를 주인을 위해 사용하다가 깼다면 이는 주인을 위하는 마음이므로 접시가 깨질까 두려워 접시를 사용하지 않는 것 보다 낫기 때문에 접시를 깬 식모를 용서하여야 하듯이, 회장이나 임원들이 혹 잘못하더라도 회의를 통해 충고하며 대화를 통해 협회의 발전을 모색하는 것이 바람직하다면서 앞으로 더욱 열심히 할 터이니 회원들이 믿고 적극 협조해 달라고 당부했다.

또한 김 회장은 재독대한태권도사범협회의 사단법인화에 따라 앞으로 한국의 국기원과 지속적인 유대관계를 유지해 나가며 재정적 지원을 받을 수 있으리라 전망하고 협회의 발전과 회원간의 친목, 각종태권도 대회의 활성화를 위해 최선을 다할 것을 다짐했다.

회의를 마치고 회원들과 회원가족들은 협회발전을 위해 진지한 의견을 교환하며 김 회장이 회사한 한국 왕복 비행기표가 걸린 복권놀이, 즐거운 레크레이션 등으로 밤늦게 까지 즐겁고 정다운 시간을 보냈다. 송

▲ 재독대한태권도사범협회 제16차 정기총회에서 김태현 회장이 인사말을 하는 모습

제16대 고문, 회장단, 이사명단

고 문: 서윤남, 이범이, 허종술
명예회장: 고의민
회 장: 김태현(섭외, 기타)
부회장: 신부영(교육, 시범)
부회장: 정한규(재무, 상벌)
부회장: 이강현(심사, 심판)
부회장: 김철환(기술, 경기)
전무이사: 강석선
이사: 강종길, 표낙선, 조금일, 손국환, 박모아, 김종길
감사: 박길도, 김인형

2007년 2월 17일 우리신문 기사

2009년 3월 18일

동아일보 답신 서신

내용 : 태권도와 입양아의 탄원서 제출

東亞日報

우110-715·서울특별시 종로구 세종로 139 동아미디어센터

TEL 02-2020-0090 FAX 02-2020-0450

김태현 선생님께

안녕하십니까. 멀리 독일에서까지 저희 동아일보에 대한 관심을 갖고 소중한 제언을 보내주시는 김 선생님께 먼저 감사드립니다.

모국 대한민국의 위상을 걱정하고 계신 김 선생님의 애국심에 가슴이 뭉클해집니다. 아래막기로 앞차기로 한국말을 가르치며 태권도를 통해 국위선양에 나서는 김 선생님의 자랑스런 모습도 상상해봅니다.

이국땅에서 느끼는 부끄러운 현실을 걱정하고 대안까지 제시해주시는 김 선생님의 소중한 제언에 공감합니다. 저 개인적으로는 김 선생님께서 편지를 통해 전해주신 내용을 저희 동아일보가 충분히 점검하고 또 다뤄야 할 사안이라고 생각하고 있습니다. 보내주신 편지를 그대로 저희 편집국 책임자인 편집국장에게 전달해 여러 차원에서 적극 연구 검토하도록 하겠습니다. 민족지를 표방하는 저희 동아일보 역시 대한민국의 국가 위상을 다른 어느 가치보다 소중하게 여기고 있기 때문입니다.

좋은 제언을 보내주시는 김 선생님의 서신을 대하면서 앞으로 정말 신문을 잘 만들어야 하겠다는 각오를 다시 한번 가다듬게 됩니다.

동아일보에 대한 김 선생님의 깊은 애정과 관심에 다시 한번 감사드립니다. 내내 건강하십시오.

2009년 3월 18일

동아일보 회장 김 학 준

東 亞 日 報

㊐110-715 · 서울특별시 종로구 세종로 139 동아미디어센터 TEL 02-2020-0090 FAX 02-2020-0450

김태현 선생님께

안녕하십니까. 멀리 독일에서까지 저희 동아일보에 대한 관심을 갖고 소중한 제언을 보내주시는 김 선생님께 먼저 감사드립니다.

모국 대한민국의 위상을 걱정하고 계신 김 선생님의 애국심에 가슴이 뭉클해집니다 아래막기로 앞차기로 한국말을 가르치며 태권도를 통해 국위선양에 나서는 김 선생님의 자랑스런 모습도 상상해봅니다.

이국땅에서 느끼는 부끄러운 현실을 걱정하고 대안까지 제시해주시는 김 선생님의 소중한 제언에 공감합니다 저 개인적으로는 김 선생님께서 편지를 통해 전해주신 내용을 저희 동아일보가 충분히 점검하고 또 다뤄야 할 사안이라고 생각하고 있습니다. 보내주신 편지를 그대로 저희 편집국 책임자인 편집국장에게 전달해 여러 차원에서 적극 연구 검토하도록 하겠습니다 민족지를 표방하는 저희 동아일보 역시 대한민국의 국가 위상을 다른 어느 가치보다 소중하게 여기고 있기 때문입니다.

좋은 제언을 보내주시는 김 선생님의 서신을 대하면서 앞으로 정말 신문을 잘 만들어야 하겠다는 각오를 다시 한번 가다듬게 됩니다.

동아일보에 대한 김 선생님의 깊은 애정과 관심에 다시 한번 감사드립니다. 내내 건강하십시오.

2009년 3월 18일
동아일보 회 장
김 학 준

2009년 3월 18일 동아일보 답신 내용
태권도와 입양아의 탄원서 제출

1972년부터

표창장, 감사패, 자격증, 수료증, 국기원 자문, 감사장, 단증

표창장

1) 1976년 2월 1일 - 세계 태권도 연맹 총재 김운용

2) 1988년 7월 13일 - 태권도 지도관 관장 이승환

3) 1998년 9월 27일 - 국기원장 원장 김운용

4) 1998년 12월 31일 - (단체) 대한민국 국무총리 김종필

5) 2001년 5월 5일 - 대한태권도협회 회장 김운용

6) 2002년 12월 7일 - 전북태권도협회장 김광호

감사패

1) 1988년 7월 25일 - 세계태권도연맹 총재 김운용

2) 1990년 1월 27일 - 한국 태권도 대표 선수단

3) 1991년 1월 11일 - 경희대학교 태권도 대표 선수단

4) 1992년 2월 8일 - 한국체육대학교

5) 1993년 1월 29일 - 국군대표선수단(상무관)

6) 1994년 2월 4일 - 국립경상대학교 총장 빈영호

자격증

1972년 9월 27일 - 대한태권도협회 회장 김운용

수료증

1976년 5월 20일 - 세계태권도연맹 총재 김운용

1976년 5월 23일 - 스페인 태권도 협회

국기원 자문위원

2008년 9월 3일- 국기원장 엄운규

감사장 (미국부대 베를린)

1987년 9월 22일

단증

1) 6단 1975년 8월 9일 - 국기원장 김운용

2) 7단 1983년 11월 18일 - 국기원장 김운용

3) 8단 1991년 1월 9일 - 국기원장 김운용

4) 9단 2002년 6월 8일 - 국기원장 김운용

1963년부터 2019년까지
김태현 경력서

베를린 태권도 사범협회

- 1984년 태권도협회 발족
- 2004년까지 20년동안 태권도 사범 협회장

재독 태권도 사범협회

- 2005년~2008년 회장
- 2006년 사단법인 등록
- 2014년~ 2019년 회장
- 10년 회장

경력사항 1963년~2019년

1963년	태권도 지도관 전북 본관에서 수련 전북 본관 유단자 일동(1963년 2월 24일)
1964년 2월	육군입대
1967년 2월	만기제대 (3년간)
1966년 7월 간행수첩	육군본부 태권도 중앙본관에서 교관 요원 총 51명 교육받았음 제2군 육군 하사관 학교에서 태권도 교관으로 근무
1967년부터 1969년까지	태권도 지도관 전북 본관 사범으로 근무 전북 전주 전매청 향토예비군 교관으로 근무
1969년 4월	동아일보 광부모집 광고를 보고 독일 결심

1970년 6월 1일	미국 알라스카를 경유하여 Düsseldorf 독일에 도착 Alsdorf 광부 기숙사 생활 시작
1970년 8월	Niederland 국경선 Übach Palenberg에서 모험과 태권도 시범
1971년 1월	Aachen 공대 Audi.Max에서 태권도 시범
1971년 3월	한국인의 밤 행사에서 태권도 시범
1971년 9월	Würselen 태권도 시범
1972년 3월 12일	Koblenz 태권도 시범
1972년 8월	München에서 이종우, 엄운규 관장 참석 태권도 시범
1972년 9월 28일	Ahrweiler 태권도 시범
1972년 9월 27일	국제 사범 자격증 취득
1973년 3월	태권도 강습회 개최
1973년 3월 31일	Aachen 공대 Audi.Max에서 태권도 시범
1970년 6월 1일부터 1973년 6월까지	3년간 광부 생활
1973년 1월 30일	한국사범 최초로 독일 유도 연맹에 가입
1973년 10월	베를린 도착(Hannover에서 비행기로 서베를린 도착) 비행기표 편도 63DM
1973년 11월부터 (태권도 시범)	Diskothek에서 문지기로 일했음
1974년 3월	베를린 최초로 태권도 도장 개관
1974년 11월	베를린 한인교회(목사 정하은)에서 윤이상선생 아들 만남
1975년 4월 26일	한인교회에서 결혼식(태권도 시범)
1975년 5월	윤이상 선생 자택 방문
1975년 8월 9일	태권도 6단 승단
1975년 9월 20일	독일 베를린 체육관(15,000명 수용)에서 Karate 대회 가라데 조직 협박 서신 받았음

1975년 10월	(한인교회) '교회와 사회' 잡지에 나의 광부수기 기고
1975년 11월 1일	태권도대회 킥복싱과 태권도 대결 – 2,000명 관중
1976년 2월 1일	세계 태권도 연맹 표창장
1976년 5월 20일	세계 태권도 연맹 심판강습 수료증
1976년 10월 11일	Erich Wieck 피살
1977년 1월	부인 한국 귀국
1977년 2월 26일	아들 순산 부양가족을 위하여 딸, 아들을 부모님께 두고 왔음
1977년 9월 12일	베를린총영사관으로부터 부양가족 증명서 발급받음
1977년	세계 최초로 태권도 달력 제작
1978년 1월 14일	베를린 사설 경호조직 회사 태권도 교육
1979년 5월 24일	부친사망 부인과 한국 도착 김포공항에서 별세 소식
1983년 11월 18일	7단 승단
1984년	베를린 태권도 사범 협회 발족
1985년 10월 20일	베를린 Urania 6개국 태권도 시합
2004년까지	베를린 태권도 사범 협회 회장 (20년간)
1985년 3월부터 1988년까지	베를린 주재 미국부대 태권도 교육
1986년 5월 25일	베를린 태권도 선수권 대회
1986년 7월 15일~ 7월 27일	유럽 태권도 전지훈련단 조국 방문 제자 Ilic Milddal(1952년 5월 27일생) 공산권 유고슬라비아 국적 소지자 최초로 한국 방문하였음
1986년 11월	김영삼 신민당 상임 고문 베를린 방문 경호
1987년 1월 25일	한국, 서울 동성고등학교 태권도 선수단 초청 시합 대회
1987년 7월	유럽 태권도 전지 훈련단 조국 방문

1987년 9월 22일	베를린 주재 미군사령부 감사장
1988년 6월 4일	베를린 태권도 선수권 대회
1988년 7월 13일	태권도 지도관 표창장
1988년 7월 25일	세계 태권도 연맹 감사장
1989년 2월 3일	한국 올림픽 선수단 초청 시합대회
1989년 9월 16일	주독대사배 태권도 대회
1989년 10월 14일	파리, 베를린 시범 및 시합대회
1989년 12월 15일	베를린 복싱대회 주최 (KIM's sport studio)
1990년 1월 27일	한국대표 선수단 초청 시합대회 한국 태권도 대표 선수단 감사패
1990년 4월 7일	터키 총영사배 시합대회
1990년 4월 21일	태권도 품세,겨루기,격파대회
1990년 8월 1일	러시아에 계시는 숙부님 초청 강연회 개최
1991년 1월 9일	8단 승단
1991년 1월	조선 태권도 연맹 부위원장 정재훈과 시범단 베를린 방문 본인과 남북 태권도 대회 건에 대화
1991년 1월 11일	경희대학교 선수단 초청 시합대회 경희대학교 대표 선수단 감사패
1991년 3월	세계 태권도 연맹 총재 김운용 올림픽 조직위원으로 베를린 방문 남북 태권도 대회 건에 대화
1991년 1월부터 1992년 12월까지	독일 통일 베를린 한인 회장
1991년 9월 28일	김대중 민주당 대표 베를린 한인회 주관 강연회
1992년 2월 8일	한국 체육대학 선수단 초청 시합대회 한국 체육대학 대표 선수단 감사패
1992년 9월 10일	최홍희, 제8차 국제 태권도 대회 제자 Teke Aliriza 평양 방문(1969년 7월 11일생)

1993년 1월 29일	국군 상무관 선수단 초청 시합대회 국군 대표 선수단 감사패
1993년 10월 10일	유럽 태권도 대회
1994년부터 1997년까지	어머님 베를린에 초청하여 거주
1994년 2월 4일	국립 경상대학 선수단 초청 시합대회 국립 경상대학교 감사패
1995년 4월 18일	남북통일 태권도 협의차 정부 승인하에 방북
1997년 5월 4일	가라데 대회에서 초청하여 태권도 시범
1997년 5월 31일	김(Kim's) 포칼(Pokal)대회
1998년 6월 13일	김(Kim's) 포칼(Pokal)대회
1998년 9월 27일	국기원 표창장
1998년 12월 31일	베를린 사범협회 국무총리 표창장
1998년 1월부터 2000년 12월까지	베를린 광부회 회장 (Glück auf)
2000년 3월 17일	9단 심사 불합격 국기원에서 단독으로 3인의 심사위원 박해만, 이교윤, 김순배 심사했음
2000년 4월 10일	국기원에 탄원서 제출(심사 규정 충언)
2001년 5월 5일	대한 태권도 협회 표창장
2001년 5월 6일	주독대사배 태권도 대회
2002년 6월 8일	9단 심사 합격 국기원에서 단독으로 3인의 심사위원 김순배, 이용우, 황춘성 심사했음
2002년 10월 5일	태권도 수련 강습회
2002년 12월 7일	전북 태권도 협회 공로 표창장

<table>
<tr><td>2005년 1월부터
2008년 12월까지</td><td>재독 태권도 사범 협회장</td></tr>
<tr><td>2006년 8월 28일</td><td>재독 태권도 사범협회 사단법인 발족</td></tr>
<tr><td>2008년 9월 8일</td><td>국기원 자문위원</td></tr>
<tr><td>2015년 5월 23일</td><td>재독 태권도 사범협회장배 시합 대회</td></tr>
<tr><td>2014년</td><td rowspan="2">재독 태권도 사범 협회장</td></tr>
<tr><td>2019년</td></tr>
</table>

6

시범 및 시합의 포스타

1974년 최초로 도장을 개관하여 입구에서…

재독태권도사범협회장 김태현

도장의 도훈

사범이 있는 곳에

진리가 있고

사범에 대한 존경은

진리에 대한 존경이다.

KIM

1965년 2월 13일 사격우승기념사진 논산훈련소 23연대 12중대에서
맨앞줄 왼쪽에서 4번째 필자

태권도장 내부

태권도장 내부

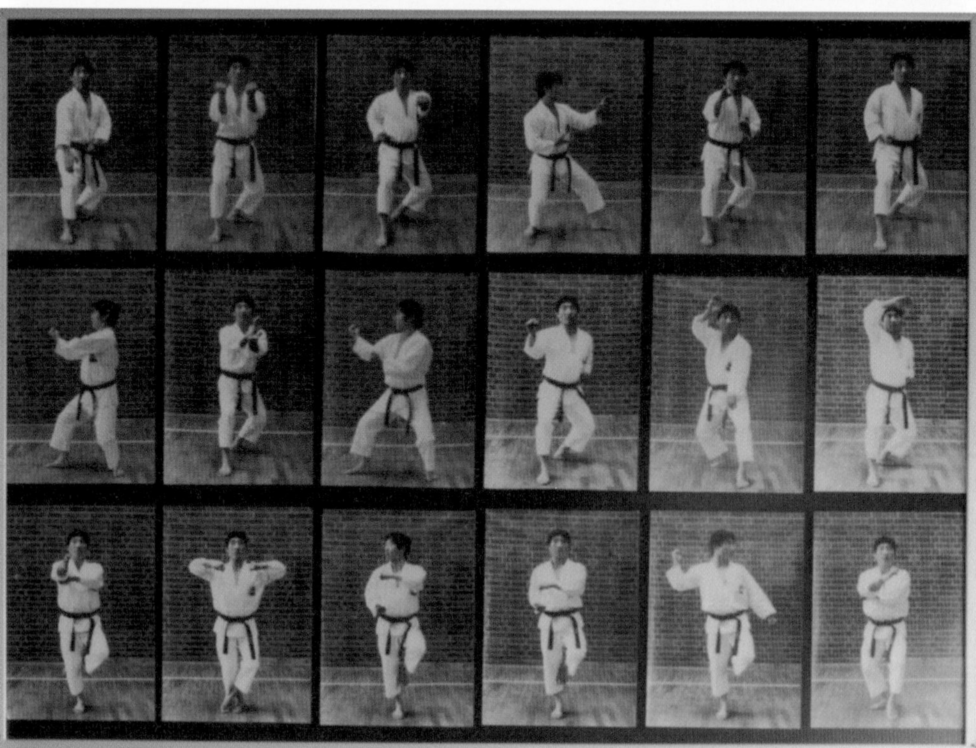

태권도 기본동작의 필자

1971년 3월 높이뛰기 격파

1971년 3월 공중 뛰어 옆차기

1971년 5월 20일 불란서 파리(Paris) 아이펠 튬(Eiffel Turm)에서 두손날막기의 모습

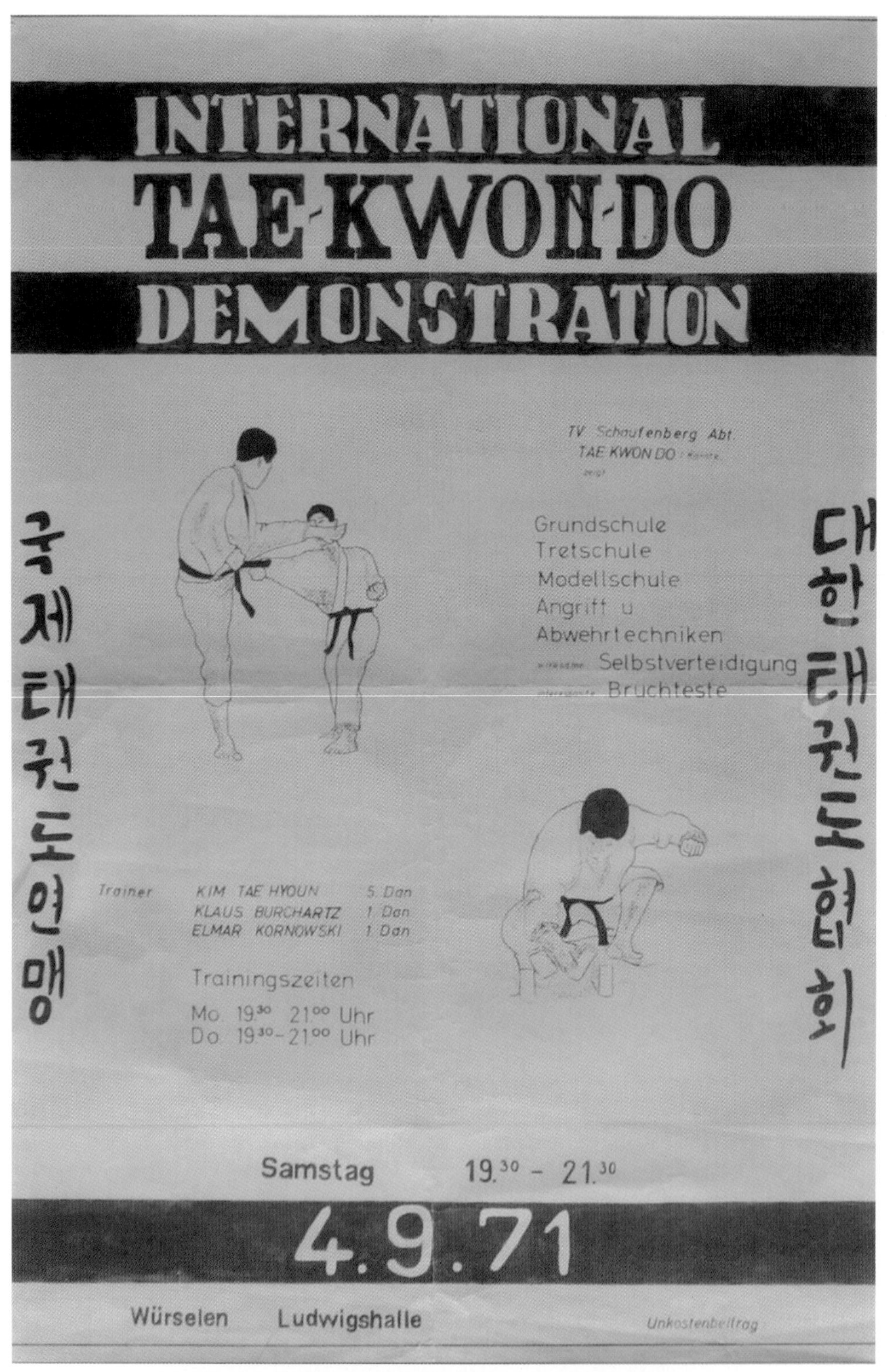

1971년 9월 4일 독일에서 최초로 만든 시범대회 포스타(Poster)
태권도 수련 및 시범대회, 최홍희 형(품세)을 하였음

1972년 3월 21일 이태리 로마(Rom) 콜로세움(Kolossem)에서 격파하기 전 모습

1972년 3월 21일 이태리 로마(Rom) 콜로세움(Kolossem)에서 이마격파하는 모습

1972년 3월 12일 아헨(Aachen)에서 심사하기 전 준비운동 모습

1972년 8월 28일 문헨(München) 올림픽 경기장에서

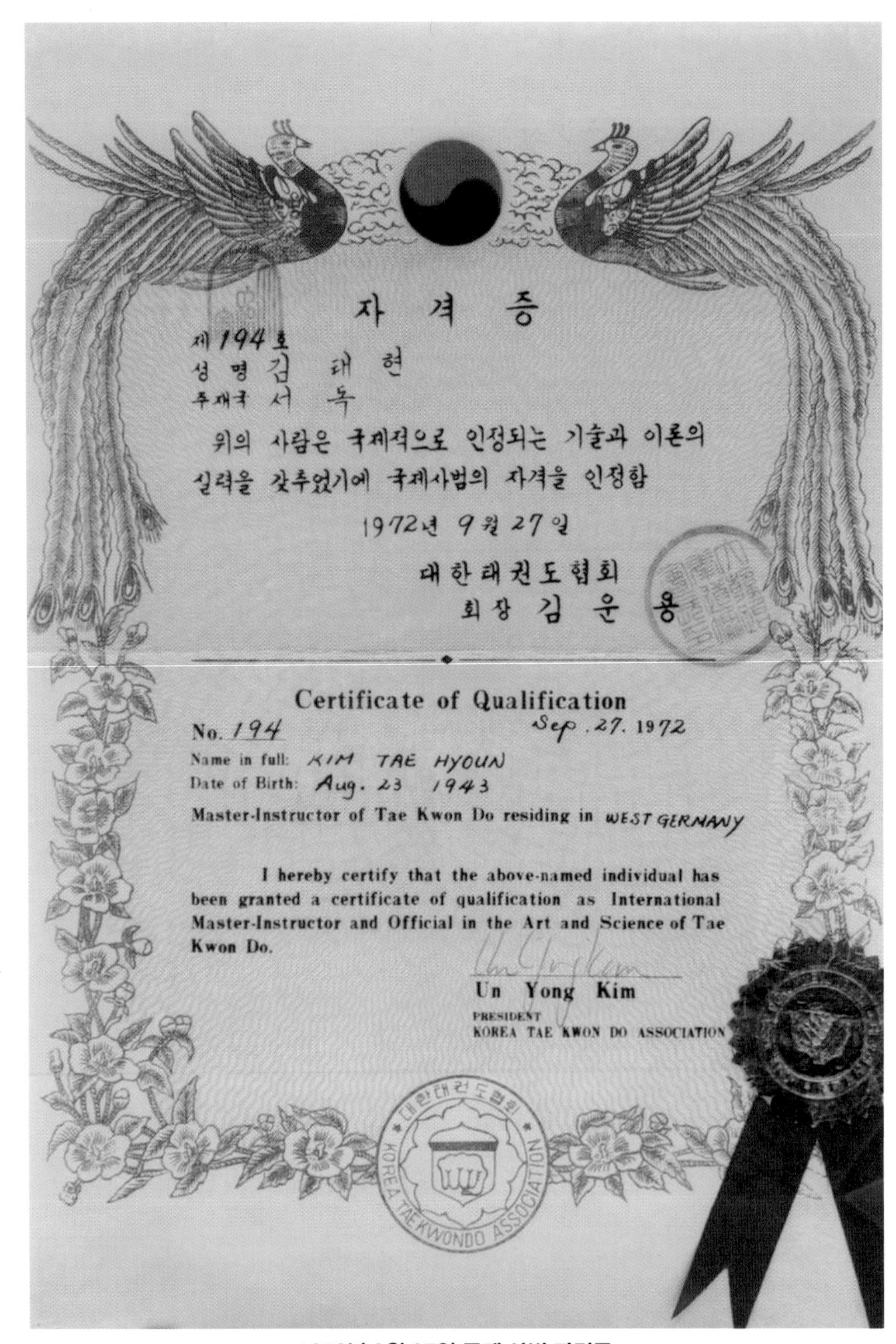

자 격 증

제 194 호

성 명 김 태 현

주재국 서 독

위의 사람은 국제적으로 인정되는 기술과 이론의 실력을 갖추었기에 국제사범의 자격을 인정함

1972년 9월 27일

대한태권도협회

회장 김 운 용

Certificate of Qualification

No. 194 Sep. 27. 1972

Name in full: KIM TAE HYOUN

Date of Birth: Aug. 23 1943

Master-Instructor of Tae Kwon Do residing in WEST GERMANY

I hereby certify that the above-named individual has been granted a certificate of qualification as International Master-Instructor and Official in the Art and Science of Tae Kwon Do.

Un Yong Kim

PRESIDENT

KOREA TAE KWON DO ASSOCIATION

1972년 9월 27일 국제 사범 자격증

1972년 제자들 카니발(Carnival) 행사에 사범과 포즈(Pose)를 취하면서
다리 올리기 모습(왼쪽 제자)

1973년 3월 31일 태권도 시범 대회, 아헨(Aachen)공대 아우디 막스(Audi-MAx)에서

TAEKWON DO

Koreanisches **KARATE**

JUDO · FITNESS-GYMNASTIK · SAUNA

Sicherheit durch Selbstverteidigung

KARATESCHULE KODOKAN	**TAEKWON DO-SCHULE KIM**
1 Bln. 30 Martin-Luther-Str. 14	1 Bln. 61 Mehringdamm 20
Ecke Lietzenburger Str.	Ecke Obentrautstr.
☎ 211 80 19	☎ 251 20 78
U-Bahn: Wittenbergplatz	U-Bahn: Mehringdamm Hallesches Tor
Bus: 16, 19, 29, 50, 73, 74	Bus: 19, 24, 28, 41, 95

Anmeldung: Täglich 15–21 Uhr Neue Kurse zum Monatsbeginn

1974년 3월 태권도 도장 개관 포스타(Poster)

1974년 5월 수련생들과 사진
왼쪽 뒷줄 4번째 필자

1975년 3월 아헨(Aachen) 제자들 심사를 마치고, 뒷줄 3번째 필자

1975년 5월 이종우 관장 방문 기념, 왼쪽 가운데 4번째 필자

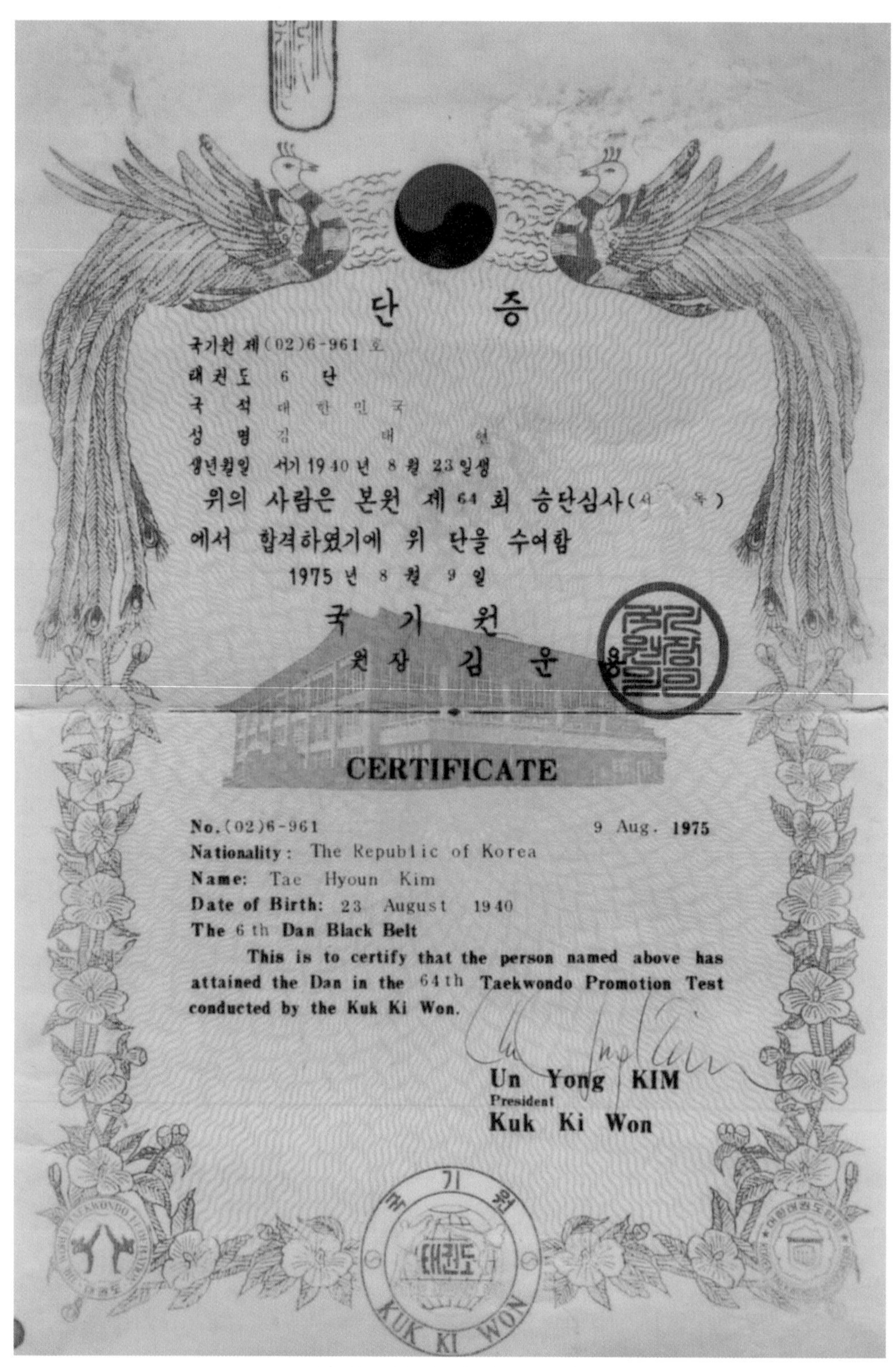

단 증

국기원 제 (02)6-961 호
태권도 6 단
국 적 대한민국
성 명 김 태 현
생년월일 서기 1940 년 8 월 23 일생
위의 사람은 본원 제 64 회 승단심사( )
에서 합격하였기에 위 단을 수여함
1975 년 8 월 9 일
국 기 원
원 장 김 운 용

CERTIFICATE

No. (02)6-961 9 Aug. 1975
Nationality: The Republic of Korea
Name: Tae Hyoun Kim
Date of Birth: 23 August 1940
The 6 th Dan Black Belt
This is to certify that the person named above has attained the Dan in the 64th Taekwondo Promotion Test conducted by the Kuk Ki Won.

Un Yong KIM
President
Kuk Ki Won

국 기 원
태권도
KUK KI WON

1975년 8월 9일 태권도 6단 단증

1975년 9월 21일 프로(Pro) 가라데 대회, 1만5천명 참석
독일체육관(Deutschland Halle)에서

Veltelite am Start

Kim, Tae Hyoun	6. DAN	Sportschule Kim (Berlin)
Chae, Su-Ung	5. DAN	Sportschule Kodokan (Berlin)
Chang, Young Jun	7 DAN	USA
Lee, Kyung Myung	7 DAN	Österreich
Seo, Yoon Nam	6. DAN	München
Seo, Myung Soo	6. DAN	Holland

aratekämpfe mit vollem Kontakt

pitzenkämpfer aus Europa
n Leicht-, Mittel- und Schwergewicht am Start.

artenvorverkauf: Neue Welt, Hasenheide
Sportschule Kim, 1 Berlin 61, Obentrautstraße 1 – 21
Sportschule Kodokan, 1 Berlin 30, Martin-Luther-Str. 14

ntritt: 8,– bis 30,– DM

1975년 11월 1일 태권도와 킥복싱(Kick Boxing) 시합 대회

1975년 11월 1일 베를린(Berlins) 신문 홍보 기사

좌측부터 김태현, 채수웅, 이경명, 서운남

태권도 선수와 킥복싱 선수의 대결

1975년 11월 1일 심판을 보는 필자

1975년 11월 1일 품세하는 필자

이마 격파하기 전 정신집중하는 필자

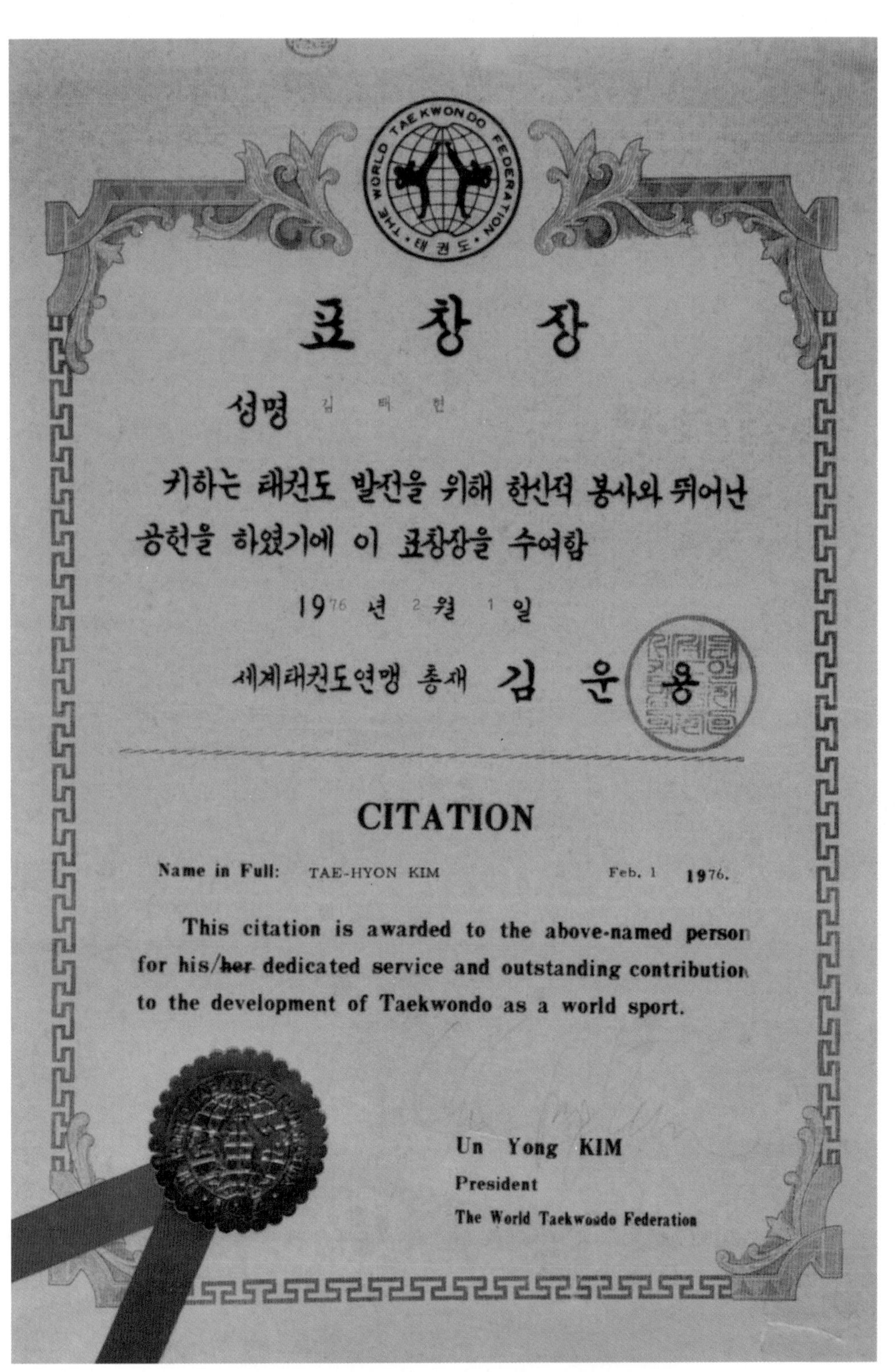
표창장

성명 김 태 현

귀하는 태권도 발전을 위해 헌신적 봉사와 뛰어난 공헌을 하였기에 이 표창장을 수여함

1976 년 2 월 1 일

세계태권도연맹 총재 김 운 용

CITATION

Name in Full: TAE-HYON KIM Feb. 1 1976.

This citation is awarded to the above-named person for his/~~her~~ dedicated service and outstanding contribution to the development of Taekwondo as a world sport.

Un Yong KIM
President
The World Taekwondo Federation

1976년 2월 1일 세계태권도연맹 총재 김운용 표창장

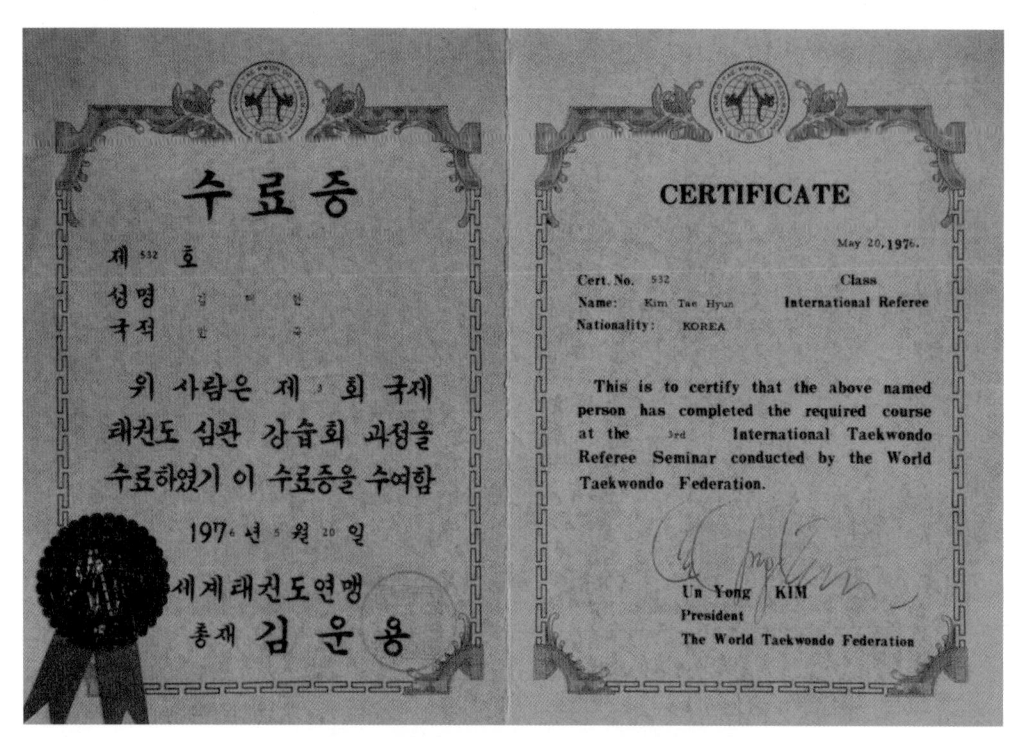

수료증

제 532 호
성명 김 태 현
국적 한 국

위 사람은 제 3 회 국제 태권도 심판 강습회 과정을 수료하였기 이 수료증을 수여함

1976년 5월 20일

세계태권도연맹
총재 김 운 용

CERTIFICATE

May 20, 1976.

Cert. No. 532 Class
Name: Kim Tae Hyun International Referee
Nationality: KOREA

This is to certify that the above named person has completed the required course at the 3rd International Taekwondo Referee Seminar conducted by the World Taekwondo Federation.

Un Yong KIM
President
The World Taekwondo Federation

1976년 5월 20일 태권도 심판 강습회 수료증

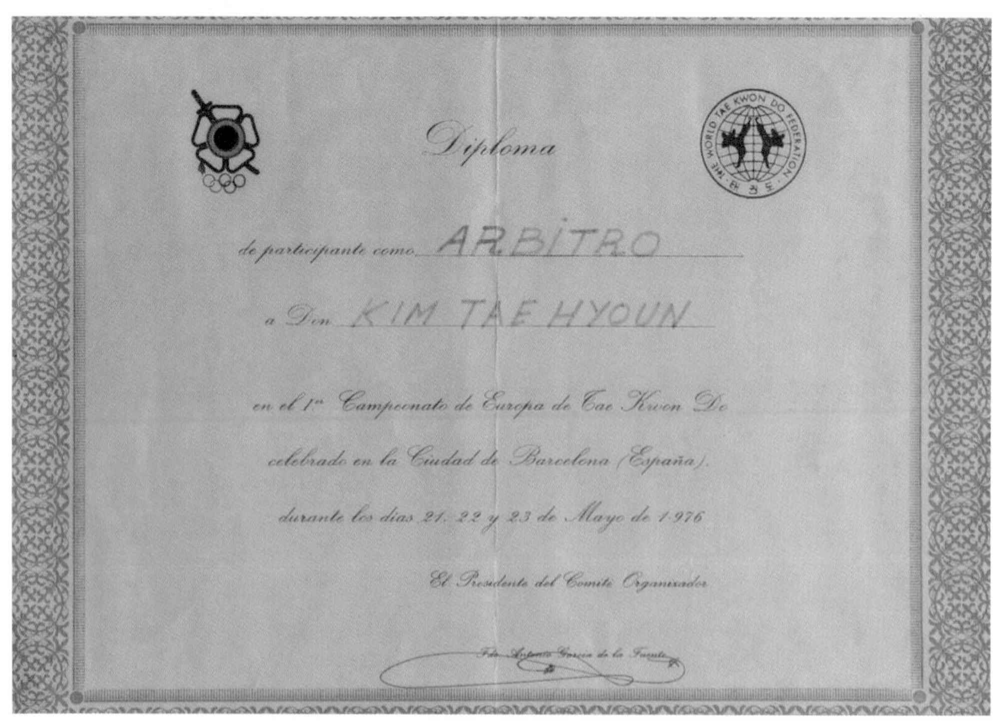

Diploma

de participante como ARBITRO

a Don KIM TAE HYOUN

en el 1er Campeonato de Europa de Tae Kwon Do

celebrado en la Ciudad de Barcelona (España),

durante los dias 21, 22 y 23 de Mayo de 1976

El Presidente del Comité Organizador

1976년 5월 21,22,23일 스페인 심판 강습 수료증

1977년 1월 세계 최초로 태권도 달력 발행, 태권도학교 명칭 사용

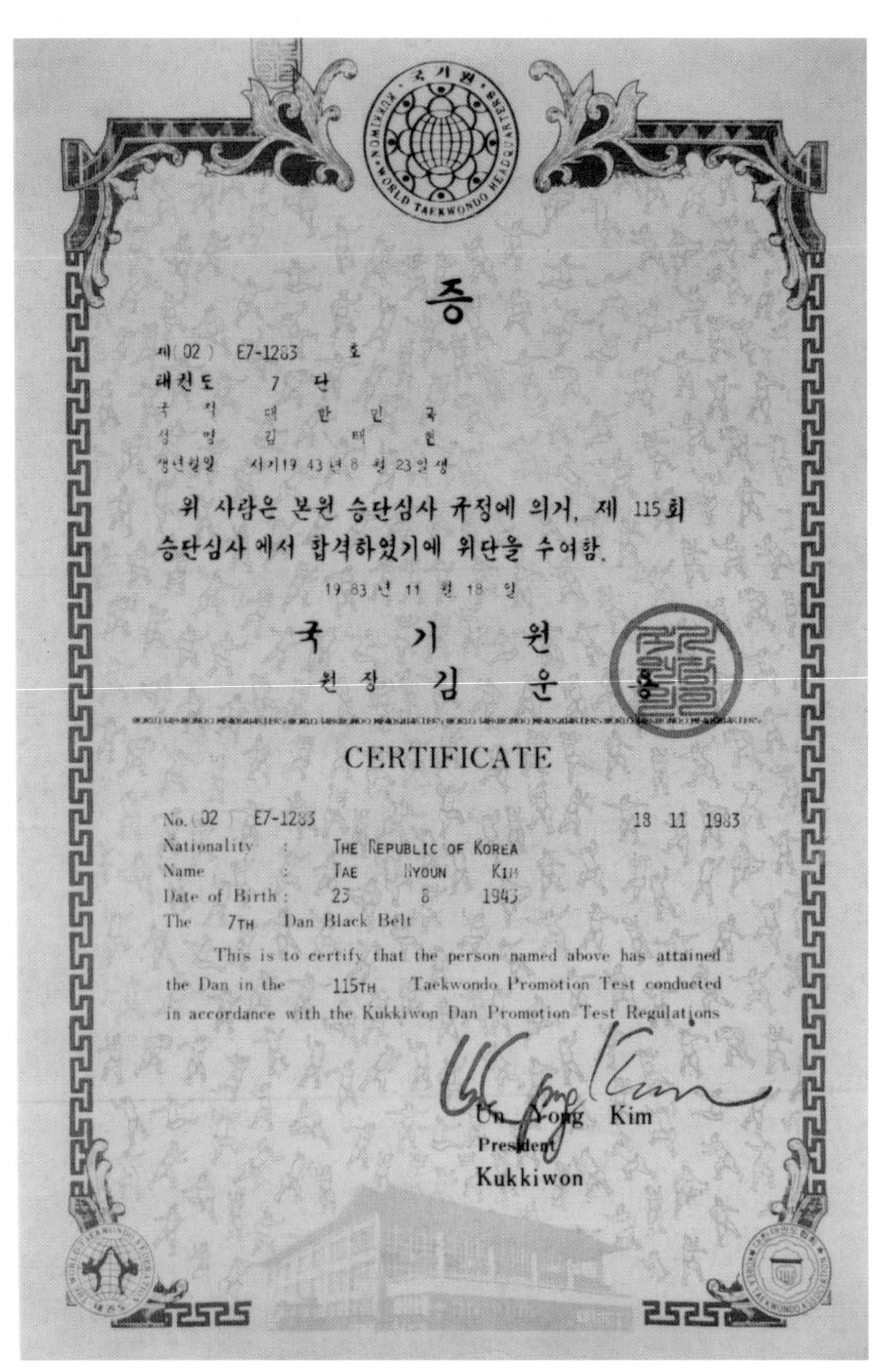

국기원 KUKKIWON WORLD TAEKWONDO HEADQUARTERS

증

제(02) E7-1283 호
태권도 7 단
국 적 대 한 민 국
성 명 김 태 현
생년월일 서기19 43 년 8 월 23 일생

위 사람은 본원 승단심사 규정에 의거, 제 115회 승단심사 에서 합격하였기에 위단을 수여함.

19 83 년 11 월 18 일

국 기 원
원 장 김 운 용

CERTIFICATE

No. (02) E7-1283 18 11 1983
Nationality : THE REPUBLIC OF KOREA
Name : TAE HYOUN KIM
Date of Birth : 23 8 1943
The 7TH Dan Black Belt

This is to certify that the person named above has attained the Dan in the 115TH Taekwondo Promotion Test conducted in accordance with the Kukkiwon Dan Promotion Test Regulations

Un Yong Kim
President
Kukkiwon

1983년 11월 8일 태권도 7단 단증

TAEKWON-DO

Länderkampf

Großmeister Demonstration

20.Okt.85 · 17.00 - 20.00Uhr · URANIA

Kleiststr 13 1000 Berlin 30

EE KYUNG MYUNG
EO YUN NAM
ARK CHANG HO
EE BUM IE
O EUN MIN
UH YOUNG CHUL
HIN BOO YOUNG
ARK EUNG JUN
UH HONG TAK
EE BUM JOO
A JIN HO
ONG CHUN SOO
HO EUN SUB
EE KANG HYUN
N HANG KI

DEUTSCHLAN
HOLLAN
TÜRKE
DÄNEMAR
BELGIE
LUXEMBUR

Veranstalter u. Weltmeister

KIM TAE HYOUN 7 DAN
CHAE SU UNG 7 DAN
CHOI CHONG KWAN 7 DAN

im's Sport Studio Tel. 614 24 59
Sportstudio Choi Tel. 883 75 75
Sportschule Cha Tel. 216 10 07

1985년 10월 20일 베를린 태권도협회 주최하여 6개국 국제대회
독일, 네델란드, 튀르키에, 덴마크, 벨기에, 룩셈부르크

1986년 3월 16일 태권도 심사를 마치고
오른쪽 뒷줄 첫번째 필자

1986년 5월 25일 베를린 태권도협회 주최하여 베를린 선수권 대회

1986년 5월 25일 태권도 선수권 대회를 마치고
오른쪽에서 뒷줄 6번째가 필자

TAE KWON DO

Freundschafts – Länderkampf

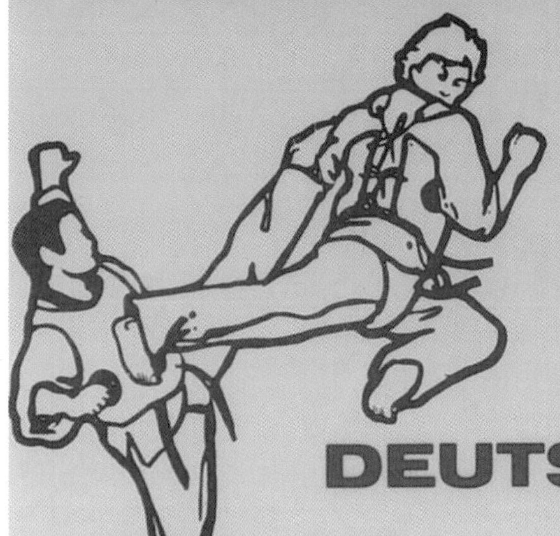

KOREA

TÜRKEI

DEUTSCHLAND

25. 1. 1987

17.00 UHR

SCHILLER STR. 127
(SCHILLER GYMNASIUM)
1000 BERLIN 12

Veranstalter: TAE KWON DO instructors ASSOCIATION in BERLIN

Ausrichter
(KARTEN Vorverkauf)

KIM's Sport Studio
Sportschule Chae
Sportschule Chang
Sportstudio Choi
Sportschule Chung

1987년 1월 25일 서울동성고등학교 태권도 선수단 초청시합 대회

대회날짜 : 1987년 1월 25일

초청팀 : 동성고등학교 선수단

단장 : 김인수 (동성고 체육주임) **감독 :** 박종식 (동성중 학생주임)

코치 : 이철주 (동성고 체육교사) **코치 :** 김세혁 (동성고 체육교사)

핀급(Fin)	50kg	송인화 (2학년)
플라이(Fly)	54kg	조영남 (2학년)
반탐(Bantam)	58kg	조준원 (2학년)
페터(Feather)	64kg	심우현 (2학년)
라이트(light)	68kg	윤정욱 (2학년)
웰터(Welter)	72kg	이광로 (3학년)
미들(Middle)	76kg	조준철 (2학년)
헤비(Heavy)	80kg	조광천 (2학년)

1987년 1월 25일 동성고등학교 선수단과 기념사진
왼쪽에서 5번째가 필자

1986년 7월 15일 유고슬라비아(Jugoslawien) 공산권 제자가 대한민국 최초로 국기원 방문

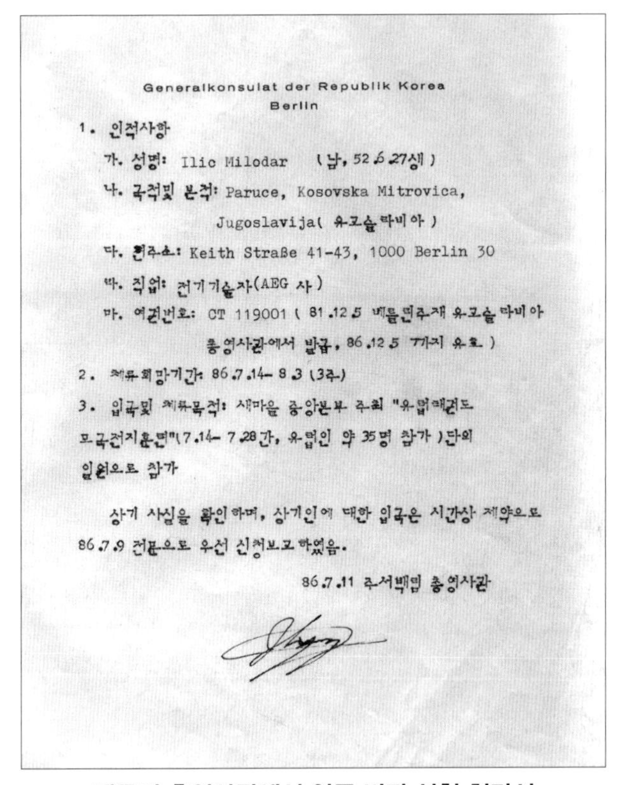

Generalkonsulat der Republik Korea
Berlin

1. 인적사항

가. 성명: Ilic Milodar (남, 52.6.27생)

나. 국적및 본적: Paruce, Kosovska Mitrovica,
Jugoslavija(유고슬라비아)

다. 현주소: Keith Straße 41-43, 1000 Berlin 30

라. 직업: 전기기술자(AEG 사)

마. 여권번호: CT 119001 (81.12.5 베를린주재 유고슬라비아 총영사관에서 발급, 86.12.5 까지 유효)

2. 체류희망기간: 86.7.14- 8.3 (3주)

3. 입국및 체류목적: 새마을 중앙본부 주최 "유럽태권도 모국전지훈련"(7.14- 7.28간, 유럽인 약 35명 참가)단의 일원으로 참가

상기 사실을 확인하며, 상기인에 대한 입국은 시간상 제약으로 86.7.9 전문으로 우선 신청보고하였음.

86.7.11 주서베를린 총영사관

베를린 총영사관에서 입국 비자 신청 허가서

1987년 7월 김운용 세계태권도연맹 총재 국기원 원장 방문 기념

1987년 7월 유럽 태권도 전지훈련단 고국방문
부인과 함께 대절 버스 앞에서

지도관 이승완 관장과 수련생들
왼쪽에서 2번째가 필자

CERTIFICATE OF APPRECIATION

BERLIN

United States Army, Berlin

is awarded to

KIM TAE-HYOUN

for

YOUR ASSISTANCE IN HELPING TO MAKE ASIAN PACIFIC HERITAGE WEEK A SUCCESS. YOU UNSELFISHLY GAVE YOUR TIME AND TALENTS TO HEIGHTEN THE AWARENESS OF THE COMMUNITY DURING THIS OBSERVANCE. YOU HAVE DEMONSTRATED YOUR DESIRE TO CONTRIBUTE TO THE QUALITY OF OUR COMMUNITY. YOUR EFFORTS PLAYED A SIGNIFICANT PART IN THE OVERALL SUCCESS OF ASIAN PACIFIC HERITAGE WEEK. I CONGRATULATE AND THANK YOU FOR YOUR CONTRIBUTIONS TO THE BERLIN AMERICAN COMMUNITY.

This 22nd Day of September 19 87

D. CUTTING
GS
Deputy G1/DPCA

AEBA Form 034640 1 Nov 83

1987년 9월 22일 미군사령부 감사장
베를린 주둔 미국부대에서 태권도 수련과 시범대회 감사장

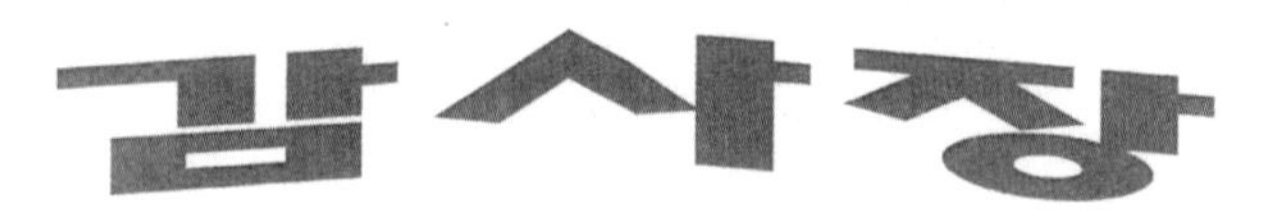

감사장

미군, 베를린

김 태 현 에게

수여함.

아시아 태평양 문화유산 주간이 성공할 수 있도록 해준 귀하의 도움에 감사드립니다. 귀하는 이번 행사 기간 동안 커뮤니티의 인식을 높이기 위해 사심없이 시간과 재능을 바쳤습니다. 귀하는 우리 지역사회의 질 향상에 기여하겠다는 의지를 보여주었습니다. 귀하의 노력은 아시아 태평양 문화유산 주간의 전반적인 성공에 중요한 역할을 했습니다. 베를린 미국 공동체에 대한 귀하의 기여를 축하하고 감사드립니다.

1987년 9월 22일

/서 명/
존 D 커팅
중령
인사과 / 인사부

AEBA 양식 034640 1983.11.01

한글번역

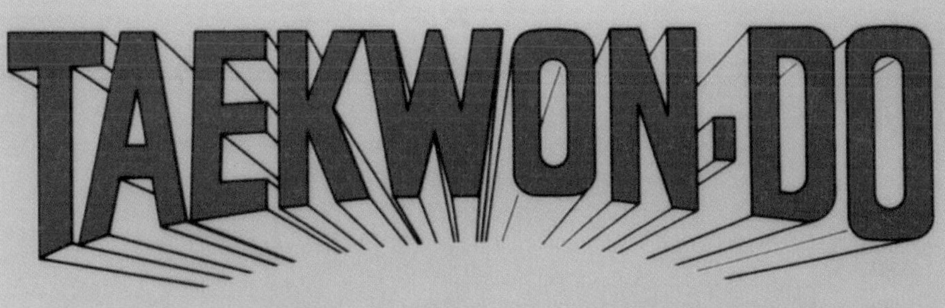

Int. Meisterschaft '88

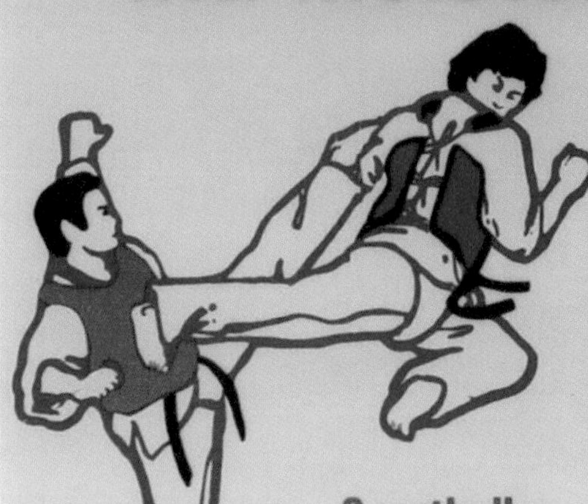

4. 6. '88

10 Uhr

Sporthalle
Onkel-Tom-Straße 59-60
1000 Berlin 37

Veranstalter: TAE KWON-DO instructors ASSOCIATION in Berlin

Ausrichter: Deutsch-Koreanischer Kulturbund e.V.
TEA KWON-DO ASSOCIATION in Germany
Koreanisches Konsulat in Berlin

Sportstudio Choi
Sportschule Bae
Sportschule Jung
Sportschule Chang
Sportschule Chae
(030) 216 10 07

KIM's Sport Studio
Sportschule Chung
Sportschule Kang
Sportstudio Jang
(030) 623 96 03

Eintrittskarten-Verkauf:

Schüler / Studenten	10,-
TKD-Mitglieder	10,-
Erwachsene	15,-

1988년 6월 4일 베를린 태권도 대회
베를린 태권도협회 주최하여 태권도 대회

표 창 패

성명 (서독) 김 태 현

귀하는 다년간 해외에서 국기 태권도 보급과 철저하게 관의 이념을 뿌리깊게 심은 공을 치하하여 이 표창패를 드립니다.

1988년 7월 13일

태권도 지도관

관장 이 승 완

CITATION

Name in Full: (W-GERMANY) YAE-HYOUN KIM 1988. JULY. 13

This Certiticate is in Commemoration, for the dedication over many years, of Promoting the Idea of TAEKWON DO, and Spreading TAEKWONDO, our Natinal Sport, overseas.

Lee Sung Wan
President
TAEKWONDO JI DO KWAN

1988년 7월 13일 태권도 지도관 관장 이승완 표창장

The World Taekwondo Federation

Recognized by the International Olympic Committee
Affiliated with the General Association of International Sports Federations

Letter of Citation

presented to

MR. KIM, TAE HYUN
F.R. GERMANY

in recognition of
his/her dedicated service and outstanding
contribution to the development of Taekwondo.

July 25, 1988

UN YONG KIM
President, WTF
IOC Member

1988년 7월 25일 세계태권도연맹 총재 김운용 감사장

1989년 2월 3일
1988년도 올림픽 선수단 초청 시합 대회

대회날짜 : 1989년 2월 3일　　**초청팀 :** 올림픽 선수단

단장 : 이승국　　**코치 :** 송정영

체급	체중	선수
핀급(Fin)	50kg	박재성
플라이(Fly)	54kg	서보훈
반탐(Bantam)	58k	1. 박형식 2. 서덕수
페터(Feather)	64kg	박기채
라이트(light)	70kg	신광수
웰터(Welter)	76kg	강병삼
미들(Middle)	83kg	강성수
헤비(Heavy)	+83kg	박종범

1989년 9월 16일 주독일 대사배 태권도 대회

1989년 9월 16일 주독일 대사배 태권도 대회, 한국 고전 무용 공연, 태극무

1989년 9월 16일 주독일 대사배 태권도 대회, 한국 고전 무용 공연, 부채춤

TAE KWON-DO

STÄDTEKAMPF UND DEMONSTRATION

Berlin – Paris

KIM TAE HYOUN
8 DAN

LEE KWAN YOUNG
8 DAN

Samstag
14. Okt.'89
Beginn:
20.00 Uhr
URANIA

An der Urania 17 · 1000 Berlin 30

Veranstalter· TAE KWON-DO instructors ASSOCIATION in Berlin
Ausrichter· **KIM's SPORTSTUDIO**
Reichenberger Straße 175
1000 Berlin 36
☎ 614 24 59

1989년 10월 14일 베를린-파리 시합 대회
파리 이관영, 베를린 김태현

1989년 10월 14일
이관영 사범 기념상패

1989년 10월 14일
이관영 사범과 우승컵 교환하는 필자

1989년 10월 14일 독일의 수도 베를린, 불란서의 수도 파리 태권도 시합 대회
불란서 파리 사범 이관영, 독일 베를린 사범 김태현

1989년 12월 15일 베를린 프로 복싱 대회, 김스포츠학교(Kims Sports Studio)에서 주최

TAE KWON-DO
KOREA Int. Mannschaft '89
GEGEN BERLIN Auswahl
TU BERLIN
AUDI-MAX-HALLE
Straße des 17. Juni 135
27. 1. 1990 · 18 Uhr

Team-Chef | Trainer | Co-Trainer | Nadelgewicht 50 kg | Fliegengewicht 54 kg | Bantamgewicht 58 kg

Federgewicht 64 kg | Leichtgewicht 68 kg | Leichtweltergew. 72 kg | Weltergewicht 76 kg | Mittelgewicht 80 kg | Schwergerwicht 84 kg

AUSRICHTER: KIM's SPORTSTUDIO – SPORTSCHULE CHOI – SPORTSCHULE CHAE
SPORTSCHULE CHUNG – SPORTSCHULE JUNG – SPORTSCHULE BAE
SPORTSCHULE KANG – SPORTSCHULE CHANG – SPORTSTUDIO JANG
VERANSTALTER: TAE KWON-DO INSTRUCTORS ASSOCIATION IN BERLIN

1990년 1월 27일 한국 태권도 대표선수단 시범 및 시합 대회

대회날짜 : 1990년 1월 27일

초청팀 : 한국 대표 선수단

단장 : 김우규 (동아대 감독) 7단 **감독 :** 최소굉 (사업)

코치 : 김세혁 (동성고 코치) 6단 **트레이너 :** 장명삼 (광영고 코치) 5단

핀급(Fin)	50kg	권태호 (경희대)	3단
플라이(Fly)	54kg	김철호 (한국체대)	3단
반탐(Bantam)	58kg	조영남 (동아대)	3단
라이트(light)	68kg	심우현 (동아대)	3단
웰터(Welter)	72kg	최신재 (동아대)	3단
미들(Middle)	76kg	이현석 (동성고)	3단
헤비(Heavy)	80kg	김재경 (동아대)	3단

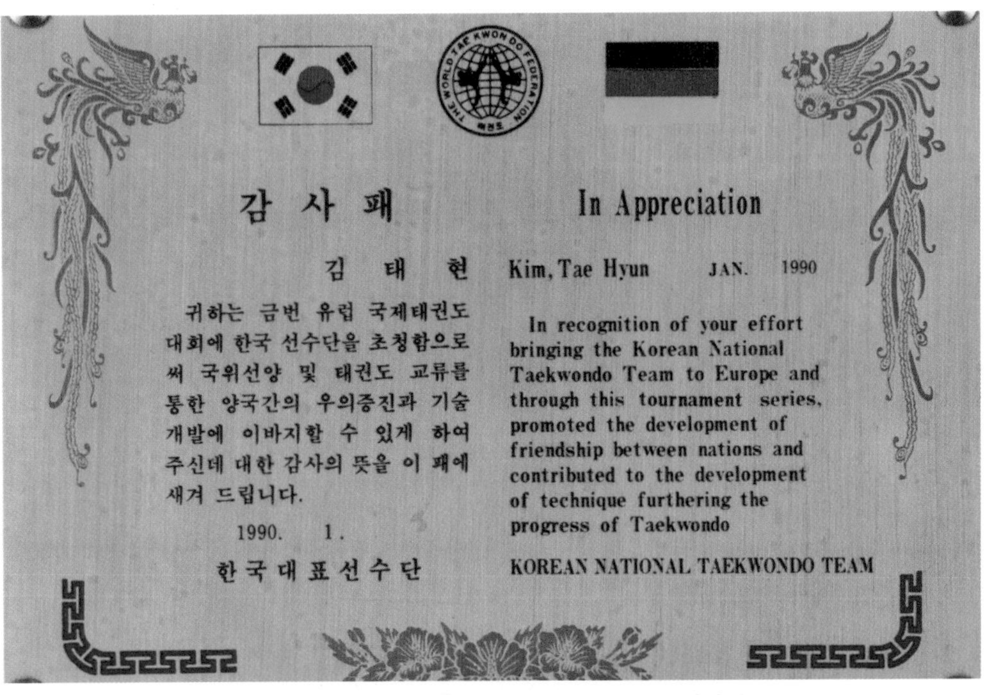

감 사 패

김 태 현

귀하는 금번 유럽 국제태권도 대회에 한국 선수단을 초청함으로써 국위선양 및 태권도 교류를 통한 양국간의 우의증진과 기술 개발에 이바지할 수 있게 하여 주신데 대한 감사의 뜻을 이 패에 새겨 드립니다.

1990. 1.

한국대표선수단

In Appreciation

Kim, Tae Hyun JAN. 1990

In recognition of your effort bringing the Korean National Taekwondo Team to Europe and through this tournament series, promoted the development of friendship between nations and contributed to the development of technique furthering the progress of Taekwondo

KOREAN NATIONAL TAEKWONDO TEAM

1990년 1월 27일 한국 태권도 대표선수단 감사패

1990년 1월 27일 한국 태권도 대표선수단 고전무용 공연 장고춤

TAE KWON-DO

Türkische Generalkonsul-
Pokal-**Meisterschaft** 1990

Samstag,
7. April 90

Beginn:
9.00 Uhr

UNION-**SPORTHALLE**
Siemensstraße 20a
1000 Berlin 21

ERANSTALTER: **TAE KWON-DO INSTRUCTORS ASSOCIATION IN BERLIN**

usrichter: **KIM's** SPORTSTUDIO
eichenberger Straße 175
000 Berlin 36
☎ 6 14 24 59

TAE KWON-DO e.V. ASV BERLIN
Bochumer Straße 8c
1000 Berlin 21
☎ 3 95 49 49

1990년 4월 7일 베를린 태권도협회 주최하여 투르키에(Turkei) 총영사배 대회

TAEKWON-DO

태 권 도

INT. TAEKWON-DO MANNSCHAFTSWETTKAMPF 90

(President Pokalturnier The Korea TKD Assotiation in Germany)

FORM · KAMPF · BRUCHTEST

21. 4. 1990

Samstag

um 10 Uhr

Eintritt

10,- 15,-

COLUMBIASPORTHALLE (Tempelhof)

Columbiadamm 15–21 · 1000 Berlin 42

U-Bahn Platz der Luftbrücke Bus 4

Veranstalter: The Korea TKD Assotiation in Germany

Ausrichter: SPORTSTUDIO JANG, Berlin

SPORTSTUDIO CHOI
SPORTSTUDIO KIM
SPORTSCHULE JUNG
SPORTSCHULE KANG
SPORTSCHULE BAE
SPORTSCHULE CHUNG
SPORTSCHULE CHANG
SPORTSCHULE CHAE

1990년 4월 21일 주최 재독 태권도협회 주최 품세·격파·겨루기 대회

단 증

제(02) 1000497 호
태권도 8 단
국 적 KOREAN
성 명 KIM,TAE HYOUN
생년월일 서기 1943 년 8 월 23 일

위 사람은 본원 승단심사 규정에 의거, 제158 회 승단심사에서 합격하였기에 위단을 수여함.

1991 년 1 월 9 일

국 기 원
원장 김 운 용

DAN CERTIFICATE

No.(02) 1000497 9 JANUARY 1991
The 8TH Dan Black Belt
Nationality : KOREAN
Name : KIM,TAE HYOUN
Date of Birth : 23 AUGUST 1943

This is to certify that the person named above has attained the Dan in the 158TH Taekwondo Promotion Test conducted in accordance with the Kukkiwon Dan Promotion Test Regulations.

Un Yong Kim
President, Kukkiwon

1991년 1월 9일 태권도 8단 단증

1991년 1월 11일 경희대학교 태권도 대표선수단 초청 시범 및 시합 대회

대회날짜 : 1991년 1월 11일

초청팀: 경희대학교 대표 선수단

단장 : 김경지 (교수)

감독 : 최영렬 (교수) **코치 :** 전정우

핀급(Fin)	50kg	이경호
플라이(Fly)	54kg	맹성재
반탐(Bantam)	58kg	이안호
페터(Feather)	64kg	조기현
라이트(light)	70kg	김태형
웰터(Welter)	76kg	최정복
미들(Middle)	83kg	박세홍
헤비(Heavy)	+83kg	김봉근

감 사 패

A TABLET OF APPRECIATION

김 태 현

KIM TAE HYUN

금번 유럽 태권도 순방경기에 본교 대표선수단을 초청하여 양국간의 우위증진과 태권도경기기술 발전에 물심양면으로 도와 주신데 감사함을 이 패에 새겨 드립니다

We have the honor to present you this prize medal for the promotion of friendship between the two countries and for the technical development of Taekwondo game by inviting kyung Hee University Taekwondo team on the European tour.

KYUNG HEE UNIVERSITY
Taekwondo team.

1991 January

경희대학교 태권도대표선수단

1991년 1월 11일 경희대학교 대표선수단 감사패

1991년 1월 11일 경희대학교 선수단과 기념 촬영

1991년 1월 11일 경희대학교 체육과 최영렬 교수와 기념품 전달하는 필자

1992년 2월 8일 한국체육대학 태권도 선수단 시범 및 시합 대회

대회날짜 : 1992년 2월 8일

초청팀 : 한국 체육대학 선수단

단장 : 정동구 (학장)

주무 : 이승국 **코치 :** 김세혁

핀급(Fin)	50kg	권혁신
플라이(Fly)	54kg	심무진
반탐(Bantam)	58kg	하태경
페터(Feather)	64kg	항준
라이트(light)	70kg	이광로
웰터(Welter)	76kg	박봉권
헤비(Heavy)	+83kg	김동욱

1992년 2월 8일 한국체육대학 태권도 선수단 감사패

1992년 2월 8일 한국체육대학 태권도 선수단 초청 시범 및 시합대회 격파장면

TAE KWON-DO

KOREA Int. Mannschaft '92

GEGEN

BERLIN Auswahl

Freitag

29.1.1993

Beginn:

19 Uhr

Sporthalle
Charlottenburg
Sömmeringstraße 29
1000 Berlin 10

VERANSTALTER: TAE KWON-DO INSTRUCTORS ASSOCIATION IN BERLIN
AUSRICHTER: KIM's SPORTSTUDIO
Reichenberger Straße 175 · 1000 Berlin 36 · ☎ 614 24 59

1993년 1월 29일 대한민국 국군 대표선수단 초청 시범 및 시합 대회

대회날짜 : 1993년 1월 29일　　　**초청팀 : 대한민국 국군대표 상무 선수단**

단장 : 김현업 (경기도 태권도협회 부회장)

부단장 : 손준호 (경기도 태권도협회 이사)　**주무 :** 원충희 (서울시 태권도협회 이사)

감독 : 황영갑 (준위)　**주장 :** 임창섭(상병)

핀급(Fin)	50kg	이정원 (이병)
플라이(Fly)	54kg	강동범 (병장)
반탐(Bantam)	58kg	이종현 (상병)
페터(Feather)	64kg	김병철 (상병)
라이트(light)	68kg	성의천 (일병)
웰터(Welter)	72kg	홍윤기 (상병)
미들(Middle)	76kg	정주석 (이병)
헤비(Heavy)	80kg	김제경 (이병)

感謝牌

국제태93-6호　베르린태권도협회
BERLIN TAEKWONDO ASSO.
사범 김 태 현
KIM TAE HYUN

貴下는 유럽7개국 招請 친선 경기에서 베르린 태권도협회와의 상호 友好增進 및 民間外交 차원에서 宗主國 國技인 跆拳道 發展에 至大한 功을 세우시고 대한민국 국군 대표 선수단의 技術向上을 위해 物心兩面으로 도와 주심에 感謝하는 마음을 이 牌에 담아 드립니다.

1993. 1. 10

大韓民國 國軍代表選手團
監督 黃 榮 甲

핀 급:이정원 프라이급:임창섭 반탐급:남학현 페더급:이종현
라이트급:김병철 웰 터 급:김태형 미들급:정주석 헤비급:김제경

1993년 1월 29일 국군 대표선수단 감사패

1993년 1월 29일 국군 대표선수단 초청 시합대회 고전무용 공연 부채춤

TAEKWONDO
LÄNDERKAMPF

Norweger
Niederlande
Frankreich
Griechenland
Polen
Schweden
Luxemburg
Rumänien
Dänemark
Italien
Türke
Deutschland
(Berlin

(Vier dieser Lände
haben sich am Vortag
im Kukkiwon Cup
in Brandenburg
für den heutigen
Kampftag qualifiziert!

Datum 10. Oktober 1993
Beginn 15 Uhr · Einlaß: 14 Uhr
Ort. SÖMMERING-SPORTHALLE
Sömmeringstr. 9
Berlin-Charlottenburg

Eintritt
Erwachsene DM 20,
Kinder 15,

Veranstalter: The Teakwondo Instructor Association of Europe
Ausrichter: Sportschule CHEA Sportschule Bae Sportstudio Choi Sportschule Chung
Sportschule Jung Jang Duh Wan TKD e.V. Sportschule Kang Sportstudio Kim

1993년 10월 10일 유럽 태권도 대회

TAE KWON-DO

KOREA Int. Mannschaft '93

GEGEN

BERLIN Auswahl

Freitag

4.2.1994

Beginn:

19 Uhr

TU BERLIN
AUDI-MAX-HALLE
Straße des 17. Juni 135

VERANSTALTER: TAE KWON-DO INSTRUCTORS ASSOCIATION IN BERLIN

AUSRICHTER: KIM's SPORTSTUDIO
Reichenberger Straße 175 · 10999 Berlin ☎ 614 24 59

1994년 2월 4일 국립 경상대학교 태권도 선수단 시범 및 시합 대회

대회날짜 : 1994년 2월 4일

초청팀 : 국립 경상대학교 태권도 선수단

단장 : 박장화 **감독 :** 강진홍

코치 : 임홍택 **트레이너 :** 김면

핀급(Fin)	50kg	이강철
플라이(Fly)	54kg	박재완
반탐(Bantam)	58kg	박영민
페타(Feather)	64kg	김태호
라이트(light)	70kg	박신준
웰터(Welter)	76kg	임상도
미들(Middle)	83kg	한갑석
헤비(Heavy)	+83kg	김상국

감 사 패

GERMANY : KIM TAE HYUN 사범님

귀하는 지금까지 태권도 발전에 몸과 마음을 다하여 헌신적으로 노력하는 훌륭한 지도자로 듣고 있습니다. 특히 저희 대학 태권도팀을 이번에 초청하여 친선경기를 갖게끔 협조해 주신 귀하에게 나의 조그마한 감사의 뜻을 이 패에 새겨 드립니다.

1994. 2. 4

국립경상대학교 총장

농학박사 빈 영 호 Young Ho Bin

1994년 2월 4일 국립 경상대학교 태권도 선수단 감사패

1994년 2월 4일 국립 경상대학교 태권도 선수단 시합대회 인사말 하기 전 기념품 전달

1997년 5월 4일 가라데(Karate) 초청 태권도 시범

KİM's POKAL
TAE KWON DO
KİM TAE HYOUN 9 DAN

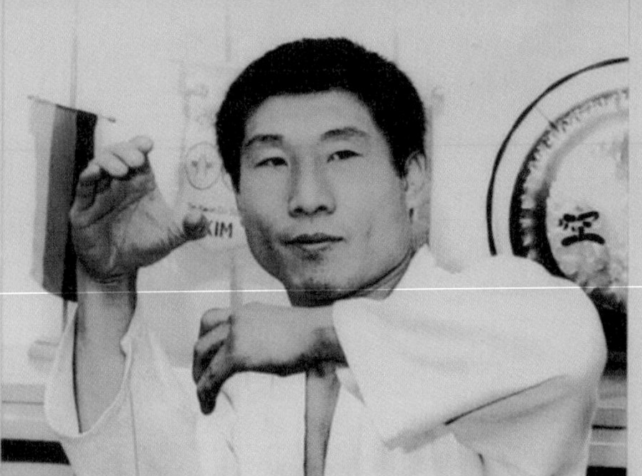

Samstag
31. 5 .1997
Beginn:
10 Uhr
Sporthalle Schöneberg
Sachsendamm 12 · 10829 Berlin
Veranstalter : Hellersdorfer Athletic Club BERLIN e. V.
Ausrichter : KİM's SPORTSTUDIO
Reichenberger Straße 175
10999 Berlin 614 24 59

1997년 5월 31일 김스(KIM's) 포칼 대회

1997년 5월 31일 김스(KIM's) 컵(Pakal) 대회 시범하기 전 인사하는 모습

대회를 마치고 가족과 기념 촬영

1997년 5월 31일 김스컵 대회, 행사 진행 사회자 모습

사범들과 기념 촬영, 왼쪽에서 6번째 필자

1998년 8월 31일 독일 대통령 초청 기념 촬영
대통령 로만 헤레조그(Roman Herzog), 재임기간 (1994~1999)

제 98824 호

表彰狀

國家: 대 한 민 국
姓名: 김 태 현

위 사람은 跆拳道 普及및 發展에 獻身的인 努力을 傾注함으로서 跆拳道 文化의 暢達에 寄與한 바 至大하므로 이에 表彰狀을 授與함

1998년 9월 27일

財團法人 國技院 院長 金 雲 龍

LETTER OF COMMENDATION

Country : KOREA 27 SEPTEMBER 1998
Name : KIM, TAE - HYUN

The above-named person has been awarded this Diploma for his/her unlimited efforts of self-sacrifice to bring about the development and popularization of Taekwondo, as a result a great contribution to the promotion of Taekwondo culture.

Un Yong Kim
President, Kukkiwon

1998년 9월 27일 국기원장 김운용 표창장

제 91967 호

표 창 장

베를린 태권도사범협회

위는 평소 정부시책에 적극 호응하여 왔으며 특히 교민사회의 융화단결과 복지증진에 기여한 공이 크므로 이에 표창함

1998 년 12 월 31 일

국무총리 김 종 필

이 증을 국무총리 표창부에 기입함

행정자치부장관 김 정 길

1998년 12월 31일 베를린 태권도 사범협회 국무총리 김종필 표창장

1998년 12월 31일 주 베를린(Berlin) 총영사관에서 표창장 수여식

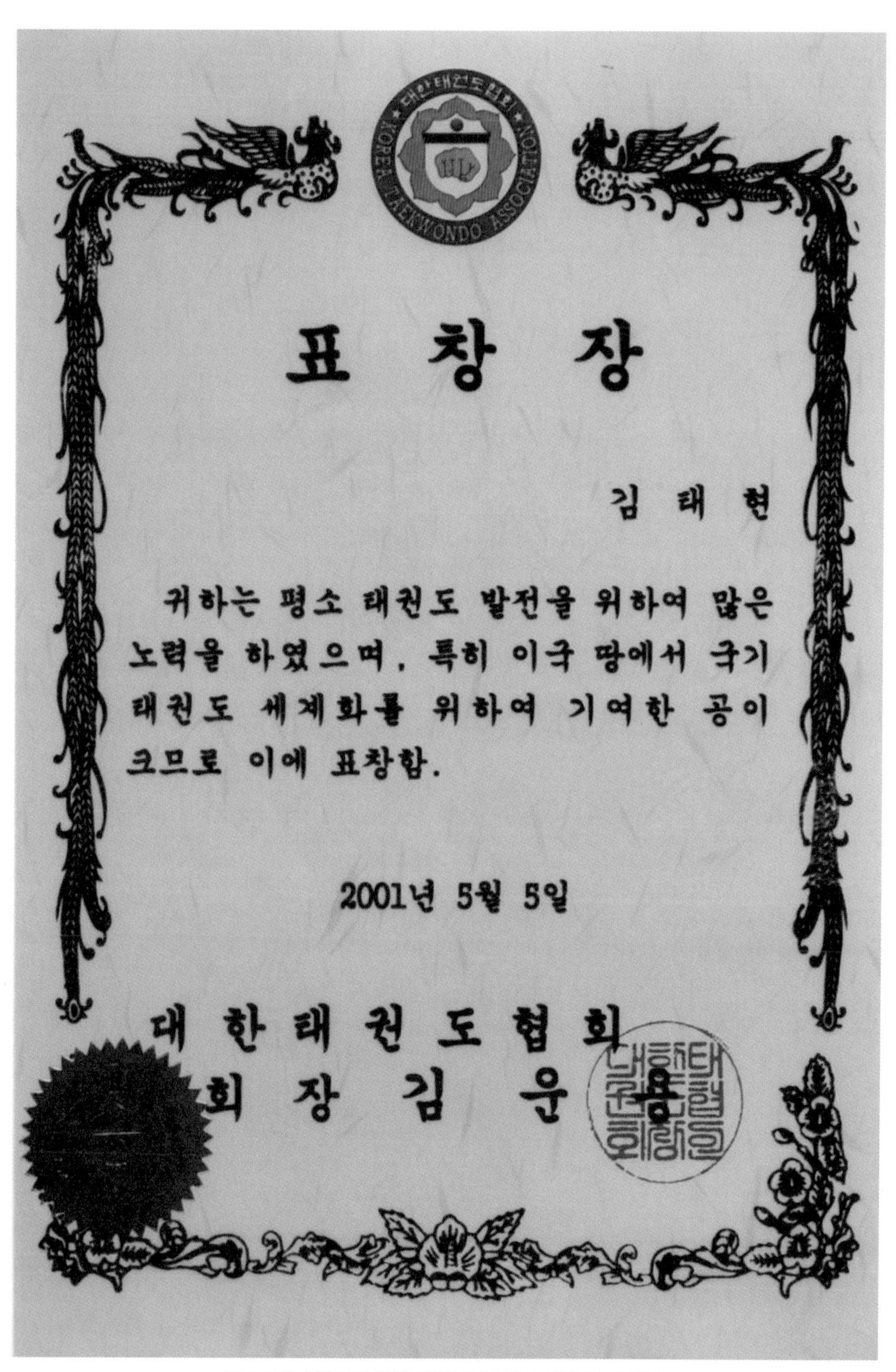
대한태권도협회
KOREA TAEKWONDO ASSOCIATION

표 창 장

김 태 현

귀하는 평소 태권도 발전을 위하여 많은 노력을 하였으며, 특히 이국 땅에서 국기 태권도 세계화를 위하여 기여한 공이 크므로 이에 표창함.

2001년 5월 5일

대 한 태 권 도 협 회
회 장 김 운 용

2001년 5월 5일 대한태권도협회장 김운용 표창장

2001년 5월 6일 베를린 태권도협회에서 주독 한국대사배 대회 개최

2001년 5월 6일 고전 무용 공연 사풍정감

우리들의 춤사위 김연순과 우리 무용단

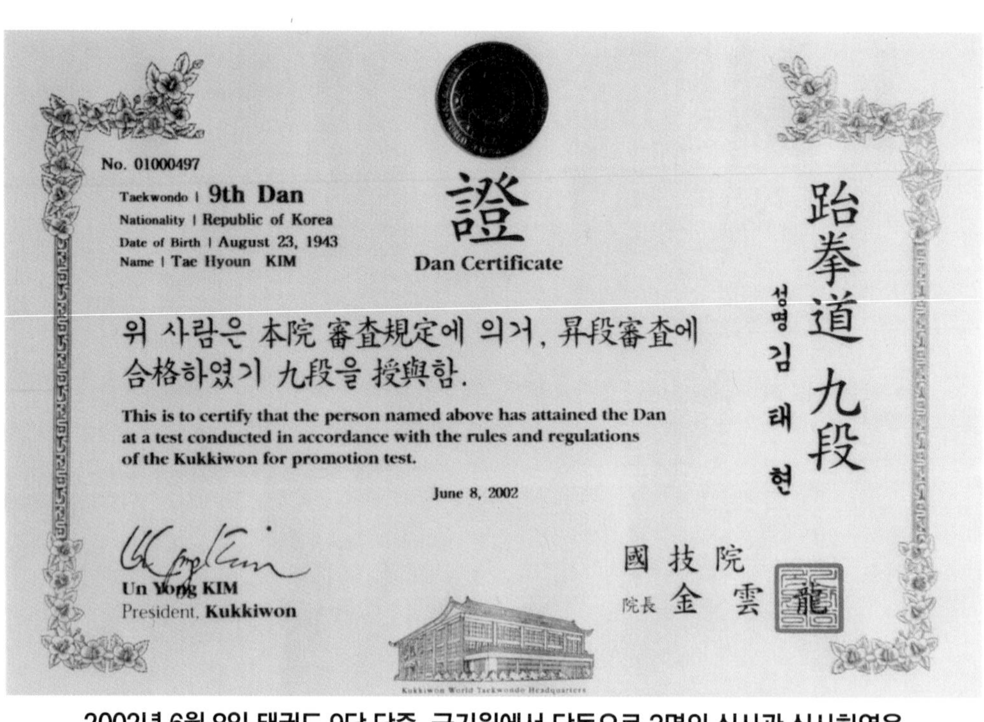

No. 01000497

Taekwondo | 9th Dan
Nationality | Republic of Korea
Date of Birth | August 23, 1943
Name | Tae Hyoun KIM

證

Dan Certificate

跆拳道 九段

성명 김 태 현

위 사람은 本院 審査規定에 의거, 昇段審査에 合格하였기 九段을 授與함.

This is to certify that the person named above has attained the Dan at a test conducted in accordance with the rules and regulations of the Kukkiwon for promotion test.

June 8, 2002

Un Yong KIM
President, Kukkiwon

國技院
院長 金 雲 龍

Kukkiwon World Taekwondo Headquarters

2002년 6월 8일 태권도 9단 단증, 국기원에서 단독으로 3명의 심사관 심사하였음

RECOGNITION

Grand Master : Kim, Tae-Hyun

In recognition of the outstanding achievement and the great effort for the Korea (Jeun-Buk) Taekwondo Association we award this prize to the person named above.

Date : 2002. 12. 07

The Korea Jeun-Buk Taekwondo Association

President : Kim, Kwang-Ho

2002년 12월 7일 전북태권도협회에서 공로 표창장

2005년 5월 16일 재독 태권도 사범협회 총회를 마치고
오른쪽에서 2번째 필자

NO.8599

Letter of Appointment

International Advisory Committee

Master Tae Hyoun Kim

This is to certify that the above named person has appointed a member of KUKKIWON International Advisory Committee from Jan. 2008 to Dec. 2009.

September 3, 2008

Woon Kyu Uhm
President
Kukkiwon

2008년 9월 3일 국기원 자문위원 위촉장, 국기원장 엄운규

2014년 9월 4일 태권도 강습회를 마치고
오른쪽에서 6번째 필자

2015년 5월 23일 재독 태권도 사범협회 김태현 회장배 대회

2022년 12월 9일 우리무용단 공연에 막간을 채우기 위해 기본동작을 하는 필자

나오며

독일로 오기 전 나의 자화상은 가난으로 얼룩져 있었다. 그 당시 빈곤은 자연스런 사회현상이었다. 한국전쟁을 겪고 초토화된 사회, 실업률의 증가, 보릿고개의 참담함 속에서 청춘들은 방황했다. 미래의 길은 보이지 않았고 현재 삶은 더더욱 암울했다.

나는 이러한 격동의 시간 속에서, 거창한 사회상황 이전에 내 가정의 궁핍을 먼저 경험했다. 처절한 가난의 민낯에서 탈피하는 것은 오직 돈뿐이라고 생각했다. 장남으로 태어나 어깨에 드리워진 막중한 책임감은 날 옥죄었다. 성공에 대한 담금질로 점철된 유년시절, 가난에 대한 분노는 또다른 삶의 동력을 가동시켰다.

그때 나에게 비춰진 한 줄기 빛은 바로 독일 행이었다. 파독광부의 길은 내 삶의 또다른 물꼬를 트는 신호탄이었다. 돈을 버는 길이라면 지옥이라도 가려고 했으니까 말이다. 하지만 작심하고 떠난 파독광부의 길은 상상했던 것보다 더 험난한 가시밭길이었다. 지하 막장의 삶은 그야말로 처절한 노동의 밑바닥이었다. 햇빛 하나 없는 탄광 속에서 잡을 수 있는 희망 한 자락은 오직 3년의 계약을 무사히 끝내자는 다짐이었다. 당시 빛을 보지 못하고 저 세상으로 떠난 동료들도 있었다. 삶과 죽음의 경계선, 피와 땀이 범벅인 지하세계에서 살아남아야 했다. 그저 사라진 동료들의 명복을 잠깐 빌뿐, 나의 길을 뚜벅뚜벅 걸어갈 수밖에 없었다. 나 스스로 무사히 마쳤다는 안도감으로 가슴을 쓸어내리는 비정함은, 슬프게도 통한의 현실이었다.

광부의 삶에 마침표를 찍기 전 나에겐 또다른 길이 있었다. 한국에서부터 연마했던 태권도였다. 태권도의 세계로 뛰어들고 열심히 한 나머지, 독일 사회에 태권도를 정착시키는 데 일조를 했다. 베를린에서 최초로 태권도장을 개설했고, 가라데의 위협과 협박 속에서도 태권도는 묵묵히 성장했다. 당시만 해도 독일사회에서 태권도의 입지는 황무지나 다름없었다. 일본의 가라데가 패권을 장악하고 있었고 그 기세는 대단했다. 엄청난 위력 속에서 태권도를 정착시킨다는 것은 거대한 파도를 거슬러 올라가는 강렬한 열정과 힘이 필요했다. 그러기에 초창기 태권도 사범들은 개척의 길을 걸어간 선구자임에 틀림없다. 독일 통일을 두 눈으로 목격했던 강렬한 충격으로, 나는 남북한 태권도 대회를 꿈꾸며 미래 통일의 기반을 다지고자 했다. 하지만 사회적 여건은 여전히 호락호락하지 않았다. 태권도 덕분에 한반도의 반쪽인 북한을 방문했고, 한때 통일의지도 불타올랐다.

내 삶의 무대에는 그때그때마다 무한한 도전과 패기가 필요했다. 그 에너지는 어린 시절부터 뚝심 하나로 이어져온 기질 덕분이었다. 이는 반 세기 동안 살게 된 독일에서 나를 지탱해준 근성이다.

나는 독일에 살면서 이 사회가 가진 장점들을 다각도로 체험했다. 개인적인 일로 고국을 방문하며 여전히 변하지 않는 한국사회가 개탄스럽고 자꾸만 독일사회가 더 부러워졌다. 강한 조국을 만들기 위해서는 독일처럼 강력한 개혁정신으로 시민의식을 길러야 한다고 생각했다.

그동안 다양한 책을 통해 통찰의 깊이를 넓히고 고민하는 시간들이 많았다. 태권도를 가르치면서 '왜'라고 질문하는 수련생들을 위해서라도 나는 더 배우고 연마해야 했다. 그런 채찍질이 나의 인지적 통찰을 성장시켰다. 그 와중에 도움을 줬던 스승들이 있다. 사람도, 다가오는 인생의 사건들도 스승이었다. 그 가운데 가장 위대한 스승은 책이다. 책은 나에게 소중한 인생 선배이자 배움의 근간이다.

노년의 언덕에 서서 '대담가설, 소심구증'의 마음으로 나의 지나온 족적을 하나하나 정리해 보았다. 졸필을 끄적인다는 부끄러움에 앞서, 한편으론 인생에서 소중한 흔적 하나라도 남는다면 여한이 없을 것 같았다.

인생은 쏜 화살처럼 금방 지나갔다. 건강을 자부했던 육신도 질병의 신호 속에서 어김없이 넘어졌다. 어제의 동료들이 노년의 언덕에 올라 하나 둘 죽음의 번호표를 받아들고 돌아오지 못할 강을 건너다. 말할 수 없는 회한이 파도처럼 넘실거린다.

어린 시절의 아픔과 가족이야기, 독일사회의 경험들, 파독광부와 태권도로 점철된 내 인생의 페이지들이 알알이 이 책 속에 박혀있다. 한 개인의 서사시가 아닌 역사의 한 줄기로 다음 세대들이 기억해주었으면 하는 욕심이 앞선다. 내가 사랑하는 한국사회, 내 유년과 청춘의 한 자락을 걸어왔던 고국이 강인한 인간선진국으로 발돋음하길 바라는 마음에서다. 그런 바람을 담아 다소 거친 표현으로 쓰여진 문장이 있더라도 깊이 혜량해주리라 믿는다. 끝으로 내 마음의 생각을 지상으로 끌어올려 쓰도록 도와준 이들에게 감사하다는 마음을 전한다.

나의 삶과 태권도, My Life and Taekwondo,

나의 조국과 독일 My Country and Germany

초판 1쇄 발행 2024년 8월 1일

저자 김태현
편집 · 디자인 홍성주

펴낸곳 도서출판 위
주소 경기도 파주시 광인사길 115
전화 031-955-5117~8

ISBN 979-11-86861-37-0 03990